Vera Toro; Sabine Schlickers; Ana Luengo (eds.)

La obsesión del yo
La auto(r)ficción en la literatura
española y latinoamericana

Ediciones de Iberoamericana

Serie A: Historia y crítica de la literatura
Serie B: Lingüística
Serie C: Historia y Sociedad
Serie D: Bibliografías

Editado por
Mechthild Albert, Walther L. Bernecker,
Enrique García Santo-Tomás, Frauke Gewecke,
Aníbal González, Jürgen M. Meisel,
Klaus Meyer-Minnemann, Katharina Niemeyer

A: Historia y crítica de la Literatura, 46

Vera Toro; Sabine Schlickers; Ana Luengo (eds.)

La obsesión del yo

La auto(r)ficción en la literatura española y latinoamericana

Iberoamericana • Vervuert • 2010

Gedruckt mit freundlicher Unterstützung von «ProSpanien», dem Programm für kulturelle Zusammenarbeit des spanischen Kulturministeriums und der Zentralen Forschungförderung der Universität Bremen.

Publicación financiada con ayuda del Programa de Cooperación Cultural «ProSpanien» y de la Zentrale Forschungsförderung de la Universidad de Bremen.

Derechos reservados

© Iberoamericana, 2010
Amor de Dios, 1 – E-28014 Madrid
Tel.: +34 91 429 35 22 - Fax: +34 91 429 53 97
info@iberoamericanalibros.com
www.ibero-americana.net

© Vervuert, 2010
Elisabethenstr. 3-9 – D-60594 Frankfurt am Main
Tel.: +49 69 597 46 17 - Fax: +49 69 597 87 43
info@iberoamericanalibros.com
www.ibero-americana.net

ISBN 978-84-8489-510-7 (Iberoamericana)
ISBN 978-3-86527-542-4 (Vervuert)

Depósito Legal: SE-2068-2010

Ilustración: Karloswayne 2008

Cubierta: Michael Ackermann
Impreso en España por Publidisa

Este libro está impreso íntegramente en papel ecológico sin cloro.

Índice

Introducción (Vera Toro, Sabine Schlickers, Ana Luengo):
«La auto(r)ficción: modelizaciones, problemas, estado de la investigación» ... 7

Manuel Alberca:
«Finjo *ergo* Bremen. La autoficción española día a día» 31

Sabine Schlickers:
«El escritor ficcionalizado o la autoficción como autor-ficción» 51

Annick Louis:
«Sin pacto previo explícito: el caso de la autoficción» 73

Jaime Covarsí:
«Antecedentes socioculturales del relato autoficcional renacentista» 97

Patricio Pron:
«De qué hablamos cuando hablamos de autor: la autoficción de César Aira en *Cómo me hice monja*» 111

Victoria Torres:
«Narrando la guerra de Malvinas entre la autobiografía y la ficción» 123

Matei Chihaia:
«Bolaño y yo. Las dos caras de la autoficción en la obra de Roberto Bolaño» 141

Cécile Chantraine:
«El autor y sus "figuras" en la obra del escritor uruguayo Carlos Denis Molina» 155

Ute Hermanns:
«*Soy yo y soy otro*, autoficciones en los cuentos de *Feliz Ano Novo* y otros textos de Rubem Fonseca» 173

Ana Casas:
«La construcción del discurso autoficcional: procedimientos y estrategias» ... 193

Herminia Gil Guerrero:
«*Estatua con palomas* de Luis Goytisolo. Entre ficción y realidad, historia y literatura» 213

Vera Toro:
«La auto(r)ficción en el drama» 229

Ana Luengo:
«El poeta en el espejo: de la creación de un personaje poeta a la posible autoficción en la poesía» 251

Laura Alcoba:
«*Manèges/La casa de los conejos*, o la elección de una postura híbrida» 269

Notas biobibliográficas 281

Introducción

La auto(r)ficción: modelizaciones, problemas, estado de la investigación

Vera Toro, Sabine Schlickers, Ana Luengo

En septiembre del año 2008 apareció un artículo en «Babelia» en el que el periodista había entrevistado a destacados escritores españoles de autoficciones[1]. Dejó abierto si el momentáneo auge de la autoficción, sobre todo en España, es una moda, un nuevo modo de escribir o si constituye incluso un nuevo género que va a perdurar todavía muchos años. Parece que la «ignorancia colectiva» acerca de este fenómeno, que atestiguó Vincent Colonna hace ya veinte años, y la «incertidumbre estética» que Philippe Gasparini volvió a constatar en 2008, todavía no se han transformado en reconocimientos teóricos aceptados ampliamente por parte de los críticos. En este primer coloquio europeo de hispanistas sobre la auto(r)ficción, celebrado el 6-8 de febrero de 2009 en la Universidad de Bremen, nos habíamos propuesto indagar sobre varias desiderata: ¿Dónde se sitúa la autoficción en el campo de las prácticas literarias, si no es incluso una práctica que abarca todas las artes: el cine, el cómic, la fotografía? ¿Cuál es su estatuto architextual? ¿Es un género o una categoría modal? Si es un género, ¿tiene una tradición y una recepción histórica? Los artículos reunidos en este volumen van a presentar respuestas variadas a estas y otras preguntas abiertas.

Disponemos de incontables definiciones de la autoficción literaria que han sido completadas y modificadas desde su primer «descubrimiento» por Philippe Lejeune en 1975 y su bautizo por Doubrovsky en 1977. Como siempre, la denominación es mucho más joven que el fenómeno, ya que, de hecho, vamos a encontrar precursores de la autoficción en la literatura española que se remontan a la Edad Media y al Renacimiento[2].

---

[1] Véase Winston Manrique Sabogal (13.09.08): «El yo asalta la literatura», en: *El País*, «Babelia».

[2] Véanse las contribuciones de Jaime Covarsí y de Sabine Schlickers en este volumen.

Desde los años setenta, la reflexión internacional sobre la autoficción se está autoalimentando, corriendo el riesgo de irse alejando lentamente de las obras literarias mismas. Se renombra, se regrupa, se modifica, se reclasifica, tratando de gobernar por fin la «tierra de nadie» —metáfora introducida por Manuel Alberca en este contexto (2007: 64)— entre los polos de la autobiografía y la novela por un lado, entre el pacto ficcional y factual de lectura por el otro, o del relato sin pacto previo explícito[3] en el medio. Sin querer ahondar en el debate sobre la relación entre autobiografía y autoficción, debemos adelantar que, con el uso del término «autoficción», se ha difuminado la claridad de los pactos de lectura y de escritura, autorizando una escritura del yo al que se le permite jugar con referencias a la verdad. En palabras de Miriam Gerónimo, el recurso del autor ficcionalizado «puede producir dos reacciones en el lector (o ambas a la vez): éste puede considerarlo sólo una máscara o bien, 'creer' en la intervención personal del autor en el texto» (Gerónimo 2005-2006: 96). En consecuencia, la diferencia entre autoficción y autobiografía no está siempre muy clara, y la crítica está, asimismo, dividida —como lo demuestran también algunos artículos en este volumen—.

De ahí que fuera importante, a nuestro modo de ver, incluir el autor implícito y el lector implícito en una conceptualización de la auto(r)ficción: «la conjunción de pactos antitéticos [o sea, la conjunción del pacto autobiográfico con el pacto novelesco] crea un nuevo contrato de lectura en el que concurren simultáneamente la verdad y la falsedad, la mentira y el secreto» (Gerónimo 2005-2006: 95), y lo mismo vale para el lado de la creación. Gerónimo alude, pues, a un rasgo que consideramos esencial de cualquier autoficción: el pacto lúdico que el autor (implícito) inicia con el lector (implícito). Volveremos más adelante a este punto cardinal.

La novela inicial del *boom* autoficcional (al principio mayormente francés) fue *Fils* de Serge Doubrovsky (1977), y treinta años más tarde el auge no ha dejado de causar sensación, como se puede ver en el documental de ARTE *Autofictions... Mein Bild von mir* (*Mi imagen de mí mismo/misma*) que salió en agosto de 2007. Allí se muestran entrevistas con Doubrovsky, Georges Perec, Nancy Huston, Elfriede Jelinek, Marguérite Duras y Hervé Guibert. Pero, tanto este programa como muchas páginas web —véanse p. ej. www.autoficcion.es o www.autofiction.org—, son solamente productos epitextuales que proliferan alrededor de autores de autoficciones, muy a menudo sembrados por los mismos escritores. Por cierto, las funciones de estos paratextos, así como las funciones

---

[3] Véase el estudio de Annick Louis en el presente volumen.

intertextuales que sirven para determinar la ficcionalidad o no ficcionalidad del texto, siguen también sin aclararse.

El éxito de la autoficción no se nota sólo en el aumento de textos literarios, sino asimismo en la cantidad de estudios que se dedican a ella. Dentro de la investigación destacan actualmente cinco posiciones opuestas.

1º Muchos de los críticos sitúan la autoficción entre textos ficcionales y factuales, otorgándole un estatus híbrido[4]. El problema de esta «solución híbrida» no se limita, por cierto, a textos autoficcionales. Desde Aristóteles se distingue entre textos poéticos o ficcionales y textos historiográficos o no ficcionales. Una de las características más llamativas de los textos ficcionales reside en el desdoblamiento de la situación de enunciación, por lo cual no hay identidad entre autor implícito (ai) y narrador (n) (ai # n), mientras que en textos no ficcionales la voz del autor implícito y del narrador son idénticas (ai = n). A nivel del enunciado, empero, la gran mayoría de los críticos distingue entre el contenido ficcional y factual de textos autoficcionales, o suponen que al lector le debe interesar separar el contenido ficcional del contenido factual.

Según Manuel Alberca (2007) —a quien, por cierto, Philippe Gasparini (2008) acogió como único español en el Olimpo mayormente francés de los críticos 'autoficcionalistas'—, el «precedente genético más evidente» de la autoficción es la novela autobiográfica. Alberca sitúa la autoficción junto con la novela autobiográfica y la autobiografía ficticia dentro del campo de las 'novelas del yo' (2007: 52). Estas novelas se caracterizan por el pacto ambiguo. Las memorias y autobiografías, en cambio, se caracterizan por el pacto autobiográfico. En el lado opuesto se sitúa el pacto novelesco, que reina en la lectura de novelas y cuentos ficcionales. La autoficción, según este modelo, produce una lectura ambigua de ficción y factualidad ya que se combina con una identidad nominal expresa entre personaje, autor y narrador (cfr. Alberca 2007: 65, 92,158-159).

2º Puertas Moya (2003) opina que la autoficción se deriva de la autobiografía ficcional (picaresca). Por un lado clasifica la autoficción como variante posmoderna de la autobiografía, por otro lado la coloca a medio camino entre novela y autobiografía (2003: 1089), para finalmente rendirse —poco convincentemente— ante el reconocimiento de la autobiografía como género literario (2003: 1091).

---

[4] Véanse los estudios de Alicia Molero de la Iglesia (2000a), Claudia Gronemann (2002) y Manuel Alberca (2007).

Mientras que en Alemania podemos constatar actualmente un auge de la presunta «no ficción» dentro de la producción novelesca, la literatura española carece de una tradición autobiográfica hasta la segunda mitad del siglo XX —lo que, suponemos, tiene que ver con la peculiar historia del género, que se remonta allí hasta la Edad Media[5]:

> No ya un pregonero, sino el mismísimo Emperador, en 1552 [...] consideraba poco prudente y suspecto de «vanidad», de pecaminoso «apetito de gloria», que una «persona» quisiera dar «entera noticia» de sí. [...] La retórica clásica desaconsejaba hablar de uno mismo, ni en bien ni en mal, salvo si se trataba de hacer notorio a la posteridad cómo una *nobilis virtus* había llegado a triunfar sobre el *vitium* [...]. Nuestra novela [*Lazarillo de Tormes*] se hace cargo, así, de algunos de los impedimentos que hicieron que la autobiografía no llegara a tener curso como género en la Europa del Quinientos (Rico 1987: 66-67, n. 34).

Y siguen observaciones interesantes sobre los contextos de las autobiografías de San Agustín, Ignacio de Loyola y Santa Teresa. Manuel Alberca comentó por correo electrónico (9.02.2009):

> Todo ello demuestra la influencia negativa que la Iglesia católica tuvo en el difícil desarrollo de la autobiografía en España. El pecado de soberbia que suponía hablar de sí mismo fue una cortapisa en esa época y aun muchos siglos después.
> La autobiografía en los países católicos creció en un estado de dificultad y recelo. Sí, las vidas debían ser edificantes, pero esto no impidió textos como el de Santa Teresa, que está en el borde de la heterodoxia, ni relatos autobiográficos como el del Capitán Contreras. Por otra parte estaba el ambiente de delación y vigilancia inquisitorial que hacía el resto. Pero paradójicamente, para intentar evitar o escapar a este ambiente la gente se veía obligada a hacer deposiciones de su vida que previniera males mayores.

No obstante, hay que subrayar que no puede decirse lo mismo sobre los juegos ficcionales que sobre la autobiografía, como lo demuestra el archiconocido *Lazarillo de Tormes* y todo el género de la novela picaresca que le siguió dentro y fuera de España[6].

---

[5] La primera autorrepresentación occidental fue la *Antidosis* de Isocrates (siglo IV a.C.). En la Antigüedad, tales autorrepresentaciones sólo se permitían en ocasiones extraordinarias, por ejemplo, para defenderse ante el tribunal cívico de Atenas o para satisfacer la curiosidad pública de conocer la biografía de un personaje público (Craemer-Schroeder 1993: 14).

[6] Véase la reciente monografía sobre la novela picaresca de Meyer-Minnemann/Schlickers (2008).

3° Gasparini (2004: 26) deriva la autoficción de la novela autobiográfica. Cuatro años más tarde, en cambio, la sitúa entre la autobiografía y la novela autobiográfica (2008: 300), porque comparte con ésta el pacto de lectura (estratégicamente) ambiguo, y con la autobiografía la identidad nominal entre autor y personaje. La novela autobiográfica, por el contrario, «finge» solamente la identidad entre autor y personaje: «Si, par hypothèse, nous considérons que le roman autobiographique mélange à parts égales les signes d'autobiographie et de roman, nous pouvons nous représenter l'autofiction comme un cocktail comprenant trois doses d'autobiographie pour une de roman» (Gasparini 2008: 300).

Si aceptáramos el ingrediente autobiográfico-real, diríamos que el cóctel autoficcional depende tanto del pacto de lectura entablado, como de la intención de sentido de cada texto particular[7].

Debido a la definición tan dispar de textos supuestamente autoficcionales, Gasparini propone una terminología nueva que remonta a Vincent Colonna (véase infra 5°): la autoficción es sinónimo de «autofabulación» en el sentido de una proyección del autor en situaciones imaginarias y bajo un contrato de lectura indudablemente ficcional. Opuesto a la autofabulación se abre el «espacio autobiográfico» (Lejeune 1975), que constituye, según Gasparini, el «*archigenre*» —extraña mezcla terminológica entre *architexte* (Genette 1982) y *généricité* (Schaeffer 1989)— para designar el modelo genérico subyacente a los representantes literarios singulares. En este *archigenre* —que contiene tanto textos autobiográficos «honestos» como «no honestos», tal como la novela autobiográfica—, los juegos ficcionales y la puesta en escena del narrador son ambiguos. De esta manera, Gasparini transpone el problema de la ambigüedad a la novela autobiográfica y centra su investigación en la frontera entre autobiografía y novela autobiográfica —para volver a definir poco más adelante la autoficción como «roman autobiographique contemporain» (2008: 313). Al final resume las nuevas vertientes bajo el género superior y (pos)moderno de la *autonarration*, que define así: «Texte autobiographique et littéraire présentant de nombreux traits d'oralité, d'innovation formelle, de complexité narrative, de fragmentation, d'altérité, de disparate et d'autocommentaire qui tendent à problématiser le rapport entre l'écriture et l'expérience» (Gasparini 2008: 311).

---

[7] Otro «experimento de reproducción» nos lo presenta Alberca, inspirándose en la novela *El congreso de literatura* (1997) de César Aira: «Utilizando unas técnicas de clonación [...], el procedimiento del autor de autoficciones consiste primero en tomar algunos genes escogidos de su ADN biográfico, después depositarlos en la probeta de la novela junto con algunos principios activos ficticios y, por último, esperar el resultado» (Alberca 2007: 29).

4° Marie Darrieussecq (1996: 372 ss.) y Philippe Vilain (2005: 35) tratan la autoficción como una variante de la autobiografía real a la que atribuyen cierta dosis de ficcionalidad: «puisque toute fiction est littérature, faisons entrer l'autobiographie dans le champ de la fiction» (Darrieussecq 1996: 372-373). Pero esta propuesta no resuelve la problemática autoficcional, y tampoco es válida para la relación inversa: «Néanmoins, le contraire ne vaut pas, puisque toute littérature n'est pas fiction». No obstante, Darrieussecq (1996: 377) acierta apuntando la ambigüedad de la autoficción —«l'autofiction est une assertion qui se dit feinte et qui *dans le même temps* se dit sérieuse»—, que se encuentra en la línea de Genette: «Moi, auteur, je vais vous raconter une histoire dont je suis le héros mais qui ne m'est jamais arrivée» (Genette 1991/2004: 161)[8].

5° Vincent Colonna (1989, 2004), discípulo de Genette y pionero crítico de la autoficción, la sitúa dentro del fenómeno antiquísimo de la '(auto)fabulación', destacando de esta manera su origen en la ficción, posición a la cual nos adherimos. La diferenciación entre novela autobiográfica y autoficción, sin embargo, sigue siendo problemática. Lo mismo vale para la diferenciación entre autoficción y novela en primera persona. No obstante, cada una de las tres formas literarias se restringe a la perspectiva homodiegética, aunque se recurre a veces a la tercera persona para hablar sobre uno mismo, como sería el caso del primer lenguaje infantil o del yo mayestático[9]. Esto es raro, pero posible, como demuestra la autobiografía de César, *De bello gallico*, o la tercera parte disparatada de la novela *Meu querido caníbal* (2000) de Antônio Torres, en la que el autor ficcionalizado habla en tercera persona sobre su experiencia con las tribus indígenas en el Brasil actual: «tudo lhe parece, a ele, o narrador desta história [...]» (2000: 117). Otro ejemplo para esta excepción de la regla sería *Triste, solitario y final* (1979) de Osvaldo Soriano, una novela contada en tercera persona en la que aparece un periodista —que se llama Osvaldo Soriano— al lado de un viejo Philip Marlowe, que parece haber sobrevivido al último libro de Raymond Chandler y, a cuyo lado, «Soriano» vivirá aventuras absurdas y fantásticas.

Los intentos presentados de definir la autoficción clasifican los textos según su apariencia autobiográfica o ficcional y, muchas veces, según una subclasificación de lo autoficcional mismo, llegando a resultados discutibles. Parece que es

---

[8] De ahí que no se entienda cómo puede pretender que «Genette laisse volontairement de côté dans *Fiction et Diction* [...] des autofictions» (Darrieussecq 1996: 375).

[9] Colonna no restringe la autoficción a narraciones homodiegéticas (cfr. su definición de *l'autofiction intrusive [autoriale]*; 2004: 135-136).

más fácil centrarse en los «síntomas» que definir la naturaleza de aquel fenómeno «anfibio» (cfr. Hubier 2003: 125). Vincent Colonna (2004) propone una escisión doble del corpus autoficcional: por un lado, divide los textos según su diégesis verosímil o inverosímil (versiones biográficas vs. fantásticas), por otro lado, según el empleo de ciertas técnicas narrativas llamativas (autoficciones intrusas/autoriales y especulares) y teniendo en cuenta la posición del «autor» con relación a la diégesis. Así llega a una tipología de cuatro tipos autoficcionales:

1º La autoficción biográfica como *La tía Julia y el escribidor* (1977) de Vargas Llosa, que resulta ser una novela autobiográfica, en la cual «on donne les noms, patronymes ou prénoms, le sien et celui des autres»[10], donde encajaría también *L'inceste* (1999) de Christine Angot (cfr. infra). Este tipo de novelas había experimentado un verdadero éxito comercial después de la Revolución Francesa[11], si bien, a la vez, una crítica aplastante (cfr. Colonna 2004: 103-104).

2º La autoficción especular demuestra un (breve) reflejo del autor en su obra, como el autorretrato de Velázquez en *Las meninas* o la mención de Cervantes en la primera parte del *Quijote* que es, según nuestro modelo textual, una metalepsis (véase infra).

3º La autoficción fantástica o inverosímil (Borges: «El Aleph», Gombrowicz), en la que el personaje (protagonista) del autor se ubica en una historia inverosímil, refutando así cualquier interpretación autobiográfica.

4º La autoficción intrusa o autorial[12] resulta ser una simple intervención del narrador (y no del autor) en la historia que podría calificarse asimismo de metalepsis del lector: «Ainsi ferez-vous, vous qui tenez ce livre d'une main blanche...» (*Le Père Goriot* de Balzac, citado por Colonna 2004: 136). Consideramos que se trata de una estrategia metaliteraria y/o metaficcional que no requiere una «identificación» entre autor y narrador, sea por el nombre propio o por otras características inequívocas.

---

[10] Colonna agrega acertadamente que «l'effet produit n'est donc pas sensiblement différent d'un roman (ou un théâtre) à clefs, formule littéraire ancienne dans laquelle les gens concernés se reconnaissent, les autres lisant l'ouvrage comme une fiction, ni plus ni moins» (2004: 103). El juicio y el testimonio contestatario de la «tía Julia» demuestran que este juego puede tener consecuencias extraficcionales serias.

[11] Colonna (2004: 103-104) nombra como insignia de esta «moda» literaria *La Nouvelle Héloïse* (1761) de Rousseau, cuyos respectivos rumores biográficos se desataban en las *Confessions* (1781-1788).

[12] Traducción de los términos por Herrera Zamudio (2007).

Como siempre se encontrarán textos que encajan en más de una de estas cuatro, o mejor dicho tres categorías de Colonna (ya que la última debería borrarse). Además, las categorías de Colonna se entrecruzan con categorías de otros críticos: Lo que para uno es una autoficción biográfica —según Colonna (1989: 93, 252) toda la obra de Doubrovsky—, para el otro todavía no es una autoficción sino un *roman autobiographique contemporain*: para Gasparini (2008: 313) la obra de Doubrovsky, hasta *Le Livre brisé*. Lo que para uno es una *autofabulation* —la proyección del autor en situaciones imaginarias, Gasparini (2008: 297) nombra a Borges y Dante— es para otro una autoficción fantástica: Borges y Gombrowicz para Colonna (2004: 81).

Darrieussecq subraya la ambigüedad de la autoficción y —otra pregunta abierta— su carácter de subgénero o «pratique d'écriture» (1996: 378 y 380, n. 20), situándola, empero, asimismo entre la ficción y el relato factual como los críticos citados de la primera posición. Este vaivén caracteriza también la narración no fidedigna que la crítica anglosajona llama «unreliable». La investigación de este recurso se bifurca en una posición que se concentra en el lado de la recepción y persigue una aproximación cognitivista (Nünning 1998), y en un enfoque más tradicional que se basa en el lado de la producción, o sea, en el autor (implícito o real), y se concentra por lo consiguiente más en las estrategias textuales (Manns 2005 y Kindt 2008).

La narración no fidedigna puede ejercer, no obstante, un «efecto realista» y reforzar la oscilación del lector implícito entre creer y no creer: en la novela *L'inceste* (1999), de Christine Angot, la narradora autodiegética relata al final del texto, fragmentariamente, la relación incestuosa y sadomasoquista que experimentó desde los 14 años con su padre. El grueso de la novela, empero, trata de sus permanentes crisis histéricas con 40 años, y de una breve relación lesbiana que trata infinitas veces de terminar. Aunque la escritora no quiere que sus textos sean calificados de autoficciones, porque su objetivo es luchar contra el tabú social del incesto[13], contestó irónicamente a la pregunta de un crítico escandalizado sobre la autenticidad de su relato: «Et vous y croyez, vous?»[14]. El objetivo serio de la autora impone, empero, la pregunta de por qué recurre a un género tan poco «serio» (véase infra) como la autoficción en vez de servirse de otros foros y modos de expresión. Además, la autora implícita, Christine Angot, recurre a la narración no fi-

---

[13] Cfr. Wikipédia France, s. v. «Christine Angot», <http://fr.wikipedia.org/wiki/Christine_Angot, 14.03.2008>.

[14] Cfr. Aulagne (s.f.): «Légitimer, truquer, re-créer...».

dedigna, tipo «j'ai été homosexuelle pendant trois mois. Plus exactement, trois mois, j'ai cru que j'y étais condamnée [...]. Je ne suis pas la première, ni la dernière, à persécuter des homosexuels [...] parce que mon père était homosexuel. Il ne l'était pas, je délire, j'exagère, je dis n'importe quoi [...]» (1999: 11, 147). Esta narración no fidedigna se explica intratextualmente por la enfermedad psíquica de la narradora-protagonista, Christine Angot. Pero el texto no se vende como autobiografía real, o diario autoterapéutico de una mujer que se califica a sí misma de paranoica (1999: 140), quien cita varias veces otros textos suyos que versan siempre sobre ella misma y sus obsesiones psíquicas —*Sujet Angot*, por ejemplo (1999: 152)—, por lo que concluimos que se trata de una autoficción biográfica (autora implícita # narradora autodiegética = protagonista) con una literariedad bastante discutida en los *feuilletons*. Las novelas de Jorge Semprún constituyen un caso absolutamente distinto, por supuesto, pero formalmente comparable: en *Le grand voyage* (1963), el narrador autodiégetico Gérard describe el viaje en tren de 119 presos hacia el campo de concentración de Buchenwald en el año 1944, basándose en experiencias personales del autor. El libro lleva, a pesar de ello, el subtítulo «novela», igual que la *Autobiografía de Federico Sánchez* (1977). Y en *Quel beau dimanche* (1980), el narrador se llama de nuevo Gérard y describe un domingo en diciembre del mismo año 1944 en el mismo lugar en Buchenwald. A pesar de la referencialidad y seriedad de su temática, estos textos no son ni autobiografías ni autoficciones, sino que, en el mejor de los casos, se los podría clasificar de novelas autobiográficas[15].

Estos ejemplos originaron en el simposio un debate sobre el supuesto estatus «no serio» de la autoficción, calificada asimismo de «genre pas sérieux» (Darrieussecq 1996). Darrieussecq subraya «le seul jeu des mots, [...] une euphorie verbale, un hédonisme d'écriture» como origen de la autoficción de Doubrovsky[16], además de la dimensión psicoanalítica (1996: 370). Molero de la

---

[15] Cfr. la acepción en el diccionario literario de Gero v. Wilpert: «fiktionale Gestaltung biograph. Erlebnisse des Autors, der das stoffl. Material nicht unter dem Aspekt der Wahrheit um ihrer selbst willen, sondern nach künstler. Struktur, Sinn- und Symbolkraft gestaltet, stilisiert, umstrukturiert, wegläßt oder ergänzt […]» (s.v. «Autobiographischer Roman»). «La representación ficcional de vivencias biográficas del autor, el cual no forma, estiliza, reestructura, rechaza o añade el material bajo el aspecto de la verdad o de la voluntad personal, sino que lo hace con la fuerza artística simbólica, estructural y de sentido» (Trad. Ana Luengo).

[16] Reproducimos en este contexto la archiconocida descripción de Doubrovsky en la contrasolapa de *Fils* (1977, Paris: Galilée): «Fiction, d'événements et de faits strictement réels; si l'on veut, autofiction, d'avoir confié le langage [...]. Rencontre, *fils* des mots, allitérations, assonances, dissonances, écriture d'avant

Iglesia (2000b: 534) recurre al término «acto literario *no serio*»[17] para referirse a la autoficción, utilizándolo como antónimo del pacto factual. Aunque seguimos la posición de Gérard Genette, quien subraya que sólo aquellos textos con un contenido auténticamente ficcional merecen ser calificados de autoficcionales[18], preferimos descartar la noción de la «no seriedad», ya que excluiría muchas auto(r)ficciones. Además, la seriedad del contenido de un texto no tiene nada que ver con su factualidad o ficcionalidad, y tampoco con la comicidad: Una película como *La vita è bella* (Roberto Benigni 1997) demuestra que se pueden presentar acontecimientos terribles en clave cómica. De ahí que sustituyéramos la supuesta característica de lo «no serio» por lo «lúdico», que indica cierta dimensión estética —llamando así la atención sobre la forma de la representación, más que sobre lo representado—, a la vez que evita la trampa ética que conlleva la (falta de) seriedad, pues lo serio como lo cómico están sujetos a circunstancias y condiciones sociales, culturales e históricas, hasta individuales. Lo lúdico no se debe confundir con lo cómico, que se plasma en el comportamiento de los personajes, sus características, sus discursos (comicidad verbal)[19], etcétera, pero que es independiente de la ficcionalidad o factualidad de la obra. Por otro lado, la puesta de relieve de la ficcionalidad —como en la auto(r)ficción— no es siempre cómica o ridícula. La intromisión metaléptica del «autor» en su propio mundo narrado puede tener, pues —como cualquier procedimiento paradójico o metaficcional— un efecto cómico, pero también extraño, sorprendente, alienador, anti-ilusionista.

Como escritura lúdica, la auto(r)ficción muestra cierta afinidad con el juego. El disfraz auto(r)ficcional de un personaje ficticio como autor, o el disfraz del autor como personaje ficticio se puede comparar con el efecto de una representación teatral mimética *en vivo* y el placer de la encarnación y del disfraz que le es inherente (véase Plessner 1961). De esta manera, el disfraz literario sería una sublimación del juego imitatorio real.

---

ou d'après littérature, *concrète*, comme on dit musique. Ou encore, autofriction, patiemment onaniste, qui espère maintenant partager son plaisir».

[17] Estos actos literarios *no serios* abarcan, según Molero de la Iglesia, toda la ficción literaria (Molero 2000b: 534, n.4).

[18] Genette habría clasificado *L'inceste* seguramente de falsa autoficción o «d'autobiographie honteuse» (cfr. «Récit fictionnel, récit factuel», p. 161 y nota 2), lo que corresponde también al juicio de ciertos críticos alemanes (cfr. <http://www.perlentaucher.de/buch/6308.html> [27.1.2009]).

[19] Desde la Antigüedad existen poéticas de comedias que ahondan en lo irrisorio, véase p. ej. el *Tractatus Coisilianus*, que diferenciaba lo irrisorio en lenguaje cómico, acciones cómicas y caracteres cómicos (Warning 1996: 912).

La condición previa que formula Plessner para este juego coincide con la parte esencial de nuestra conceptualización de la auto(r)ficción: el actor tiene que mostrar que sólo finge ser otro personaje, dejar ver que lleva una máscara para que el espectador pueda disfrutar el proceso de metamorfosis, la ambivalencia de realidad y apariencia[20]. «Jugar es siempre jugar con algo que juega también con el jugador»[21]. La comedia es sobre todo un juego que se exhibe. Esta exhibición del juego requiere una acción que no reivindica la verosimilitud. Alberca (2007: 80) recurre al ejemplo del juego del escondite para aclarar la «simulación», la «ocultación del autor» en los relatos «camuflados de las novelas del yo»: esconderse presupone poder ser encontrado. Además, el ejemplo del juego infantil de las *aventis*, recreadas en la novela *Si te dicen que caí* de Juan Marsé (1973), ilustra la raíz lúdica de la autofabulación:

> Para jugar a las *aventis*, el grupo de amigos se sentaba en corro, y por riguroso orden, cada uno iba tomando la palabra para contar su aventi o cuento que improvisaba en ese momento. Las *aventis* eran por lo general historias de aventuras [...], en que cada narrador [...] se convertía en protagonista con su nombre propio e incorporaba al relato a otros niños del grupo, repartiéndoles papeles [...] (Alberca 2007: 127).

Sin duda, la autoficción tiene un arraigamiento antropológico, pues cada niño —también fuera de una situación tan especial y miserable como la de la posguerra española donde se jugaba a las *aventis*—, cuenta con mucho placer y naturalidad desde pequeño historias muy variadas de sí mismo, sin tener la sensación de estar mintiendo, y esa tendencia de inventarse otra identidad o de camuflar la propia la están viviendo los adolescentes y mayores con más fervor que nunca gracias a Internet (Second Life, foros, espacios de chateo, Facebook, etcétera).

Para modelizar la situación narrativa autoficcional nos basamos en las categorías de Gérard Genette (1972 y 1983), que modificamos por la inclusión de las instancias del autor implícito y del lector implícito y del narratario extradiegético. Nuestro modelo de los distintos niveles comunicativos de la autoficción literaria puede visualizarse como sigue:

---

[20] Plessner (1961: 454, citado en Warning 1996: 916).
[21] «Spielen ist immer ein Spielen mit etwas, das auch mit dem Spieler spielt» (Plessner 1961: 268, citado en Warning 1996: 916).

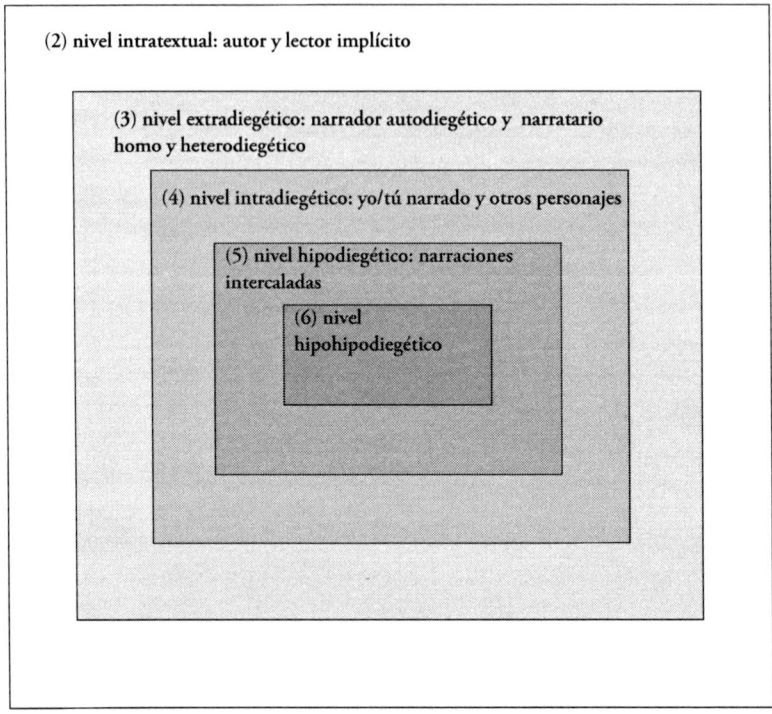

Recurrimos, además, a la tipología elaborada por Genette en *Fiction et diction* (1991/2004: 161), en la que combina la no-identidad entre autor y narrador (rasgo constitutivo de cualquier texto ficcional, como ya hemos dicho) con la identidad nominal y ontológica de autor y personaje y de la identidad de narrador y personaje en textos autoficcionales. Genette presenta el siguiente triángulo[22]:

---

[22] Genette no utiliza el término del autor implícito que aquí hemos añadido.

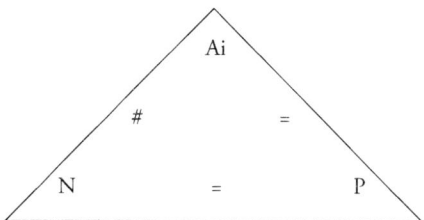

Ai # N / autor implícito # narrador
N = P / narrador = personaje
Ai = P / autor implícito = personaje

Genette subraya lo contradictorio de esta modelización, indicando el carácter paradójico de la autoficción de manera congenial: «C'est moi et ce n'est pas moi» (1991: 161). De ahí que haya que concluir que la auto(r)ficción forma parte del ancho campo de la narración paradójica[23].

No obstante, la modelización triangular es todavía insuficiente, porque no incluye ni las instancias extratextuales del autor real y del lector real, ni al lector implícito. El autor real y el lector real no entran nunca en el mundo diegético del texto, y si lo hacen, se transforman a través de esta metalepsis automáticamente en entes ficcionales.

Por consiguiente, es posible afinar la representación de la relación entre autor (implícito), narrador y personaje en una narración autodiegética ficcional, como lo es la auto(r)ficción[24]. Mientras el triángulo de Genette indica la identidad «ontológica» (sugerida) entre las tres instancias, el siguiente esquema representa su conformidad (→) o disconformidad (#→) ideológica o moral. «Tal como el narrador puede dar a entender su conformidad o disconformidad consigo mismo como personaje narrado, también el autor las puede insinuar con respecto al narrador y/o personaje narrado» (Meyer-Minnemann 2008: 33). De ahí que existan cuatro posibles modelizaciones:

---

[23] Véase Grabe *et al.* (2006) y el estudio de Schlickers en este volumen.
[24] Y la autobiografía ficcional, a cuyo ejemplo se refiere esta modelización que nos sirvió de base, cfr. Meyer-Minnemann (2008: 30-35).

```
                          / → personaje
autor → narrador
                          \ #→ personaje

                          / → personaje
autor #→ narrador
                          \ #→ personaje
```

La relación autor/narrador ilustra la «doble voz» de la situación narrativa autodiegética, su dialogismo inherente, ya que se desdobla en la voz del narrador que transporta no sólo el significado literal, sino asimismo la opinión del autor implícito. La relación narrador/personaje describe la conformidad o disconformidad (ideológica o moral) entre el narrador (yo narrando) y su propio personaje (yo narrado).

En vista de las diferentes posibilidades de marcar la identidad entre autor y personaje (y al mismo tiempo de ocultarla o de jugar con ella[25]), nos parece arbitrario clasificar tan sólo aquellos textos con homonimia completa como autoficcionales. Por el contrario, la auto(r)ficción juega con la homonimia, experimentando con amplificaciones, abreviaciones, divisiones, intervenciones o nuevas combinaciones: se puede identificar al personaje auto(r)ficcional por medio de referencias intertextuales o de alusiones al título de la obra, por nombres de personas relacionadas con el autor, por referencias autobiográficas a la nacionalidad, la situación familiar, fecha y lugar de nacimiento, características físicas y/o la profesión del personaje en cuestión (cfr. Herrera Zamudio 2007: 55). Desde finales del siglo XIX, el anonimato de un personaje literario sugiere su identificación con el autor (cfr. Colonna 2004: 100), y no vemos que este mecanismo hubiera perdido su vigencia: en *Todas las almas* (1989), el anonimato del protagonista lo hace identificable, para la mayoría de los lectores, con Javier Marías. Pero, por otro lado, ni siquiera el *homonimato* entre autor y personaje garantiza el carácter autobiográfico de un texto. Por el contrario, opinamos con Gasparini (2008: 301) que tal *homonimato* indica en muchos casos un relato ficcional.

A la luz de lo expuesto, podemos constatar que el término autoficción conlleva tan sólo dos problemas: uno se refiere al prefijo «auto» y el otro, al sustantivo «ficción». Para no simplificar las cosas demasiado, añadimos una «r» en la

---

[25] Véase el estudio de Patricio Pron sobre *Cómo me hice monja* de César Aira en este volumen.

palabra compuesta, para incluir aquellos relatos ficcionales en los que hay una 'intromisión' del autor *in corpore* o *in verbis* en el mundo narrado[26]. La *autorficción* se acerca a las vertientes 'especulares' e 'intrusas/autoriales' modelizadas por Colonna (2004): La 'aparición' del 'autor' es independiente de la situación narrativa, y el autor ficcionalizado ni siquiera tiene que hablar, sino es suficiente que un personaje lo mencione[27], o por la mención de un texto suyo[28], etcétera. Incluimos en este campo el procedimiento de la «autotextualidad»[29], que designa la aparición explícita o implícita de otro texto del mismo autor. Esta peculiar forma de intertextualidad puede producirse por modos muy diversos: es posible mencionar el título o aludir a las circunstancias de su publicación o hacer aparecer personajes u otros elementos de la acción del hipotexto. La diferencia entre autoficción y *autorficción* reside en el hecho de que en la última, el personaje del autor irrumpe de forma sorpresiva y metaléptica como el autor del texto que estamos leyendo, haciendo así hincapié en la artificialidad del relato. La autoficción, en cambio, es un subgénero literario y fílmico, que presenta una ficción menos paradójica, pero ambigua y lúdica, que en los textos literarios suele ser autodiegética. Incluye relatos situados entre los polos extremos de la verosimilitud biográfica y la inverosimilitud fantástica. El carácter (pseudo)confesional de un relato con identidad nominal y/u ontológica entre autor implícito, personaje y narrador es posible, pero no necesario, y varía según la intención de sentido. Un personaje ficticio —en la mayoría de los casos el protagonista autodiegético— se disfraza (continuamente o en grandes partes del texto) con el nombre o un derivado del autor real y/o con otras características biográficas similares. No nos parece convincente diferenciar entre autoficciones 'biográficas' y 'fantásticas', puesto que la combinación de elementos supuestamente biográficos y fantásticos o inverosímiles, tanto en el nivel de la diégesis como en el de su presentación, constituyen lo propio de la escritura autoficcional. En ambas vertientes la metalepsis y la *mise en abyme aporistique* desempeñan un papel importante, pero no imprescindible.

---

[26] Véase la contribución de Sabine Schlickers en este volumen.

[27] «Muchos años ha que es grande amigo mío ese Cervantes», dice el cura en la primera parte del *Quijote* (Cervantes 1605/1994: 137).

[28] Como ocurre en la frase anterior del diálogo entre el cura y el barbero, en la que el último menciona *La Galatea*.

[29] Neologismo introducido en el estudio de Sabine Schlickers de este volumen.

En la preparación del simposio, que tuvo lugar en el invierno bremense de 2009, tuvimos en cuenta abarcar diferentes perspectivas de una discusión que actualmente es tan viva, e intentamos reunir, ahora creemos que con éxito, a estudiosos europeos y latinoamericanos de la materia con perspectivas diferentes y con métodos de estudio también dispares. Esta elección dio lugar a interesantes y constructivas discusiones en torno a preguntas más generales sobre literatura y ficción, y también a detalles de los análisis singulares que se presentaron. No sólo las organizadoras tuvimos que prepararnos para este simposio, para el que presentamos una visión abreviada de las modelizaciones, problemas y del estado de la investigación expuestos en estas páginas, sino que todos los asistentes llegaron cargados con sus propias reflexiones, ideas y dudas. De ello queda constancia en el artículo del especialista en autoficción Manuel Alberca «Finjo *ergo* Bremen. La autoficción española día a día» quien, en un diario que dura más de un año hasta la fecha del simposio, plantea de un modo original muchas de las cuestiones cruciales en la investigación sobre este tema. Desde un conocimiento profundo del estado de la investigación, Alberca propone diferentes lugares de encuentro y desencuentro. Resalta las contradicciones con las que los estudiosos deben lidiar, y las relaciones con otros registros limítrofes, que también conforman las afirmaciones sobre la autoficción. Alberca ofrece así no sólo un recorrido por diferentes textos de la autoficción española de las últimas décadas, sino sobre todo una vuelta a las reflexiones sobre la autoficción ya desde antes de que ésta tuviera nombre. De forma más amplia aun, abre la puerta a nuevas posibilidades de estudiarla desde la estética de la recepción. Sus preguntas, sus reflexiones y sus bien fundadas afirmaciones abrieron así las puertas a un interesante foro de discusión en torno a la auto(r)ficción española y latinoamericana los siguientes tres días.

En su artículo «El escritor ficcionalizado o la autoficción como autor-ficción», Sabine Schlickers ofrece una visión novedosa e inmersa en la discusión actual sobre el tema, al demostrar que la autoficción no se basa en la autobiografía ni en la novela autobiográfica, sino que la creación y evolución de la autoficción se relaciona desde sus orígenes con el juego con la autoría y la ficcionalidad, por lo que ahonda en el término de *autorficción* en la discusión que nos ocupa. Para ello, Schlickers analiza dos evoluciones diferentes: en primer lugar, la narrativa en castellano desde la Edad Media, con *El libro de buen amor*, hasta las novelas contemporáneas del escritor argentino Gamerro, pasando por *La Lozana andaluza*, de Delicado; *Niebla*, de Unamuno y algunos de los cuentos de Borges entre otros. Y en segundo lugar analiza la evolución del cine del siglo XX europeo de Fellini, Moretti, Allen, Truffaut, Mario Camus y otros.

En «Sin pacto previo explícito: el caso de la autoficción», Annick Louis propone dejar de concentrarse en categorías como «género» o «subgénero» y emancipar la autoficción de la comparación a otros géneros a los cuales se la ha emparentado tradicionalmente (autobiografía, novela autobiográfica, biografía ficcional), para considerar el fenómeno dentro de una clase o categoría más vasta, la de los textos sin pacto previo explícito, teniendo en cuenta que una de las características específicas de la autoficción es su *perdurabilidad*. Esta visión pone en duda algunos de los postulados hasta ahora aceptados, al igual que hiciera Schlickers en la contribución anterior, y se basa en una revisión de la crítica francesa sobre la autoficción, y en la interpretación de textos narrativos, sobre todo de las novelas argentinas de Jarkowski *Rojo amor* (1993) y Chéjfec *Lenta biografía* (1990), entre otros.

Desde una perspectiva historicista y filosófica, Jaime Covarsí trata los orígenes de la autoficción en su artículo «Antecedentes socioculturales del relato autoficcional renacentista». En él revisa las condiciones del yo a partir de textos singulares y escogidos medievales y renacentistas, desde la motivación que llevara a los autores del momento a tomar una perspectiva determinada en cuanto a la verosimilitud y veracidad de sus textos. Su propuesta, sin embargo, es reflexionar sobre ello desde un enfoque filosófico, por lo que se puede considerar un excurso necesario que sienta las bases para los estudios de textos clásicos, como se vio ya en los análisis narratológicos del artículo de Sabine Schickers. Así, desde un estudio del campo literario del momento, y con un conocimiento de los postulados humanistas, religiosos y políticos entre los que los autores de la Edad Media y el Renacimiento se movían, presenta Covarsí unas bases necesarias para comprender de qué forma se configura la conciencia del yo, y sus condiciones, y abre la reflexión sobre un posible análisis de la auto(r)ficción a la literatura de otro momento histórico.

En «De qué hablamos cuando hablamos de autor: la autoficción de César Aira en *Cómo me hice monja*», el escritor y crítico argentino Patricio Pron hace un análisis de esta novela corta, que resulta un ejemplo esclarecedor de un texto que juega con las infracciones a las normas narrativas tradicionales ya desde el título. Pron resalta así la naturaleza paradójica y transgresora del texto singular, para intentar desentrañar otros aspectos relevantes de la autoficción. De este modo, reflexiona sobre la posibilidad única de concentrarse en la coherencia y unidad semántica del mundo narrado para determinar si un relato aparentemente autobiográfico es, en realidad, una autoficción o no. El texto de Aira sirve, pues, como ejemplo para reflexionar también sobre la literatura argentina contemporánea y sus posibilidades, destaca el «giro autobiográfico» que toma, y su relación con la actualidad y su aprehensión de la identidad.

Relacionado aún con la tradición de la literatura autoficcional en Argentina, Victoria Torres analiza en «Narrando la guerra de Malvinas entre la autobiografía y la ficción» el peculiar caso de testimonios de los jóvenes soldados que fueron enviados a la guerra de Malvinas en la década de los ochenta, y de escritores que ficcionalizaron esta guerra en la que no han participado, como el mismo Patricio Pron en su novela *Una puta mierda*. A partir de varios ejemplos, Torres propone la lectura de unos textos que no promueven tanto el recuerdo como la reflexión sobre el pasado absurdo que les tocó vivir a sus autores, o que más bien no les tocó vivir, pero que se vieron obligados a escribir en sus libros.

Tras estos artículos basados en la literatura argentina, Matei Chihaia estudia parte de la obra de otro autor del Cono Sur: «Bolaño y yo. Las dos caras de la autoficción en la obra de Roberto Bolaño». En este artículo, Chihaia analiza, siguiendo a Alberca, el pacto ambiguo en la obra de Bolaño, que mezcla la autobiografía y la ficción, así como el empleo del nombre propio del autor, presente dentro del universo ficcional, o algunos de sus pseudónimos.

Cécile Chantraine trata en su artículo «El autor y sus «figuras» en la obra del escritor uruguayo Carlos Denis Molina» algunos de sus textos, ya que ha cultivado diferentes géneros. A pesar de que el autor en la actualidad no sea tan conocido, presenta un interesante tratamiento de la autoría en casi todos sus textos, como si intentara así dejar constancia de su existencia en ellos. Con este objetivo, Chantraine analiza —siguiendo la teoría de Couturier— el uso de «figuras de autor» en los textos de Denis Molina, lo que ella considera como una reflexión teórica y práctica de un mismo autor sobre la autoficción.

El siguiente artículo trata también la obra de otro autor sudamericano, esta vez de Brasil: «*Soy yo y soy otro* —autoficciones en los cuentos de *Feliz Ano Novo* y otros textos de Rubem Fonseca». Ute Hermanns estudia aquí, al contrario de en los casos anteriores, la continua huida del autor en sus propios textos literarios. Gracias a las reflexiones de Foucault en su ensayo «Qu'est-ce qu'un auteur?», Hermanns persigue las huellas que, sin embargo, el autor implícito no ha sabido borrar, y que derivan por ello mismo a la presencia del mismo en el conjunto de su obra literaria que, cual un caleidoscopio, muestra la importancia de la propiedad literaria que, sin embargo, parece rechazarse.

Las dos contribuciones siguientes tratan textos narrativos de la literatura española contemporánea, donde el uso de motivos autoficcionales parece estar de moda, y analizan la razón de esta preferencia desde dos perspectivas diferentes.

Ana Casas estudia en «La construcción del discurso autoficcional: procedimientos y estrategias» diferentes textos literarios, para mostrar un cuadro amplio de la reflexión literaria actual sobre la autoría y la verdad en España. Para ello trata textos ficcionales que asumen características de la autobiografía en *Negra espalda del tiempo* (1998) de Javier Marías, del diario íntimo en la trilogía de Juan Antonio Masoliver Ródenas *Retiro lo escrito* (1988), *Beatriz Miami* (1991) y *La puerta del inglés* (2001), y, según su interpretación, del ensayo histórico *Sefarad* (2001) de Antonio Muñoz Molina, y del ensayo literario *El mal de Montano* (2002), de Enrique Vila-Matas. Según Casas, estas obras llaman al referente extratextual para negarlo acto seguido, y aquí la autora intenta vislumbrar las causas estéticas y éticas que llevan a los autores contemporáneos a escribir sobre sí mismos ficcionalizándose.

Herminia Gil estudia en «*Estatua con palomas* de Luis Goytisolo. Entre ficción y realidad, historia y literatura», de forma minuciosa, una novela que a primera vista no se presenta como autoficcional. Con un análisis narratológico detallado, Gil convence de que, precisamente la propuesta poetológica de dos historias entrelazadas sin aparente vínculo —una de ellas de clara índole autobiográfica—, es la base de esta reflexión literaria sobre la ficcionalidad, la identidad autorial y las posibilidades de la historiografía.

Después de las contribuciones que tratan mayormente textos narrativos, los siguientes artículos reflexionan sobre las posibilidades autoficcionales que los otros dos géneros literarios presentan. En primer lugar, Vera Toro propone en «La auto(r)ficción en el drama» una novedosa aproximación a los elementos autoficcionales en dramas. En este artículo se destacan las posibilidades de identidad entre autor y personaje o de la inscripción del autor en su drama. Como texto donde se aúnan las cuestiones más importantes de la autoficción dramática, Toro elige *El álbum familiar* (1982) del autor español José Luis Alonso de Santos, del que hace un detallado análisis. Para llegar al fondo de la cuestión, Toro no sólo se basa en obras dramáticas en castellano, desde el Siglo de Oro hasta los Unipersonales argentinos contemporáneos, sino que lleva a cabo un análisis del conocido *Sei personaggi en cerca d'autore* de Luigi Pirandello, absolutamente necesario para reflexionar sobre la autoficción en el texto dramático y sobre su dimensión metadramática.

El artículo de Ana Luengo, «El poeta en el espejo: de la creación de un personaje poeta a la posible autoficción en la poesía», por otra parte, retoma la reflexión sobre la naturaleza ficcional del texto lírico y de las posibilidades de representación del poeta como poeta personaje en su propio texto. A partir de tres poesías singulares de la lírica hispana, «Desde la Torre» (1648) de Francisco de Quevedo, «Musa pequeña» (1882) del cubano José Martí y «En contra de Jaime Gil de Biedma» (1968) del poeta homónimo, se analiza la relación del yo lírico con el personaje poeta en tres momentos estéticos diferentes, para ver cómo la lírica también hospeda ese elemento imaginativo literario que es la autoficción.

Nos complacemos en acabar este libro con las reflexiones de la escritora Laura Alcoba, argentina y profesora en la Université de Paris-Nanterre, donde es especialista en el teatro del Siglo de Oro. En su estudio «*Manèges / La casa de los conejos*, o la elección de una postura híbrida» habló sobre todo como escritora que analiza su propia novela *Manèges* con los conocimientos de una estudiosa de la literatura. Alcoba reflexionó sobre la autoría, los problemas de la calificación genérica y su decisión de elegir el subtítulo *une petite histoire argentine* para la «Collection blanche» de Gallimard para tratar un momento histórico que le tocó vivir siendo hija pequeña de unos guerrilleros que vivieron en la clandestinidad, tras el brutal golpe militar en Argentina, y recrear como adulta desde la lengua francesa como una necesidad personal y, según su recepción en Argentina, también colectiva. Su libro *Manèges* se publicó en Gallimard en 2007 y en Edhasa como *La casa de los conejos* en 2008, con traducción de Leopoldo Brizuela, y también ha sido traducido al inglés como *The Rabbit House* el mismo año con excelentes críticas. Actualmente, la editorial Suhrkamp está traduciendo la novela al alemán. Para nosotras fue un honor poder contar con su presencia, su experiencia como escritora y su calidez.

BIBLIOGRAFÍA

1. *Textos*

ANGOT, Christine (1999): *L'inceste*. Paris: Stock.
— (1998): *Sujet Angot*. Paris: Fayard.
BALZAC, Honoré de (2001 [1834-1835]): *Le Père Goriot*. Paris: Larousse.
BORGES, Jorge Luis (1996 [1949]): *El Aleph*. Madrid: Alianza.
CERVANTES, Miguel de (1994 [1605/1615]): *El ingenioso hidalgo Don Quijote de la Mancha*, 2 vols. Madrid: Cátedra.
DOUBROVSKY, Serge (1977): *Fils. Roman*. Paris: Galilée.
MARÍAS, Javier (1989): *Todas las almas*. Madrid: Alfaguara.
SEMPRÚN, Jorge (1963): *Le grand voyage*. Paris: Gallimard.
— (1977): *Autobiografía de Federico Sánchez*. Barcelona: Planeta.
— (1981): *Aquel domingo (Quel beau dimanche!, 1980)*. Barcelona: Planeta.

SORIANO, Osvaldo (1995 [1979]): *Triste, solitario y final*. Buenos Aires: Sudamericana.
TORRES, Antônio (2007 [2000]): *Meu Querido Canibal*. Rio de Janeiro: Record.
VARGAS LLOSA, Mario (1977): *La tía Julia y el escribidor*. Barcelona: Seix Barral.

2. *Estudios*

ALBERCA, Manuel (2007): *El pacto ambiguo: De la novela autobiográfica a la autoficción*. Madrid: Biblioteca Nueva.
AULAGNE, Lucie-Noëlle (s./f.): «Légitimer, truquer, re-créer: quelques stratégies de méta-discours autofictionnels», en <http//:www.uhb.fr/alc/cellam/soi-disant/01Question/Analyse2/AULAGNE.html> (01.07.09).
COLONNA, Vincent (1989): *L'Autofiction. Essai sur la fictionnalisation de soi en littérature*. Paris: microfiche (thèse, dir. G. Genette), en <http://hal.archives-ouvertes.fr/docs/00/04/70/04/PDF/tel-00006609.pdf> (04.08.09).
— (2004): *L'Autofiction & autres mythomanies littéraires*. Paris: Tristram.
CRAEMER-SCHROEDER, Susanne (1993): *Deklination des Autobiographischen. Goethe, Stendhal, Kierkegaard*. Berlin: Schmidt.
DARRIEUSSECQ, Marie (1996): «L'autofiction, un genre pas sérieux», en *Poétique* 107, pp. 369-380.
ELPERS, Susanne (2008): *Autobiographische Spiele: Texte von Frauen der Avantgarde*. Bielefeld: Aisthesis.
GASPARINI, Philippe (2004): *Est-il je? Roman autobiographique et autofiction*. Paris: Seuil.
— (2008): *Autofiction: Une aventure du language*. Paris: Seuil.
GENETTE, Gérard (1972): *Discours du récit*. Paris: Seuil.
— (1982): *Palimpsestes*. Paris: Seuil.
— (1983): *Nouveau discours du récit*. Paris: Seuil, 2002.
— (1991): *Fiction et diction*. Paris: Seuil, 2004.
— (1991): «Récit fictionnel, récit factuel», en *Fiction et diction*. Paris: Seuil, 2004, pp. 141-168.
GERÓNIMO, Miriam Di (2005-2006): «Laberintos verbales de autoficción y metaficción en Borges y Cortázar», en *Cuadernos del Cilha* 7/8, pp. 91-105. Accesible en <http//:www.fabula.org> (29.9.06).
GRABE, Nina/LANG, Sabine/MEYER-MINNEMANN, Klaus (eds.) (2006): *La narración paradójica: «normas narrativas» y el principio de la «transgresión»*. Madrid/Frankfurt am Main: Iberoamericana/Vervuert.
GRONEMANN, Claudia (2002): *Postmoderne/Postkoloniale Konzepte der Autobiographie in der französischen und maghrebinischen Literatur: Autofiction — Nouvelle Autobiographie — Double Autobiographie — Aventure du Texte*. Hildesheim: Olms.
HERRERA ZAMUDIO, Luz Elena (2007): *La autoficción en el cine. Una propuesta de definición basada en el modelo analítico de Vincent Colonna* (tesis doctoral). Madrid: Uni-

versidad Autónoma. Accesible en <http://www.scribd.com/doc/678285/tesis-sobre-la-autoficcion-en-el-cine> (01.02.09).

Hubier, Sébastien (2003): *Littératures intimes: les expressions du moi: De l'autobiographie à l'autofiction*. Paris: Colin.

Kindt, Tom (2008): *Unzuverlässiges Erzählen und literarische Moderne: Eine Untersuchung der Romane von Ernst Weiß*. Tübingen: Niemeyer.

Lejeune, Philippe (1975): *Le pacte autobiographique*. Paris: Seuil.

Manns, Sophia (2005): *Unreliable narration in der russischen Literatur*. Frankfurt am Main: Lang.

Manrique Sabogal, Winston (2008): «El yo asalta la literatura», en *El País*, «Babelia», 13 de septiembre.

Meyer-Minnemann, Klaus (2008): «El género de la novela picaresca», en Meyer-Minnemann, Klaus/Schlickers, Sabine (eds.), *La novela picaresca. Concepto genérico y evolución del género (siglo XVI y XVII)*. Madrid/Frankfurt am Main: Iberoamericana/Vervuert, pp. 13-40.

Meyer-Minnemann, Klaus/Schlickers, Sabine (eds.) (2008): *La novela picaresca: Concepto genérico y evolución del género (siglo XVI y XVII)*. Madrid/Frankfurt am Main: Iberoamericana/Vervuert.

Molero de la Iglesia, Alicia de (2000a): *La Autoficción en España: Jorge Semprún, Carlos Barral, Luis Goytisolo, Enriqueta Antolín y Antonio Muñoz Molina*. Bern: Lang.

— (2000b): «Autoficción y enunciación autobiográfica», en *Signa: revista de la Asociación Española de Semiótica* 9, pp. 531-549.

Nünning, Ansgar (1998): «*Unreliable narration* zur Einführung. Grundzüge einer kognitiv-narratologischen Theorie und Analyse unglaubwürdigen Erzählens», en Nünning, Ansgar (ed.), *Unreliable narration: Studien zu Theorie und Praxis unglaubwüdigen Erzählens in der englischsprachigen Erzählliteratur*. Trier: Wissenschaftlicher Verlag Trier, pp. 3-39.

Plessner, Helmuth (1962): «Der imitatorische Akt», en *Gesammelte Schriften*, vol. VII, Frankfurt am Main: Suhrkamp, 1982, pp. 446-458.

Puertas Moya, Francisco Ernesto (2003): *La escritura autobiográfica en el siglo XIX: el ciclo novelístico de Pío Cid considerado como la Autoficción de Ángel Ganivet* (tesis doctoral). Madrid: Universidad Nacional de Educación a Distancia. Accesible en <http://www.cervantesvirtual.com/FichaObra.html?Ref=11437> (03.10.08).

Rico, Francisco (1987): «Introducción», en Rico, Francisco (ed.), *La vida de Lazarillo de Tormes* (1554). Madrid: Cátedra, pp. 13-139.

Schaeffer, Jean-Marie (1989): *Qu'est-ce qu'un genre littéraire?* Paris: Seuil.

Schlickers, Sabine (2005): «Inversions, transgressions, paradoxes et bizarreries: la métalepse dans les littératures espagnole et française», en Pier, John/Schaeffer, Jean-Marie (eds.), *Métalepses. Entorses au pacte de la représentation*. Paris: EHESS, pp. 151-166.

Vilain, Philippe (2005): *Défense de Narcisse*. Paris: Grasset.

WARNING, Rainer (1996): «Komik/Komödie», en Ricklefs, Ulfert (ed.), *Fischer Lexikon Literatur*. Frankfurt am Main: Fischer, pp. 897-936.
WILPERT, Gero von (2001): *Sachwörterbuch der Literatur*. Stuttgart: Kröner.
ZIPFEL, Frank (2001): *Fiktion, Fiktivität, Fiktionalität: Analysen zur Fiktion in der Literatur und Zum Fiktionsbegriff in der Literaturwissenschaft*. Berlin: Schmidt.

3. *Páginas web*

<www.autoficcion.es>.
<www.autofiction.org>.

Finjo *ergo* Bremen
La autoficción española día a día

Manuel Alberca

A José Manuel López de Abiada,
en su año jubilar

Lunes, 28 de enero de 2008
He recibido un *e-mail* de la profesora Sabine Schlickers, a quien no tengo el gusto de conocer. Me invita a un simposio sobre la autoficción en Bremen. «Como destacado experto del tema», dice amablemente. Me acuerdo del requiebro castizo con que una chulapa rechazaba un piropo en una zarzuela, tal vez en *La verbena de la Paloma* o en *La revoltosa*: «…eso se lo dirás a todas». Pero no le comento nada, no porque considere justo el elogio, sino excesivo por generoso y, desde luego, desproporcionado a todas luces. Pero lo agradezco en mi fuero interno, pues, como dice Javier Cercas, quien rechaza un elogio es porque quiere dos. Por supuesto, estoy encantado y acepto la invitación. La autoficción engorda *mi* autoficción, pero no hay peligro de obesidad. No sé si los otros se confundirán, pero yo sé muy bien que nada de esto es real. Le he pedido a Sabine que me dé unos días para pensar el título y el contenido de mi presentación.

Hace dos meses apareció mi libro sobre la autoficción. Tardé casi un año en escribirlo y otro más en encontrar editor. Quería verlo publicado para descansar de la autoficción, y ahora, que ya está en la calle, la autoficción me persigue. Mientras revisaba el texto y corregía las pruebas de imprenta, deseé ardientemente acabar de una vez por todas con esta historia. Ahora preferiría alejarme de la autoficción por un tiempo. Pero, ¿cómo rechazar la invitación de una colega? Tampoco puedo desaprovechar la ocasión para conocer la ciudad del cuento, pero, ¿qué cuento les contaré?

Viernes, 15 de febrero de 2008
Hace unos días le envié a Sabine el título de la ponencia. Antes consulté a un amigo latinista y decidí: *Fallo, ergo sum* («Finjo, luego existo»). El título evoca el agustino *Si fallor, sum* («Si me equivoco, existo»). Aunque en su forma activa la

frase no está acreditada con ninguna cita de prestigio, al menos yo no la conozco, se adapta a lo que quisiera decir en la ponencia. Referirse a la autoficción, como registro narrativo diferenciado del resto de relatos limítrofes, exige situarse en el terreno del «fingimiento» como dominio creativo distinto de la ficción y de la autobiografía. Según Käte Hamburger, el yo fingido, aun siendo ficticio, tiene la prerrogativa de simular que pronuncia enunciados reales y autobiográficos. La ambigüedad de estos relatos hace que el lector pueda incurrir en el error de tomar como un discurso real, lo que en realidad es sólo ficticio, pero que finge ser verdadero.

El fingimiento y la simulación están en la base del comportamiento humano y forman parte de los fundamentos creativos de las autoficciones. El hombre es tal vez el único animal capaz de fingir por puro placer teatral o por gusto de disfrazarse, pero también por conveniencia social de representar papeles que no reconoce como propios ni son sinceros. No pretendo mantener que la simulación o la pulsión humana por simular, con la que yo relaciono la autoficción, sea un rasgo exclusivo de los españoles, pues dicha pulsión debe estar inscrita en la carta genética humana, pero creo que en España la escuela del fingimiento ha alcanzado una perfección encomiable.

Para los españoles el fingimiento ha sido, antes que una opción lúdica, una necesidad y por tanto un aprendizaje necesario para defenderse de las imposiciones de una sociedad, por lo general, intolerante. Fingir creencias que no son las nuestras, aparentar ser el que sabemos que no somos, simular entusiasmo ante lo que no nos gusta, disimular, en fin, nuestras carencias, constituyen otros tantos equilibrios precisos para la salvación, la autodefensa o el camuflaje. Ante una sociedad hostil, el individuo se protege representando papeles fingidos: ser otro para los demás sin dejar de ser uno para sí mismo.

En España el menosprecio y la desconfianza hacia el género autobiográfico son aun mayores que en cualquier país de nuestro entorno cultural. Esta actitud debe de ser un residuo inquisitorial, pues cuando los españoles nos interesamos por la vida privada del otro es por afán de controlar y no de comprender la complejidad del comportamiento humano. En esta atmósfera de recelo no es raro que flaqueen los ánimos de los que se arriesgan a contar su vida y a ponerla por escrito. Tampoco es ajeno a este retraimiento confesional la influencia nefasta que supuso un período de 40 años de falta de libertad, de censura y autocensura que conllevó el franquismo. Desde hace tres décadas el país trata de salir con esfuerzo de esa doble herencia, pues el desencanto político se adueñó enseguida de las grandes expectativas depositadas en la democracia.

Este panorama histórico, por fuerza simplificador, pone de relieve las limitaciones de nuestra autobiografía y explica que ésta se haya decantado hacia formas de autobiografismo prudente y escondido, que resulta a todas luces más premoderno que posmoderno. La adopción de una apariencia de posmodernidad parece más una estrategia de simulación o disimulo *pro domo* que un descreimiento, en fin, una excusa para no tener que afrontar los retos históricos y sociales que la autobiografía española se atreve pocas veces a afrontar.

Lunes, 24 de marzo de 2008
Vuelta al trabajo después de las vacaciones de Semana Santa. Le sigo dando vueltas a la cuestión de la necesidad y la gratuidad de la autoficción. Es decir, ¿hasta qué punto la autoficción es una forma de juego frívolo o una necesidad para decir de manera novelada lo que de otra forma no se acierta, no se puede o se evita decir? Pero me he ido al cine para descansar de la autoficción.

Sin embargo, como suele ocurrir cuando uno está 'enchufado' a algo que le obsesiona, la película me ha devuelto inevitablemente otra vez a la autoficción. He visto el film *Expiación*, de Joe Wright (2007), basado en la novela de Ian McEwan. Me parece que el director ha salvado lo más interesante de la novela y todo lo que podía salvar de aquella, dejando aparte las concienzudas y demoradas descripciones que el escritor convierte en una clave de estilo que el cine no podría registrar con suficiencia. Pero no es de esto de lo que quiero hablar. La novela y la película, mejor la novela, a través de la historia que el personaje de Brioni se monta de lo ocurrido en la casa paterna aquella lejana noche de su infancia, muestran lo que serían los mecanismos de una autoficción necesaria. Por supuesto, *Expiación* no es una autoficción, pero la manera en que Brioni ha concebido la expiación de su culpa y el modo en que rehace la historia verdadera en su relato novelesco para hacerla más aceptable y llevadera, revela hasta qué punto la necesidad de exculparse la persigue toda la vida. Su versión de aquellos hechos se teje con la verdad y la mentira. La novela de Ian McEwan ejemplifica la necesidad que cualquier persona, y de manera sobresaliente alguien que escribe, puede tener de rectificar o mejorar la realidad vivida, a través de la literatura, como forma de salvación personal y de expiar una culpa.

Martes, 20 de mayo 2008
Cuando hablamos de escritura autobiográfica normalmente nos obstinamos en ver sólo una vertiente: la influencia de la vida en la escritura, es decir, la manera en que ésta recoge y vierte lo vivido en el texto. Pero hay otra, la que va en

dirección contraria, de la escritura a la vida, en la cual ésta es modificada por aquélla, es decir, cuando el escritor contempla y vive su vida *sub especie literaria*. En estos casos la novela sirve para dar cauce al imaginario vital del autor. Esta idea me la ha recordado la lectura de la biografía de Laure Adler sobre Marguerite Duras, cuya literatura a juicio de su biógrafa es un ejemplo de esto, pues sin utilizar la palabra autoficción demuestra cómo la vida de M. D. fue siendo moldeada por su escritura. Como comprueba Adler, la escritura novelística de la escritora francesa fue muchas veces el motor de su vida y el resultado de sus ficciones marcan el desfase con su verdadera vida, tal como ella misma reconocería: «Deformar la vida real hasta conseguir que se someta a las exigencias esenciales de la historia del yo. Mi ser escritor me cuenta mi vida y yo soy su lector. Mi ser escritor deforma, expulsa, clasifica, rompe. Mi ser razonante hace que los fragmentos del yo se mantengan juntos para que el acontecimiento sea viable por mí y para mí, a fin de que pueda unirse a la multitud interna del yo» (cit. por Adler 2000: 361).

Sin duda esta opción es menos frecuente en la autoficción española, pero no le es ajena. Un buen ejemplo, por no decir el mejor, lo constituye la obra de Miguel Unamuno. Cada obra o novela del escritor de Bilbao representa un ejercicio voluntarioso de resolver, sancionar o cerrar un conflicto íntimo (ideológico o espiritual), que en la vida no atinaba a resolver, torturándole insidiosamente. De este modo, cada libro es como un cambio de piel o la invención de un nuevo yo. No en vano Unamuno es el inventor del afortunado palíndromo «soy yos». Ricardo Gullón analiza con detalle, en su muy recomendable libro sobre la obra unamuniana, este modo de reinventarse a sí mismo y Teresa Gómez Trueba lo demuestra con solvencia en la introducción a la autoficción *Cómo se hace una novela*. En Unamuno la escritura literaria sirve a la invención de lo vivido y sobre todo de lo por vivir y en consecuencia sus obras amplían la concepción factual y comprobable de la autobiografía.

Jueves, 5 de junio de 2008
Hace dos semanas Philippe Gasparini me envió su último libro (2008). Durante estos días su trabajo ha acompañado mis cavilaciones. Su anterior libro, que fue su tesis doctoral (Gasparini 2004), tenía el mérito de recuperar y valorar el género de la novela autobiográfica, noción utilizada y al mismo tiempo denostada de manera contradictoria por los novelistas y por la crítica. Una de las aportaciones o aciertos de la tesis de Gasparini es el haber puesto de relieve que la novela autobiográfica es el precedente inmediato de la autoficción. Y su ma-

yor carencia la constituía el hecho de no establecer ninguna pauta o criterio eficaz para distinguir una y otra, ni de señalar sus diferencias históricas y conceptuales. Me desconcertó también su argumento de considerar que la autoficción no se habría desarrollado sin el menosprecio y el bloqueo crítico del concepto de la novela autobiográfica por las poéticas inmanentistas. Pero, en cambio, no tenía en cuenta que a pesar de esto no se dejaron de escribir novelas autobiográficas. Resulta fuera de toda duda que, aunque la novela autobiográfica y la autoficción tienen una misma línea genética, en el paso de una a otra se produce una evidente «mutación»: un salto significativo que va del ocultamiento y el disfraz de la primera a la engañosa y ambigua transparencia de la segunda.

En este segundo libro Gasparini ha escrito la historia de la autoficción de forma minuciosa. Para ello se remonta a los primeros atisbos del término en los manuscritos de Doubrovsky, que Isabelle Grell descubriera en sus estudios genéticos de *Fils*. Así recorre el curso de la autoficción desde el manantial hasta las más recientes aportaciones al estudio de esta forma narrativa. Para ello analiza con detenimiento los críticos y autores que se han ocupado de la autoficción en su corta pero intensa vida de tres décadas. Para cualquier estudioso del tema este libro será una referencia de consulta obligada, pues allí están el pensamiento y la reflexión producidos sobre el tema en este tiempo. Por otra parte, se ha propuesto deslindar, ahora sí, las fronteras entre la novela autobiográfica y la autoficción, pero no se ha conformado con el dibujo de una línea de separación sin más, sino que se ha propuesto trazar una cartografía nueva y completa en la que redistribuir los géneros autobiográficos. Su propósito no es sólo descriptivo sino que aspira a ser en cierto modo predictivo, y está guiado por la reivindicación de la autobiografía como obra literaria al mismo nivel que los géneros de ficción.

Para dibujar este nuevo mapa toma prestado a Arnaud Schmitt el concepto de 'autonarración', que para Gasparini se revela como la «forma contemporánea» del espacio autobiográfico, bajo la cual es posible integrar tanto las formas sometidas al pacto autobiográfico, que denomina relatos autobiográficos, como las que se adscriben a una estrategia de ambigüedad, más o menos retorcida, es decir, las autoficciones (2008: 312). Dentro de la auto-narración aspira a integrar la autoficción con coherencia, demostrando de manera práctica un axioma de la historia de las poéticas: cualquier novedad o modificación en un género establecido acaba afectando a todo el sistema. Define la autoficción como un «texto autobiográfico y literario», en el cual un cierto número de elementos del auto-relato, en tanto que ficción, han sido imaginados o rehechos por el autor de tal manera, «que tienden a problematizar la relación entre la escritura y la experiencia» (2008: 311). Gasparini llega así a una afirmación que es coherente con el cuadro dibujado: «la autoficción no significará ni más ni menos que la novela autobiográfica contemporánea» (2008: 313), pero que, como conclusión final, no convence, pues supone una vuelta a las posiciones del primer libro, eso sí, tras un documentado y largo rodeo. Éste sería a mi juicio el talón de Aquiles de este magnífico libro, pues simplifica tal vez la pluralidad de las autoficciones y se desentiende de la importancia del protocolo de identidad nominal, que hereda del pacto autobiográfico en su doble forma: expresa y tácita. Por esto, cuando admite que en la actualidad siguen produciéndose novelas autobiográficas al estilo decimonónico, no encuentra en éstas otro rasgo para distinguirlas de las autoficciones, que la «ambición artística que anima a los escritores actuales» (2008: 316), distinción arbitraria que considero insuficiente e imprecisa.

Jueves, 4 de septiembre de 2008
He hablado durante casi una hora con Winston Manrique, redactor de «Babelia», *El País*, que prepara un reportaje sobre la autoficción. Sus preguntas han estado dirigidas a delimitar los márgenes de ésta, es decir, su definición, y las posibles causas de su desarrollo en España. No es difícil adivinar que de esta extensa charla aparecerá alguna frase entrecomillada en medio de un batiburrillo de opiniones dispares.

También he escrito un resumen de la charla para el coloquio y se la he enviado a Sabine. Le explico que más que un resumen es un *desideratum*. La esperanza de que seamos capaces de llegar a un acuerdo al menos sobre qué entendemos por autoficción. Al fin y al cabo, el de Bremen es el primer congreso, si no me equivocó, dedicado a la autoficción en el campo del hispanismo. Anoto aquí un fragmento del resumen enviado.

> Me gustaría que estuviéramos de acuerdo al menos en definir la autoficción como una novela (o relato que se presenta como ficticio), cuyo narrador y/o personaje detenta la misma identidad nominal de su autor. Las divergencias comenzarán justo cuando queramos precisar qué entiende cada cual por novela o por identidad. Se convendrá no obstante que, independientemente de la explicación y significado de este fenómeno narrativo, las autoficciones son relatos híbridos, de premisas indeterminadas y de ubicación vacilante entre la novela (relato ficcional), que está regida por el principio de la libertad de imaginar con que faculta al autor y al lector, y la autobiografía (relato factual), regida por el «pacto autobiográfico» y por el anuncio de que va a contar la verdad de su vida. En fin, las autoficciones son textos en los que la incertidumbre y la ambigüedad se convierten en paradigma creativo para unos escritores y en reto interpretativo para sus lectores.

La definición propuesta abre al menos dos posibles interpretaciones, según se incline el autor hacia la autobiografía o hacia la novela. Si se inclina hacia la primera, el acento se pone en la identidad del autor, en el 'auto-'. Sea ésta su búsqueda, afirmación o puesta en entredicho. Según esta interpretación, la autoficción es un relato autobiográfico, aunque se reserva la posibilidad de utilizar y jugar con las formas discursivas que suelen utilizar las novelas. Cuando S. Doubrovsky inventó el concepto de autoficción, apuntaba a este primer sentido. Una «novela de hechos estrictamente reales», es decir sometidos al pacto autobiográfico, en el cual la denominación de «novela» puesta en la portada y bajo el título no afectaba a la veracidad de lo contado sino a la manera de buscar esa verdad a través del lenguaje. *Fils* era, como él se encargaba de subrayar, la aventura del lenguaje que se esfuerza en apoyar, revelar o asediar un yo inasible.

Pero si el autor se inclina hacia la segunda, ficcionaliza la identidad y pone el acento en la segunda parte de la palabra, «-ficción». La denominación novela aquí se toma totalmente en serio. El lector desde su posición entiende que el autor no se compromete a ser veraz ni a mostrar su identidad, sino por un rodeo o circunloquio ficticio difícil de comprobar. Aquí la autoficción abarca una amplia gama y grados de variantes novelescas.

Desde el punto de vista de la crítica, me parece que la primera opción está representada por las opiniones de Doubrovsky y por la obra de Philippe Gasparini y Philippe Vilain, con los matices que se quieran hacer. La segunda es la opción crítica que han seguido Gérard Genette y sus discípulos Vicent Colonna y Marie Darrieusecq que entienden la autoficción como un relato en el que un personaje-narrador homónimo del autor se apropia o se atribuye historias que no ha vivido. ¿Es preciso elegir entre una y otra? Tal vez, pero no lo sé. Lo que está claro es que bajo la misma forma funcionan dos tipos de relatos que en sus extremos son antitéticos. Duplicidad o polisemia que Gasparini trata de corregir en su libro, tal como se vio en una entrada anterior. En *El pacto ambiguo* he sido sobre todo descriptivo. Traté de mostrar y explicar las diferentes formas de autoficción, si bien al final juego a profeta y hago previsiones para la narrativa española.

Como lector autobiográfico confieso que no me gusta que me tomen el pelo, y aprecio sobre todo el compromiso y el esfuerzo sincero de buscar la verdad. Como lector de novelas, disfruto con esas autoficciones que llevan la indeterminación al límite y juegan en el filo de la navaja con ambas posibilidades de manera alternativa, y así hasta el final sin dar una solución. Son ficciones que han interiorizado el mecanismo de indeterminación entre lo ficticio y lo autobiográfico, una vacilación equivalente a la descrita por Todorov entre lo posible y lo imposible, entre lo natural y lo sobrenatural, que el crítico francés juzga como el principio de lo fantástico. Mantienen y prolongan la ambigüedad de sus propuestas y de su discurso, y su objetivo es dejar al lector perplejo cuando concluya el relato. Éste, indeciso e impotente para dar solución al enigma del relato, sigue preguntándose al final: ¿autobiografía o ficción?

Sábado, 13 de septiembre de 2008
«El yo asalta la literatura». Así titula Winston Manrique su reportaje sobre la autoficción en «Babelia». Niego la mayor. Para mí no hay tal cosa. Hace unos años, a propósito del creciente número de novelas de contenido autobiográfico, «Babelia» titulaba algo parecido: «La autobiografía invade la novela» (9/9/2000). En mi opinión ocurre justamente lo contrario: la autobiografía es un campo dominado por la novela, y no al revés, porque, mientras la primera tiene sus límites bien fijados, al menos desde que Lejeune precisó sus fronteras, y por tanto no puede 'jugar' a la ficción, a la segunda le está permitido prácticamente todo. Del mismo modo, no es el 'yo' quien asalta la novela, sino los novelistas y los editores los que han descubierto lo rentable, lo cómodo o lo poco arriesgado que puede resultar la utilización libre de materiales biográficos como argumento novelístico. En este sentido, la autoficción se aprovecha del interés que la autobiografía despierta desde hace unas décadas en los lectores españoles. Es la novela la que parasita el territorio de la autobiografía, bien por esas razones o bien por los signos de agotamiento o pérdida de lectores. No es un fenómeno nuevo desde luego. Lo verdaderamente novedoso es la dimensión descomunal del fenómeno en la actualidad y la aparente y falsa transparencia que adopta en la autoficción.

La contradicción no llamaría la atención si no fuera por el menosprecio, e incluso desdén, con que los escritores entrevistados en «Babelia» se refieren a la autobiografía. La mayoría está de acuerdo en que es tolerable y de buen gusto hablar de sí mismo si se hace bajo el manto protector de la novela, pero no es artístico, sino sensiblero y vergonzoso hacerlo a rostro descubierto. Se considera muy importante la expresión del yo, pero al mismo tiempo se advierte de los peligros de su hipertrofia. ¿En qué quedamos? Algunos novelistas y críticos reconocen el agotamiento y desprestigio de la ficción y la necesidad de echar mano de lo biográfico, pero ¡ojo!, que no se confunda su obra con uno de esos testimonios sin arte que tanto proliferan…, porque, si bien la novela está agotada, todos ellos escriben… ficciones. Faltaría más.

Al mismo tiempo un insistente estribillo machaca al lector: 'todo es ficticio', 'no es posible distinguir lo real de lo inventado o carece de interés hacerlo', una letanía que estimula, paradójicamente, a los lectores a preguntarse si los hechos narrados ocurrieron o no. Lo que preocupa tal vez a escritores como Muñoz Molina es que la reutilización hasta la saciedad de los mismos contenidos autobiográficos sea sancionada como falta de inspiración. Alguna vez le he escuchado decir, citando al poeta Auden: «No cuentes tu autobiografía. Es tu capital». En este panorama tan uniforme, descrito por W. Manrique, dos voces, al menos, dan la nota discordante: Vicente Verdú (*No ficción*) y Julián Rodríguez. A los dos debería leerlos para este diario.

Del reportaje cabía esperar una aclaración del concepto de autoficción (éste es, sin duda, un reproche de profesor que no sabe nada de escribir en periódicos). Aunque fuese para andar por casa, algo con lo que el lector medio se guiase en este piélago de opiniones. La definición negativa del comienzo no ayudará mucho: «No son memorias, no son diarios, no son biografías: es una escritura del yo».

Al atardecer, cuando la luz cae balsámicamente, mi hija, 13 años, lectora habitual de las noticias periodísticas que le interesan, me acompaña en el salón. Hojea «Babelia» con desinterés y sin apenas fijarse. Al paso, la palabra autoficción le llama la atención y me pregunta: «Papá, y la autoficción, ¿qué es? ¿Cuándo uno se inventa su autobiografía?».

Domingo, 14 de septiembre de 2008
No. Mi amor de padre no me ciega. Ni la definición de mi hija me exime de precisar mi idea de qué es la autoficción, cuáles sus límites y sus diferencias con los géneros limítrofes. En el resumen enviado al congreso me refería al carácter contradictorio y ambiguo de las dos propuestas que bajo una sola forma se ocultan. Es decir, y espero no repetirme ni contradecirme, las autoficciones se aprovechan del ilusionismo, de lo que parece una cosa y resulta ser otra. Por una parte, las autoficciones son novelas que, como todas las novelas, nos dejan libres para imaginar las historias inventadas como verdaderas. Y al revés, por su engañosa transparencia autobiográfica, pueden hacer tambalear nuestra credulidad, pues las historias que se presentan como verdaderas, o lo parecen, pudieran ser inventadas. Es decir, fingen ser novelas o fingen ser autobiografías.

Estas posibilidades representan los dos polos hacia los que se puede decantar la autoficción: el ficticio y el referencial. En cualquier caso, el autor se introduce en el relato como protagonista con su mismo nombre propio o con una identidad que remite inequívocamente a la suya. Es como si el autor quisiese ser tan veraz como un autobiógrafo, pero en ningún caso se compromete a serlo. Por tanto, son por su composición relatos híbridos (novelesco/autobiográficos, es decir, de ficción y crónica en proporciones imprevisibles), que, al mismo tiempo invaden, colonizan y parasitan lo autobiográfico y lo histórico para enriquecer la ficción. Tratan en ocasiones de colar de matute un producto por la aduana de los géneros, y sin pagar los impuestos a que obliga su reglamentación. En principio no parece un procedimiento nuevo, pues lo autobiográfico estaba presente en otros géneros literarios, pero con una diferencia que conviene destacar. Por ejemplo, en las novelas autobiográficas, con las que las autoficciones están emparentadas (no sé si son sus hermanas pequeñas o sus hijas), los autores tomaban elementos de su propia biografía y los incorporaban a la ficción, constituyendo un todo novelesco. Por el contrario, la autoficción desembarca en la autobiografía, la ocupa de manera imperialista y se adueña de ella tan abierta y miméticamente que simula ser una autobiografía verdadera y al simularlo podría serlo de verdad o no, pues su grado de ambigüedad es tal que ésta se convierte en su seña de identidad más relevante.

Martes, 16 de septiembre de 2008
Días de sobresaltos, inquietud y miedo. Sobre todo miedo. Los titulares de la prensa no dan tregua ni esperanza. Las finanzas occidentales se tambalean por el efecto combinado de los activos tóxicos, las hipotecas-basura y las burbujas inmobiliarias. Un menú de alto riesgo que ha congestionado los hospitales del orden económico. Empresas y bancos enferman de gravedad. Los ahorradores meten en la UVI su dinero.

En España, a pesar de los mensajes optimistas del gobierno, o precisamente por esto, pudiera ser aún peor. Nuestra economía basada en la especulación del ladrillo y en el triunfalismo tontorrón de los poderes públicos es mucho más débil que otras. La gente no sabe a qué atenerse. La bolsa, después de alcanzar hace sólo unos meses cotizaciones siderales, se desploma en caída libre. Ayer me encontré a un amigo que ha sacado su dinero del banco y ha comprado deuda pública del Estado. Es alguien informado y avezado en negocios bursátiles.

Lo más curioso de la situación es que, ahora como siempre, los abusos y despropósitos del capitalismo van a ser corregidos por el sector público. El Estado acude al rescate de los ultraliberales defensores de la libertad del mercado, que se habían llenado los bolsillos de ganancias fraudulentas y la boca con su proverbial lema: 'menos Estado, más mercado'. Dicen los expertos que no es una simple crisis del capitalismo ni un cambio de ciclo. No. Advierten que es el final de un modelo de desarrollo. Es la debacle del 'capitalismo de ficción', como lo llamó con complacencia admirativa Vicente Verdú en su libro *El estilo del mundo* (2005). Es el ocaso de la ingeniería financiera, de la economía virtual y del dinero invisible. Un capitalismo tan aligerado que había renunciado a producir objetos y se dedicaba a inventar ficciones y vender «ilusiones». Alimentaba nuestro imaginario pero descuidaba el cuerpo.

En esta locura que hemos vivido se ensalzaba la hipertrofia de la nada como un absoluto y se hablaba de la realidad como una ficción y, viceversa, se le atribuía a la ficción categoría de realidad. En fin nos vendieron bagatelas a un precio astronómico e hipotecamos nuestras vidas. Tal vez el emblema más acabado de todo esto lo constituya la llamada 'cocina de autor' y sus excesos: nos dieron de comer, y esto no es metáfora, reducciones, espumas, humo, aire.

Y la literatura, ¿qué se hizo? ¿No será el desarrollo exponencial de la autoficción en los últimos años un epifenómeno de esto mismo que comento? ¿No es la autoficción una apología literaria de la fusión, de lo híbrido y de sus producciones imposibles? ¿No tiene la autoficción misma mucho de producto transgénico? ¿No es un error que la vida y su relato, es decir, cualquier autobiografía, sea considerada una novela? ¿Y el descrédito y agotamiento de la ficción, no recuerdan el descrédito y agotamiento del capitalismo en este final de serie? ¿Tendrá que acudir también la autobiografía al rescate de la literatura? Del mismo modo que el capitalismo falto de ideas y de recursos ha necesitado de la inyección de dinero público, la novela, que languidece falta de activos y de inversiones, necesita alimentarse en el venero de las historias que le garantizan la biografía y la autobiografía, y otros géneros referenciales como la historia y el documental.

Lunes, 29 de septiembre de 2008
Anoto esto regresando de un rápido viaje de fin de semana a Teruel. He aprovechado el viaje para leer *No ficción*, de Vicente Verdú, uno de esos libros pendientes que encontró su momento. Tenía curiosidad por leerlo. En una entrada anterior quedamos que Verdú y Julián Rodríguez representaban la excepción «realista» a la regla novelesca de la autoficción española según el panorama descrito por W. Manrique en «Babelia». Verdú no utiliza el término 'autoficción'. Su 'libro' o 'texto' (de las dos maneras lo denomina la editorial en la contraportada) es por muchas razones un fruto híbrido, característico de la narrativa actual. En las entrevistas promocionales, el autor prefería llamarlo 'novela', basándose a veces para ello en el famoso decálogo de la novela actual que el año pasado

publicó cuando justamente se encontraba redactándolo. ¿Qué es *No ficción*? Una novela, si nos atenemos al gusto del autor, y un relato autobiográfico, si atendemos al contenido y a la promesa de veracidad. En cualquier caso, constituye una confesión inusual en forma de reportaje periodístico y sociológico o diario impúdico, pues de todo hay como en botica. El relato muestra el itinerario del autor por diferentes avatares más o menos dramáticos que le abocan a una puesta en entredicho de su identidad: «¿Ese ser era yo? Uno mismo nunca es uno mismo, y siempre se nos aparece este ser que nos identifica como un bulto no tan conocido como para creer que somos iguales a él. [...] De hecho, aquello que se dice que somos consiste en una reunión de fragmentos, más o menos ensamblados que los demás obtienen de las emisiones impulsadas por la insuficiencia o la sobreactuación» (2008: 70-71). *No ficción* da cuenta de un viaje interior desde un yo hipertrofiado a un yo finalmente aligerado, a través de un proceso ascético en el que se libera de enfermedades y adicciones.

En el panorama autobiográfico español, el relato de Verdú representa un ejercicio de sinceridad que resulta muy de agradecer, toda vez que en esta purificación terapéutica el autor muestra los aspectos menos presentables de su personalidad. Incluso enseña, no sabemos si con deliberación o inconsciencia, su insensibilidad a otros problemas que no sean los suyos. Por ejemplo, resulta especialmente mezquina la escasa atención que presta a la grave enfermedad de su esposa. Es cierto que la exposición pública de sus neuras, fobias y adicciones nos enseña el camino recorrido hacia la higiene mental y física, pero no sé si su ejemplo cumple el deseable efecto social. Muestra sus miedos y dependencias con crudeza, sin exhibicionismo ni complacencia, sino como evidencias de un yo patológico que era preciso curar. Aunque el planteamiento es totalmente laico queda claro que esta confesión pública es un bálsamo para la culpa. Una terapia que conduce al desprendimiento del yo y sus vergüenzas sin importarle quedar bien o mal ante los testigos. Si el exceso de yo era el culpable, su expiación es o debería ser, tal y como lo expone Verdú, su gradual y final extinción. Para la curación del yo nada mejor que su extirpación. O para decirlo con sus palabras: se vive mejor con menos yo. Pero una cosa es la salud y el cuidado del yo y otra bien diferente su anulación, porque, si suprimimos el yo, ¿qué nos queda?

Pareciera que nuestros autobiógrafos no tuvieran punto medio: o engordan sin medida el yo, un yo sin fisuras y encantado de conocerse, o lo castigan, lo hacen responsable de todos los males y le perdonan la vida a cambio de que se haga budista y macrobiótico. ¿No será el yo resultante demasiado comedido por no decir aburrido? Pero no, no al menos para Verdú que termina así su libro: «Desde que murió [se refiere a Alejandra Ferrándiz, su mujer], en julio de 2003 […] la vida que se quedaba conmigo fue pareciéndome como una ficción, una adición artificial del tiempo ya vivido y padecido. Poco a poco, sin embargo, fue alzándose de nuevo la literatura de la vida, la inesperada salud tardía, la inédita no ficción» (2008: 205). Y es que, a fin de cuentas, este libro quiere ser la crónica de una resurrección personal.

Sábado, 25 de octubre de 2008
A pesar de denominarla novela no cabe duda que los propósitos de Verdú son, sin embargo, autobiográficos. Si aceptamos la definición de autoficción de S. Doubrovsky, es decir, «novela de hechos estrictamente reales», la de Verdú estaría conceptualmente cerca de la autoficción doubrovskiana, pero no estilística ni formalmente. Entre nosotros predominan las propuestas ambiguas, que presentan lo real como ficticio, y viceversa lo ficticio como real. Son relatos instalados a veces en una juguetona y confortable vacilación. O en una incertidumbre superficial, a veces exasperante. En pocos relatos se justifica esta indeterminación y rara vez se consiguen efectos ambiguos que revelen la complejidad de la realidad o los mecanismos tramposos con que muchas veces nos quieren hacer comulgar.

Como anoté en otra entrada, la mezcla de elementos contradictorios y propuestas indeterminadas genera textos aparentemente autobiográficos, que podrían ser verdaderas autobiografías, más o menos camufladas, o falsas autobiografías, es decir, verdaderas novelas que fingen ser relatos autobiográficos. A pesar de la variedad, esta franja de textos entre lo autobiográfico y lo ficticio se caracteriza ante todo por un tipo de ambigüedad que deja al lector vacilante y, sin ninguna seguridad, le invitan a jugar y a que él mismo busque la solución. En cualquier caso, el problema radica en el desconocimiento de los hechos contados y, en consecuencia, de la distancia o libertad tomada por el autor con respecto a aquéllos.

Domingo, 2 de noviembre de 2008
He aprovechado este lluvioso fin de semana para leer y tomar notas de los dos libros de Julián Rodríguez que tenía pendientes: *Unas vacaciones baratas en la miseria de los demás* (2004), y *Cultivos* (2008). El autor los denomina 'piezas de resistencia' y los presenta como autobiográficos. Coloca una larga cita de *Doña Perfecta* de Galdós como exordio en el primero del que copio la frase final: «La fábula, llámese paganismo o idealismo cristiano, ya no existe, y la imaginación está de

cuerpo presente». Ahí justo en ese espacio sin ficción y sin imaginación parece que el autor quiere cobijar sus textos autobiográficos.

El primer libro está compuesto de un prólogo y diez 'momentos' que reciclan textos de muy diferente tipo, muchos de ellos tratan sobre fotografía y arte actuales y fueron publicados anteriormente en revistas; otros, utilizados en conferencias o presentaciones públicas. *Cultivos*, el segundo, aunque es igualmente misceláneo, tiene una mayor coherencia y unidad, pero no hay trama ni intriga narrativa sino una escritura austera o anotaciones descarnadas que el lector debe reconstruir. Como se puede leer en su contraportada: «[...] Narra la vida de su autor en relación con el mundo rural del que procede: sus antepasados, el campo que 'cultivaron', cómo se cultivo él mismo o *lo cultivaron* en las letras al llegar, con diez años, a la ciudad... Una palabra, 'cultivos', polisémica: cultura y agricultura reunidas. *Cultivos* es, además, un libro sobre el aprendizaje de escribir y sobre la 'demolición' de algunos proyectos personales y políticos». En ambos libros se alternan textos memorialísticos con otros fragmentos que se podrían considerar «cultivos» literarios, textos náufragos que nunca verán la luz pues quedaron inconclusos. Frutos abandonados en barbecho por su agricultor al no verles quizá su viabilidad o salida. Su interés para el lector es reducido. Quizá en el futuro cuando Rodríguez tenga una obra estos fragmentos perdidos ganarán en interés. No son tampoco diarios aunque su fragmentarismo se aproxime a la estructura de las entradas sucintas de muchos de éstos.

El proyecto o propósito de los libros está claro. Tal como el autor lo expuso en una entrevista periodística («Babelia», *El País*, 5. 7. 08, p. 13), se trata de la búsqueda de la verdad de su vida y de la sentimentalidad que la ha regido y rige, pero sin efusividad, evitando el lenguaje gastado y adocenado que la expresión de lo sentimental conlleva habitualmente. Es verdad, como el propio Rodríguez dice en la entrevista citada, que los escritores cuando se tienen que enfrentar con lo sentimental lo evitan cuidadosa y temerosamente para no meterse en complicaciones. Es una dejación de su responsabilidad de escritores, pero él en cambio remacha: «quiero escribir desde la verdad en bruto, la verdad de mis contradicciones».

El objetivo que se ha marcado Rodríguez está claro, pero otra cuestión es si lo ha conseguido. En mi opinión, el mayor problema para el lector reside en que no sabe ni puede participar en la mayoría de hechos, recuerdos o reflexiones que los textos esbozan. Su carencia se encuentra curiosamente en lo que el autor considera la búsqueda de un estilo personal y eficaz para comunicar los sentimientos. El fragmentarismo y laconismo expresivo de sus anotaciones dejan al lector *in albis* la mayoría de las ocasiones. El resultado de lo anunciado queda corto a las expectativas despertadas en el lector. El recuerdo y la presencia del mundo rural en el autor se nos antojan escasos. Podría haber sido una aportación interesante, pues no estamos sobrados de memorias de este tránsito en la literatura española, siendo uno de los cambios sociales y culturales más importantes de los vividos en nuestro país en las últimas décadas. El pulso para que la expresión sentimental no se desbordase o para que no resultase excesiva o gastada le ha llevado a elegir un discurso, que sirve de portillo a los sentimientos, pero la pregunta es si esto funciona. A mi juicio, no. El exceso de contención ha lastrado el libro. Es una opción de estilo, pero no parece acertada: «Me gusta la tierra, pero no me gusta trabajar en ella. Creo que a nadie en sus cabales, excepción hecha de la generación de mi padre, puede gustarle ese trabajo. Es un trabajo demasiado duro. ¿Qué debemos añorar del mundo rural? ¿Qué debemos conservar del mundo rural? (2008: 126)». Preguntas en lugar de respuestas.

Jueves, 13 de noviembre de 2008

Almuerzo con Ester Morillas, Andrés Arenas y Justo Navarro en «un pueblo entre Málaga y Granada», como a este último le gusta escribir en sus artículos para la edición andaluza de *El País*. Comemos pescado, como siempre, en el mismo restaurante de siempre y atendidos por los mismos camareros que ya son nuestros amigos. Se habla de todo, menos de autoficción. Al término de la comida, en la despedida, Justo me pasa un sobre con la discreción de un espía que trafica con secretos del Alto Estado Mayor. «Toma, esto te va a interesar». Lo agarro con ansiedad. Se trata de un artículo titulado «Autobiografiction» del *TLS* del 3 de octubre último, firmado por Max Saunders, profesor del King's College de Londres.

De vuelta a casa lo leo. Sorpresa. Es una bomba informativa: ¡¡¡Doubrovsky no inventó la autoficción!!! En 1906, un escritor inglés llamado Stephen Reynolds publicó un artículo con el mismo título que Saunders da al suyo. Reynolds es bastante conocido por ser el autor de un libro, *La casa del pobre* (1908), en que cuenta sus experiencias vividas con los pescadores de Cornualles. Es un libro de culto para los historiadores laboristas y normalmente se considera un reportaje autobiográfico.

Saunders cuenta la breve historia de este concepto literario entroncándolo con la narrativa inglesa del Modernismo y con la renovación de la biografía y la autobiografía en los comienzos del siglo XX, y con la consiguiente utilización novelesca de estos dos géneros. A su juicio, el artículo de Reynolds es un trabajo increíblemente perspicaz, sorprendente no sólo por haber acuñado este término que suena a posmoderno, sino por la precisión con que analiza una nueva dirección en la representación de lo auto/biográfico. Reynolds definió la *autobiograficción*, como «un relato de experiencias espirituales reales engarzadas en una narrativa autobiográfica creíble, pero más o menos ficticia». La definición de *autobiograficción* acentúa la diferencia con las novelas autobiográficas. No es que tome simplemente material autobiográfico para la novela, sino que utiliza la forma autobiográfica también. Tal como la concibió Reynolds la *autobiograficción* se prestaría especialmente a los relatos de miseria, depresión y locura. Y uno de sus ejemplos más relevantes lo constituye el libro de Edmund Gosse, *Father and son* (1907), según Saunders. Pero este mismo amplía el campo conceptual propuesto por Reynolds, incluyendo en la *autobiograficción* versiones cómicas de autobiografía ficticia, como la muy popular pseudo-autobiografía. *What a life! An autobiography* (1911), de Edward Verrall Lucas y George Morrow.

En fin, Doubrovsky no tiene suerte. Hace años el crítico francés, Marc Weitzmann, intentó desamortizarle el invento para otorgárselo al escritor estadounidense de origen polaco Jerzy Kosinsky, autor de *El pájaro coloreado*. Philippe Vilain desmontó la maniobra oportunamente. *Autobiograficción* como neologismo tiene una factura de palabra aglutinante imposible. A mí me resulta torpe y pesada. No consta que Doubrovsky conociese el término de Reynolds, pero, si lo conocía, supo meter la tijera y dejarlo a la medida de los dictados de la moda y de la eficacia publicitaria. «En el principio fue el Verbo…», y el acierto de Doubrovsky comenzó por la elección de un logo imbatible. El francés logró un neologismo ágil y rotundo, sintético y expresivo. ¡*Chapeau*, Mr. Doubrovsky!

Martes, 6 de enero de 2009
Releo las entradas de todo el año. He intentado dejar claro qué es una autoficción, cuáles son sus relaciones con otros registros narrativos limítrofes, su desarrollo de las últimas décadas, pero, ¿quién se atrevería a prever su futuro en estos tiempos de crisis?

Personalmente veo esta cuestión íntimamente ligada al dilema de la necesidad o juego que la autoficción comporta. Para algunos, la autoficción es, como preconiza su inventor, «una aventura del lenguaje», en la que el yo se busca a través de la escritura, al tiempo que aspira a ser veraz. Sin embargo, en España como también ocurre en Francia, a pesar de la proximidad temática y formal que la obra de ciertos autores puede tener con la autoficción, como es el caso de los relatos autobiográficos de Annie Ernaux, Alain Rémond o Grégoire Bouillier, éstos rechazan por lo general ser adscritos al género de la autoficción. En

España el ejemplo de dos de los libros de Julián Rodríguez, que rechaza la clasificación de novela, e incluso el libro de Verdú *No ficción*, a pesar de que el autor lo considera una novela, estarían reivindicando su carácter de relatos autobiográficos y no de autoficciones. Los dos textos españoles citados, como los franceses aducidos, admiten con bastante precisión la denominación francesa de *nouvelle autobiographie*.

Para otros, la escritura autoficticia es sobre todo un juego, concretamente un juego que recordaría al juego infantil del escondite. Con la precisión y la libertad que nos permite la alegoría, en la autoficción el autor simula ser otro o ser él mismo equívoca o engañosamente. El autor se pone en escena teatralmente al convertirse en un personaje y finge hablar de hechos veraces. Si en los ejemplos citados anteriormente la regla es la búsqueda de sí mismo, en el segundo caso, la regla es la ocultación, la máscara y el disfraz. El problema de esta segunda opción, más frecuentada por los escritores españoles, radica en que la regla o axioma máximo del juego se convierte en su talón de Aquiles. Sin escondrijo no hay juego, pero, ¿qué pasa cuando uno se oculta tanto y tan bien que no es encontrado? El juego se colapsa. Se acaba. Esconderse es la regla, pero, ¿cuál es el límite? El autor juega con el lector, se esconde y se muestra al mismo tiempo, pero todo se termina, como en el juego infantil, cuando el lector no consigue sacar de su escondite al autor.

Los lectores quedamos siempre a la expectativa de lo que quieran los autores. La relación no es de igualdad, nuestra prerrogativa es la de aceptar o rechazar sus propuestas. Si los lectores, aun dentro de la ambigüedad de la autoficción, aprecian que lo que prima en el relato es el principio de veracidad, se decantarán al ver el relato como un texto autobiográfico. Evidentemente en esta opción autoficticia juega en contra la irregular tradición de la autobiografía española, en la que nuestros autobiógrafos se inclinan muchas veces hacia la chismografía o al descarado escondite. Si por el contrario los lectores perciben la autoficción como una propuesta lúdica, el lector se dejará llevar por la aventura literaria que constituye la construcción de una identidad doble, furtiva e incluso desaparecida, demorándose placenteramente en las diferentes alternativas del camino, escudriñando de paso los posibles escondrijos del autor, como ocurre tantas veces en los libros de Enrique Vila-Matas. En este caso se impone una lectura novelística que sin embargo no puede prescindir de la relación extra-literaria entre autor y narrador.

La elección es del lector. A él corresponde decidir lo que tiene más interés, del mismo modo que al autor le cabe la libertad y responsabilidad de sus opciones narrativas. Entre la amplitud de las leyes literarias y la deontología a que está obligado como ciudadano.

Jueves, 5 de febrero de 2009
Encontré hace unos días el siguiente apotegma del Tao, que me viene al pelo para cerrar este diario: «El que sabe no habla, el que habla no sabe». Yo ya he escrito demasiado y, por tanto, he demostrado de sobra mi ignorancia. Ahora debo parar.

Bibliografía

1. *Textos*

Cercas, Javier (2005): *La velocidad de la luz*. Barcelona: Tusquets.
Doubrovsky, Serge (1977): *Fils*. Paris: Galilée.
McEwan, Ian (2002): *Expiación* (traducción de Jaime Zulaika). Barcelona: Anagrama.
Rodríguez, Julián (2008a): *Unas vacaciones baratas en la miseria de los demás (piezas de resistencia, 1)*. Barcelona: DeBolsillo.
— (2008b): *Cultivos (piezas de resistencia, 2)*. Barcelona: Mondadori.
Verdú, Vicente (2005): *El estilo del mundo*. Barcelona: Anagrama.
— (2008): *No ficción*. Barcelona: Anagrama.

2. *Estudios*

Adler, Laure (2000): *Marguerite Duras* (traducción de Thomas Kauf). Barcelona: Anagrama.
Alberca, Manuel (2007): *El pacto ambiguo. De la novela autobiográfica a la autoficción*. Madrid: Biblioteca Nueva.
Caballé, Anna (1995): *Narcisos de tinta*. Málaga: Megazul.
Cohn, Dorrit (2001): *Le propre de la fiction*. Paris: Seuil.
Colonna, Vincent (2004): *Autofiction & autres mythomanies littéraires*. Auch: Tristam.
Darrieussecq, Marie (1996): «L'autofiction, un genre pas sérieux», en *Poétique* 107, pp. 369-380.
Doubrovsky, Serge (1988): *Autobiographiques, de Corneille à Sartre*. Paris: PUF.
Gasparini, Philippe (2004): *Est-il je? Roman autobiographique et autofiction*. Paris: Seuil.
— (2008): *Autofiction. Une aventure du langage*. Paris: Seuil.
Genette, Gérard (1987): *Seuils*. Paris: Seuil.
— (1993): *Ficción y dicción*. Barcelona: Lumen.
Gómez Trueba, Teresa (2009): «Introducción», en Unamuno, Miguel de, *Cómo se hace una novela*. Madrid: Cátedra.

GRELL, Isabelle (2007): «Pourquoi Serge Doubrovsky n'a pu éviter le terme d'autofiction», en Jeannelle, Jean-Louis/Viollet, Catherine (eds.), *Genèse et autofiction*. Louvain-la-Neuve: Academia-Bruylant, pp. 39-51.

GULLÓN, Ricardo (1976): *Autobiografías de Unamuno*. Madrid: Gredos.

HAMBURGER, Käte (1986): *Logique de genres littéraires*. Paris: Seuil.

LECARME, Jacques (1994): «Autofiction: un mauvais genre?», en *Autofictions & Cie*. Paris: Ritm, p. 6.

— /LECARME-TABONE, Éliane (1997): *L'autobiographie*. Paris: Armand Colin.

LEJEUNE, Philippe (1975): *Le pacte autobiographique*. Paris: Seuil.

— (1986): *Moi aussi*. Paris: Seuil.

— (1998): *Pour l'autobiographie*. Paris: Seuil.

MANRIQUE, Wiston (2009): «El Yo asalta la literatura», en *El País*, «Babelia», 13 de septiembre.

POPE, Randolph (1974): *La autobiografía en España hasta Torres de Villarroel*. Frankfurt am Main/Bern: Peter Lang.

ROBIN, Régine (1997): *Le Golem de l'écriture. De l'autofiction au Cybersoi*. Montréal: XYZ.

SAUNDERS, Max (2008): «Autobiografiction», en *The Times*, «Times Literary Supplement», 13 de octubre, pp. 13-15.

SCHMITT, Arnaud (2007): «La perspective de l'autonarration», en *Poétique* 149, pp. 15-29.

TODOROV, Tzvetan (1970): *Introduction à la littérature fantastique*. Paris: Seuil.

VILAIN, Philippe (2005): *Défense du Narcisse*. Paris: Grasset.

El escritor ficcionalizado o la autoficción como autor-ficción

Sabine Schlickers

Al remontarme a la Edad Media y al Renacimiento, presento primero unos textos narrativos de la literatura española que pueden considerarse como precursores auto(r)ficcionales importantes. La mayoría de los críticos no suelen mencionarlos al estudiar el subgénero narrativo presuntamente «posmoderno» de la autoficción. Sólo Gasparini (2004: 12) señala la larga tradición de la autoficción, pero la vincula con la novela autobiográfica tradicional, y Puertas Moya (2003) la deriva de la autobiografía ficcional. En adelante quisiera demostrar, en cambio, que la autoficción no se basa en la autobiografía ni en la novela autobiográfica, sino que la creación y evolución de la autoficción se relaciona desde sus orígenes con el juego con la autoría y la ficcionalidad. Ya los precursores demuestran un alto grado de ficcionalización, la comicidad, y el potencial creativo, irónico y lúdico que consideramos como rasgos genéricos esenciales y constantes de la autoficción (véase introducción). La autoría se vincula con la imagen del autor o escritor ficcionalizado, razón por la cual pusimos una «r» entre paréntesis en el título de nuestro libro: todos los ejemplos que siguen en este artículo demuestran una inscripción de la instancia del «autor», quien entra no sólo *in verbis*, sino además *in corpore* en su mundo narrado, razón por la que la autoficción debe correlacionarse con la metalepsis del enunciado y de la enunciación, con la *mise en abyme aporistique*, con la cinta de Möbius o, brevemente, con los recursos típicos de la narración paradójica[1].

---

[1] Descarto en algunos puntos de la modelización de Lang (2006: 21-47) que continúa los trabajos hechos en el proyecto 4 del grupo de investigación narratológica de la Universidad de Hamburgo donde trabajé hasta 2002 junto con Klaus Meyer-Minnemann: no adopto por ejemplo la nueva nomenclatura de «epanalepsis» en vez del término internacionalmente reconocido y utilizado de la *mise en abyme* (lo mismo vale para la «hiperlespsis» en vez de «pseudodiégesis») y sigo descartando los procedimientos

Para demostrar la variabilidad genérica de la auto(r)ficción, que no está limitada a textos literarios narrativos[2], presentaré al final unos ejemplos de la auto(r)ficción cinematográfica. Así se pueden corroborar dos evoluciones muy diferentes que probablemente apenas se hayan influido: la literatura hispana y el cine extranjero.

Empezamos con el *Libro de buen amor* (1330?/1343?) del arcipreste de Hita. La autobiografía ficcional del encarcelado arcipreste Juan Ruiz forma la estructura narrativa básica de este voluminoso libro que abarca más de 7.000 versos. El autor se introduce *in corpore* en el mundo diegético, donde tiene —gracias a la ayuda de la Trotaconventos— varios encuentros amorosos con mujeres de distintos estratos sociales. En un episodio central, el arcipreste, tocado por la flecha de «don Amor» (cuarteto 575), se transforma en don Melón de la Huerta: «Yo Johan Ruiz, el sobre dicho açipreste de Hita [...]; muy bien me rresçiben todos, con questa pobredat./ El mejor e el más noble de linaje e de beldat/ es don Melón de la Uerta (cc. 575 y 727)[3]. El cambio del nombre constituye una importante desviación del (posterior) modelo genérico autoficcional, pero se reencontrará en el siglo XX en películas autoficcionales, por ejemplo en *Otto e mezzo*, donde el álter ego de Fellini se llama Guido[4].

Don Melón de la Huerta, alias Juan Ruiz, se ha enamorado de la joven viuda Endrina, con la que quiere casarse, pero se trata de un amor imposible, ya que Endrina pertenece a un estamento social superior al suyo. Para realizar su deseo, recurre a un modo poco romántico: tira tan violentamente las puertas de su casa, que la joven viuda grita: «Don Melón, [...] ¿troxe vos ý el diablo?/ ¡Non quebrantedes mis *puertas*! [...] Yo vos abriré la puerta...» (cc. 875-876). Don Melón entra. Justamente en este momento termina el manuscrito, porque faltan las dos hojas que deben incluir una escena de violación que han sido arrancadas —quizá por un lector indignado. La secuencia termina de un modo abrupto, y el malvado realiza su objetivo: don Melón repara el deshonor de doña Endrina casándose con ella[5].

---

no paradójicos como la *mise en abyme simple* y *à l'infini* o la «sinalepsis» de la narración paradójica. Véase para mi modelización de la metalepsis Meyer-Minnemann (2005) y Schlickers (2005) y para la *mise en abyme* Meyer-Minnemann/Schlickers (2004).

[2] Véanse los estudios de Vera Toro y de Cécile Chantraine sobre la auto(r)ficción en el teatro y de Ana Luengo sobre la auto(r)ficción en la poesía.

[3] Gybbon-Monypenny (1998:69) destaca la referencia intertextual al *Pamphilus*.

[4] La homonimia, en cambio, es bastante flexible: nombre y apellido del autor real pueden aparecer en el texto de modo abreviado o modificado, véase Herrera Zamudio (2007: cap. II).

[5] El potencial ficcional resalta en este episodio, puesto que es dable suponer que ni la violación ni el casamiento forman parte de las vivencias reales del arcipreste.

El primer cuarteto de la siguiente secuencia, encabezado «Del castigo quel arçipreste da a las dueñas [...]», otorga cínicamente la moraleja: «Dueñas, aved orejas, oíd buena liçión:/ entend bien las fablas, guardat vos del varón [...]». Gybbon-Monypenny demuestra en su excelente edición las referencias intertextuales a la *Ars amatoria* y al *Pamphilus*, pero asimismo las desviaciones de estos hipotextos de Ovidio, por ejemplo, la violación en vez de una sutil seducción. Los hipotextos del poeta romano recurren a su vez a tradiciones literarias —la elegía de amor latina, la poesía erótica helenística— y carecen de carácter confesional autobiográfico (autor implícito # narrador).

En *Grimalte y Gradissa*, una novela sentimental de Juan de Flores de fines del siglo XV, el autor comienza su juego auto(r)ficcional en el prólogo, rompiendo con una metalepsis del enunciado el orden espacial-temporal, ontológico y enunciativo[6]: «Comiença un breue tractado compuesto por Johan de Flores: el qual por la siguiente obra mudo [*sic*] su nombre en Grimalte» (374). Desde entonces, Grimalte/el autor es, a la vez, el narrador auto-extradiegético y el personaje intradiegético que, obedeciendo a las órdenes de su novia Gradissa, sale en busca de Fiometa, una mujer adúltera abandonada por su amante. Tenemos, pues, el caso singular de un autor (Juan de Flores) que emprende la búsqueda de su propio personaje (Fiometa). Luego de haberla encontrado, Grimalte comienza a transcribir sus conversaciones con Fiometa en unas cartas dirigidas a su novia Gradissa. Fiometa le dice estar feliz de que haya publicado su historia como *exemplum ex-contrario*. En el momento en que Grimalte quiere responder, el autor, Juan de Flores, se introduce nuevamente en el relato mediante una metalepsis vertical de la enunciación: «El auctor/Depues que la senyora Fiometa y yo por gran spacio passamos en tales ablas este dia y otros [...] (386).

Parece que Francisco Delicado conoció el texto de Juan de Flores, porque adopta en el *Retrato de la Lozana andaluza*, una novela dialogada aparecida anónimamente en 1528 en Venecia, esta conversación entre el autor y su personaje, yendo, no obstante, mucho más lejos. Con esta extraña obra subdividida en mamotretos, el autor de origen cordobés ganó más dinero y fama que con sus tratados sobre la sífilis, pero aquélla era desconocida en España, donde se publicó sólo a partir del tardío siglo XIX. El clérigo Delicado había vivido entre 1523 y 1527 en Roma, desde donde escapó delante de las tropas del saqueo de Carlos V a Venecia. La historia se ubica en esta Roma llena de pecados de los papas del Renacimiento, simbolizados por la hermosa protagonista andaluza Lozana, compatriota de su autor. Después de

---

[6] Analicé este texto ya en mi estudio sobre la metalepsis (Schlickers 2005: 160).

haber sido separada violentamente de su marido, llega sola y pobre a Roma, donde no logra sólo sobrevivir, sino que incluso hace carrera como prostituta, alcahueta y conocedora de hierbas y cosméticos. Desde el principio mantiene una relación con Rampín, un mozo barbiponiente que promete, según el código de la época, vigor sexual, y que le sirve a la vez de criado.

En los paratextos se denota ya una concepción ambivalente del autor, que vacila entre la autoría en el sentido de presentar un retrato con determinadas intenciones y concepciones, y cierto involucramiento en la diégesis: en la dedicatoria a un «ilustre señor», el autor real señala irónicamente su función de cronista-testigo: «solamente diré lo que oí y vi, con menos culpa que Juvenal, pues escribió lo que en su tiempo pasaba» (169). En el segundo paratexto extraficcional, titulado «Argumento [...]», el «autor» protesta primero en tercera y después en primera persona contra las convenciones del retrato literario y presenta a la vez su procedimiento: «Protesta *el autor* que ninguno quite ni añada palabra, ni razón, ni lenguaje, porque aquí no *compuse* modo de hermoso decir, ni saqué de otros libros [...], y retraje lo que vi que se debría retraer [...]» (171; mis cursivas).

En las siguientes tres partes del *Retrato*, el «autor» actúa de narrador hetero-extradiegético, pero ejerce su función sólo en el primer mamotreto de manera convencional. Por lo demás, esta instancia narrativa transcribe solamente las réplicas de los personajes. Algunos críticos le atribuyen, asimismo, los subtitulares de los distintos mamotretos[7]. Efectivamente, en contra del uso posterior —en los siglos XVI y XVII, fueron los impresores quienes añadieron los subtitulares—, aquí forman parte integral del texto literario. Titulares como «Información que interpone el autor para que se entienda lo que adelante ha de seguir...» (XVII), o «Prosigue el auctor, tornando al décimosexto mamotreto, que, veniendo de la judaica dice Rampín» (XVIII) demuestran una consciente composición del texto. Esto contradice la acepción original de «mamotreto» en el sentido de «libro o quaderno que sirve para apuntar y anotar las cosas que se necesitan tener presentes para ordenarlas después» (*Aut.*), pero concuerda con otra de presentar «materias frívolas» (Allaigre 1994: 30).

En el mamotreto XIV, el «Auctor» señala por primera vez su presencia: «AUCTOR.—Quisiera saber escribir un par de ronquidos, a los cuales despertó [Rampín] y, queriéndola besar, despertó [Lozana], y dijo: —¡Ay, señor!, ¿es de día? [...]» (235)[8]. Se trata de una metaléptica intervención discursiva: el «auctor»

---

[7] Véanse Bubnova (1987), Allaigre (1994: 145) y Winter (1998: 191).
[8] García (1994: 97) pasa por esta intervención, al contrario de Bubnova (1987: 103).

pretende irónicamente no ser dueño de su propio texto («quisiera saber escribir...») y vincula la acción pasada con su presencia narrativa. No obstante, el «auctor» se retira otra vez para reaparecer tres mamotretos más adelante —y después otra vez en los mamotretos XXIV, XXV, XLII, XLIII— como personaje con discurso propio en la diégesis: En el mamotreto XVII, el «auctor» explica: «estando escribiendo el pasado capítulo, del dolor del pie dejé este cuaderno sobre la tabla, y entró Rampín y dijo: ¿Qué testamento es éste?» (250 s.), y después se desarrolla un diálogo entre el autor y su personaje. Esta intervención *in corpore* constituye una metalepsis vertical de la enunciación y del enunciado por medio de la cual el autor se ficcionaliza o dramatiza a sí mismo y pierde por consiguiente su estatus de autor implícito. Además, el libro que estamos leyendo es el mismo libro que el autor está escribiendo («¿qué testamento es éste?»). Se trata, entonces, de una *mise en abyme aporistique*[9], o sea, de un recurso narrativo sofisticado que consta de un auto-encajamiento narrativo que se encuentra ya en la segunda parte del *Quijote* (1615) o en el final de *Les Faux-Monnayeurs* (1926) de André Gide, aunque de un modo imperfecto[10]. De ahí que sea asimismo posible concordar con Imperiale (1991: 132-133) en que la ficcionalización del autor constituye además una *mise en abyme*: «Se representa a un autor que está escribiendo una historia en la cual aparece (o se refleja en un segundo grado) el mismo autor que escribe la historia que está confeccionando en un primer grado; en otros términos, tenemos el texto dentro del texto (o teatro dentro del teatro), o, también, un claro ejemplo de metaficción con una *mise en abîme* del texto primario».

La inmersión del autor llega en el mamotreto XLII a su punto culminante. Debajo del mamotreto se lee:

Cómo, estando la Lozana sola, diciendo lo que le convenía hacer para tratar y platicar en esta tierra sin servir a nadie, entró el autor callando, y disputaron los dos; y dice el autor:

---

[9] Cfr. Meyer-Minnemann/Schlickers (2004).

[10] El personaje Édouard redacta un diario y tiene el proyecto de escribir «un roman sans sujet» con el título *Les Faux-Monnayeurs* (cfr. 87, 220, 379). A pesar de que se integran elementos del mundo ficticio de Édouard en este proyecto novelesco, el auto-encajamiento paradójico no es perfecto: Édouard no logra realizarlo y el «autor» —que interviene al final en primera persona— no termina la novela con las palabras ideadas por Édouard: "'Pourrait être continué...', c'est sur ces mots que je [Édouard] voudrais terminer mes *Faux-Monnayeurs*» (379). A la inversa, ciertos elementos del mundo diegético no entran en el proyecto novelesco de Édouard, como por ejemplo el suicidio del pequeño Boris (cfr. 442).

—Si está en casa la Lozana, quiero vella y demandalle un poco de algalia para mi huéspeda qu'está sorda. En casa está. ¡Dame! ¿Con quién habla? ¡Voto a mí, que debe de estar enojada con cualque puta! (378).

El autor ficcionalizado, situado por consiguiente a nivel intradiegético, tiene un conocimiento y una percepción muy limitados, —como cualquier otro personaje dentro del mundo narrado: La cita demuestra que no sabe lo que pasa dentro de la casa («Si está en casa la Lozana, quiero vella»), sólo le llega su voz («En casa está. ¡Dame! ¿Con quién habla?»). El narratario extradiegético, por el contrario, dispone, gracias al subtitular extradiegético, de una focalización cero («estando la Lozana sola»), o sea, sabe más que el autor ficcionalizado.

Frente a frente, el autor le pide a su protagonista, Lozana, que le ayude: está buscando a «cualque viuda que mi hiciese un hijo y pagalla bien», a lo que Lozana contesta: «quizá Dios os ha traído hoy por aquí. A mí me ha venido mi camisa [...]. Y básteme a mí que lo hagáis criar vos, que no quiero otro depósito. Y sea mañana, y veníos acá, y comeremos un medio cabrieto (*sic*) [...]» (380).

La ironía del autor implícito salta a la vista, puesto que Lozana, que no es sólo prostituta, sino también mujer sabia, le da una cita de fecundación para el segundo día de su menstruación («hoy [...] me ha venido mi camisa [...]. Y sea mañana»[11]). La interrupción de Rampín pone fin a este diálogo, el autor se ríe: «¡Hi, hi! Veis, viene el vino *in quo est luxuria*» (380), pero como no cita más de su conversación con Lozana, los narratarios no llegan a saber si acepta la generosa oferta de Lozana... No obstante, el juego auto(r)ficcional abarca sólo unos pocos mamotretos, así que no tenemos aquí un ejemplo clásico de una auto(r)ficción, que recurre el texto entero o gran parte del mismo. *La Lozana andaluza* constituye más bien un precursor auto(r)ficcional, cuyo autor implícito se burla con ello de la concepción sacrosanta del «au(c)tor», término reservado desde el siglo XVIII para escritores de cierto prestigio que «redactaron en español u otra lengua vulgar que debían respetar las reglas de la retórica y contribuir a la divulgación de la sabiduría» (Oostendorp 1966: 343).

---

[11] Semerau, el traductor alemán, no ha entendido este pasaje, puesto que traduce «camisa» literalmente en vez de recurrir al significado figurativo de «menstruación»: «man brachte mir mein Hemd wieder, und ich will heute abend ins Bad gehen. Sobald ich wiedergekommen bin, werden wir Eure Angelegenheit erledigen, und ich bin so veranlagt, daß ich, sobald ich will, auch Erfolg habe [...]» (211).

Con el siguiente ejemplo elegido, *Niebla* (1914/1935), de Miguel de Unamuno, hemos saltado ya a principios del siglo XX. Se trata de otra variante de un juego auto(r)ficcional, ya que el autor ficcionalizado no es el protagonista, sino un personaje que aparece en contadas ocasiones en el universo diegético. La primera presencia se encuentra en el segundo paratexto que sigue al prólogo ficcional de Goti[12]. Éste lleva el título «Post-prólogo» y está firmado con los iniciales «M. de U.». El redactor del mismo —Miguel de Unamuno ficcionalizado—, se presenta como amigo de Goti y lo amenaza con dejarlo morir si no corrige su afirmación de que «Augusto Pérez se suicidó y no murió como yo cuento su muerte» (107), imponiéndose, pues, como autoridad sobre la *inventio* de la historia que sigue. Dentro del texto principal mantendrá esta postura, intercalándose por ejemplo en la acción novelesca en el momento en el cual Augusto duda de su propia existencia: «¿Sabes, Víctor, que se me antoja que me están inventando? [...] Y esta mi vida, ¿es novela, es *nivola* o qué es? Todo esto que me pasa y que les pasa a los que me rodean, ¿es realidad o es ficción? ¿No es acaso todo esto un sueño de Dios o de quien sea [...]?» (201).

El «autor» confirma sus temores: «*yo soy el Dios de estos dos pobres diablos* nivolescos» (252)[13]. Puesto que esta intervención resalta tipográficamente por el uso de cursivas, se trata de una metalepsis vertical atenuada de la enunciación, que, por el otro lado, se refuerza por la inclusión del lector: «*Mientras Augusto y Víctor sostenían esta conversación* nivolesca, *yo, el autor de esta* nivola, *que tienes, lector, en la mano, y estás leyendo, me sonreía enigmáticamente* [...]» (cap. 25).

En el famoso capítulo 31, el autor Unamuno se ficcionaliza finalmente no sólo de manera discursiva, como en la cita que acabamos de leer, sino que aparece asimismo *in corpore* en el mundo narrado donde habla con su personaje Augusto[14], por lo que tenemos aquí una metalepsis vertical espacial, temporal, discursiva y

---

[12] En adelante voy a dejar de lado los paratextos extraficcionales.

[13] La equiparación de Dios, el todopoderoso creador, con el autor de la novela presente se rompe irónicamente a nivel de los personajes. Así, Augusto le pregunta a su perro Orfeo en un monólogo: «¿De dónde ha brotado Eugenia? ¿Es ella una creación mía o soy creación suya yo? ¿O somos los dos creaciones mutuas [...]?» (140).

[14] Puesto que Augusto acaba de dirigirse a otro «erudito», el ridículo Antolín Sánchez Paparrigópulos, quien se dedica en sus textos al estudio de las mujeres con las que no tiene ningún contacto en su vida «real», esta visita de Augusto en casa de Unamuno constituye una *mise en abyme* horizontal del enunciado por medio de la cual «Unamuno» se pone irónicamente en el mismo nivel que Paparrigópulos.

ontológica[15]: «[...] antes de llevar a cabo su propósito [de suicidio], ocurriósele consultarlo conmigo, con el autor de este relato» (277). Narratológicamente se impone el problema de cómo reconstruir la situación narrativa, porque existen dos posibilidades: podemos argüir que hay un cambio, porque la voz heterodiegética anónima que había sido responsable hasta aquí cede a la voz homodiegética de «Unamuno». O podemos argüir que no hay ningún cambio, sino que la voz homodiegética había sido camuflada como voz heterodiegética[16], por lo que este narrador «Unamuno» es el responsable de toda la narración, lo que correspondería asimismo a nuestra definición de la auto(r)ficción (narrador = personaje).

En esta conversación, el autor ficticio le explica a su personaje: «no existes más que como ente de ficción» (279). Augusto trata de invertir la relación ontológica: «No sea, mi querido don Miguel [...], que sea usted, y no yo, el ente de ficción» (279)[17]. Los dos riñen hasta que «don Miguel» está tan harto que le dice: «¡Sí, voy a hacer que mueras!» (282). Pero Augusto se defiende tan vehementemente, que el autor tiene una sospecha: «Tú quieres decir que si tuvieses valor para matar a Eugenia o a Mauricio, o a los dos, no pensarías en matarte a ti mismo, ¿eh? —¡Mire usted, precisamente a ésos... no! —¿A quien, pues? —¡A usted! —y me miró a los ojos» (282). Consternado, don Miguel dicta: «resuelvo y fallo que te mueras» (283), tampoco tiene otra posibilidad, porque: «Lo tengo ya escrito y es irrevocable; no puedes vivir más» (284). Tenemos, pues, otra vez una *mise en abyme aporistique*: lo que estamos leyendo ya está escrito. Augusto llega a su último ataque: «¿conque he de morir ente de ficción? Pues bien, mi señor creador don Miguel, ¡también usted se morirá [...] y se morirán todos los que lean mis historia» (284).

Gerhard Müller (1986: 301) se pregunta si Unamuno ha conceptuado *Niebla* conscientemente como anti-novela. Arguye que Unamuno, tematizando

---

[15] Según Vauthier (1999: 137), este capítulo sirve para anular retrospectivamente las reglas del realismo literario, que habían sido utilizadas a lo largo de la novela. Vauthier no menciona en este contexto los prólogos ficcionales y no ahonda en el juego con la autoría ni en el potencial auto(r)ficcional de este capítulo.

[16] Casos parecidos se encuentran en «Historia para un tal Gaido» (1976) de Abelardo Castillo y en «Graffiti» (1980) de Julio Cortázar.

[17] En el sueño de «Unamuno», Augusto va a repetir estas palabras (296). Antes, Víctor las había utilizado frente a Augusto: «Y si me apuras mucho te digo que tú mismo no eres sino una pura idea, un ente de ficción...» (157), y Augusto mismo reconoce por ende: «soy un sueño, un ente de ficción» (229). Sólo Orfeo, el perro fiel de Augusto, reconoce en su amo calidades humanas: «¡Pobre amo mío!, ¡Pobre amo mío! ¡Fue un hombre, sí, no fue más que un hombre, fue sólo un hombre!» (299).

principios poetológicos, no distingue entre textos metalingüísticos y metapoéticos por una parte, y textos ficcionales por la otra. Yo creo que es justamente esta falta de diferenciación lo que produce la ambigüedad que Müller trata de descartar. Hölz (1987: 229), por el contrario, subraya en su análisis de la poética de lo confuso en *Niebla* una intencional puesta en escena de lo absurdo: «le brouillard, la négation du sens, a affecté le procédé même de la narration. [...] L'expérience que 'realidad de ficción' et 'ficción de realidad' sont devenues synonymes [...] a exigé un langage propre de l'auteur». *Niebla*, a primera vista un texto tan cómico y trivial como el *Quijote*, contiene —al igual que éste— todas las formas sofisticadas de la *mise en abyme* y de la metalepsis, y las presenta de una manera amena, entretenida, fácil y muy artística. Preguntas abiertas: ¿podría ser que Víctor Goti sea el narrador de *Niebla*?—, la situación narrativa compleja que es extremadamente difícil de reconstruir debido al doblamiento de los prólogos ficcionales y de otros paratextos extraficcionales, el aumento de la conciencia ficcional de los personajes, el ablandamiento del concepto del autor, su ficcionalización y otros aspectos producen una ambigüedad que no puede ser solucionada, sino que es intencionalmente paradójica.

Jorge Luis Borges no escribió ninguna novela, pero sí varios cuentos auto(r)ficcionales en los cuales aparece como personaje. No obstante, habrá que tener en cuenta que hasta 1940, cuando aparecieron los primeros, no era conocido como narrador[18]. En algunos sólo esporádicamente e invariablemente de modo sorpresivo al final como narratario del discurso de otro, por ejemplo en «Hombre de la esquina rosada» o «La forma de la espada». En estos caso se trata, diría yo, de meros modos auto(r)ficcionales. En otros cuentos, en cambio, aparece como protagonista. En algunos casos de un modo secundario y bajo anonimato como en «Tlön, Uqbar, Orbis Tertius» (1940), donde se deja identificar por la mención de amigos suyos ficcionalizados como Bioy Casares y Amorím; en otros, en cambio, tiene el protagonismo y se introduce con su apellido. El más famoso cuento de todos es quizá «El Aleph» (1949), según Colonna (2004: 78 s.) una autoficción fantástica: trata no sólo de un objeto fantástico que permite ver «todos los lugares del orbe, vistos desde todos los ángulos» (como hoy en día nos lo permite «Google earth...»), sino que el Aleph ha experimentado por parte de la crítica concretizaciones muy diversas, que llegan hasta asociar la «esfera tornasolada», o sea, una esfera de «materia colorante azul violácea»

---

[18] Véase, para estos y otros datos importantes, los estudios sobre Borges de Annick Louis (1997, 2007).

(DRAE) con un diámetro «de dos o tres centímetros» con el sexo femenino (Reichardt 2000: 364-365). «Borges» aparece en este cuento como un sujeto envidioso, vengativo y mezquino. Fue desdeñado, física e intelectualmente, por Beatriz Viterbo, una mujer moderna de la oligarquía bonaerense[19], quien murió el 30 de abril de 1929 sin que se indicaran las circunstancias o razones de esta muerte prematura. Desde entonces, «Borges» visita anualmente la casa del padre de Beatriz, quien vive allí con Carlos Argentino Daneri, el primo hermano de ella. «Borges» lo odia y lo detesta, calificándolo de «subalterno en una biblioteca ilegible», «autoritario», «ineficaz», de una actividad mental «versátil» e «insignificante», pero sólo al final se revela que el narrador-personaje es, asimismo, poeta; su odio se basa, pues, en la envidia. De ahí que descalifique el largo poema erudito de versos de arte mayor del que Carlos Argentino recita estrofas sueltas en sus encuentros anuales y que explica acto seguido, por lo que el narrador comprende que «el trabajo del poeta no estaba en la poesía; estaba en la invención de razones para que la poesía fuera admirable» (181). Sobra decir que el narrador no comparte estas razones. Pero cuando Carlos Argentino le pide el favor de preguntarle a un conocido hombre de letras, Álvaro Melián Lafinur, que escriba un prólogo para su poema, el narrador no se atreve a rechazarlo y decide acto seguido no hablar, simplemente, con Melián. Además de cobarde, resulta ser tacaño: después de haber llevado por más de diez años un humilde alfajor a los encuentros anuales, se permite en 1941 llevar «una botella de coñac del país» (178), que Carlos Argentino califica acertadamente de «seudo coñac» (189). La identidad de este narrador-protagonista se revela a mitad de su relato, cuando se dirige a un retrato de Beatriz Viterbo: «[...] Beatriz perdida para siempre, soy yo, soy Borges» (189). Carlos lo manda al sótano con instrucciones precisas para ver el Aleph, y en el primer momento reacciona de un modo neurótico, porque teme que Carlos esté loco y quiera matarlo, encerrándolo allí. Pero al abrir los ojos, ve el Aleph y a la hora de escribir lo que ha experimentado, se desespera por el problema de enumerar un conjunto infinito, de no poder transmitir la simultaneidad de los «millones de actos» que ve en un solo «instante gigantesco». Ve las cosas más diversas, entre las que no faltan los objetos preferidos del autor implícito —los espejos, los tigres, un astrolabio...—. La visión mágica se transforma en una *mise en abyme à l'infini*, parecida a aquella que se encuentra en el mapa de Inglaterra que es tan exacto que contiene el mapa de Inglaterra y así su-

---

[19] Como lo revelan algunos datos escuetos: las fotografías demuestran su boda, su divorcio, un almuerzo en el Club Hípico, un pekinés que le había sido regalado por un conocido oligarca de la época.

cesivamente: «vi en el Aleph la tierra, y en la tierra otra vez el Aleph y en el Aleph la tierra» (194). Además, se ve a sí mismo y a un ominoso narratario —«vi mi cara y mis vísceras, vi tu cara» (194)— que Herminia Gil (2008: 139) vincula «por extensión» con el «lector, que de este modo es focalizado en el sistema comunicativo que es el texto literario», así que, podríamos añadir, tenemos aquí una metalepsis del lector. Pero además, «Borges» ve temblando «cartas obscenas, increíbles, precisas, que Beatriz había dirigido a Carlos Argentino»[20]. Humillado, concibe su venganza, pretendiendo no haber visto nada. Aunque Carlos Argentino le había revelado que su fuente de inspiración reside en el Aleph, «Borges» no logra entender por qué recibió el Segundo Premio Nacional de Literatura mientras que su «propia obra *Los naipes del tahúr* no logró un solo voto» (196). Termina la posdata con la hipótesis de que el Aleph de la calle Garay era falso y que existe o existía otro Aleph —otra *mise en abyme* del desdoblamiento del autor que reaparece en «El zahir», publicado en 1949 en la misma colección—.

En «El zahir» (1949, en *El Aleph*), el narrador se identifica ya al principio: «Aún, siquiera parcialmente [*sic*!], soy Borges» (119). Parecido al narrador-personaje del «Aleph», este «Borges» ficcionalizado está asimismo enamorado de una mujer muerta. Recibió el zahir, una moneda especial de poco valor, después de haber asistido a su velorio, por lo que la moneda está vinculada con ella. «Borges» estudia los efectos nocivos del zahir, cuyo nombre significa en árabe «notorio, visible», y que «es uno de los noventa y nueve nombres de Dios». De ahí que el cuento y el objeto «zahir» forme una unidad con «El Aleph», cuya letra, la primera del alfabeto, fue entendida por los místicos «como la raíz espiritual de todas las letras [y] sería la única que el pueblo escuchó directamente de la boca de Dios, [lo que] la convierte en símbolo de su Voluntad, esto es, del universo» (Alazraki 1974: 92). Ambos objetos son inolvidables. Pero al contrario que el Aleph, la imagen del zahir «acaba por enloquecer a la gente» (127), y el propio narrador teme desde el principio por su salud mental. Además, descubre en el velorio que la hermana de la muerta está internada en un sanatorio donde no para de devanear con la moneda.

En el cuento, esta moneda de 20 centavos tiene la particularidad siguiente: «marcas de navaja o cortapluma rayan las letras N T y el número dos» (118).

---

[20] Rodríguez Monegal (1987, citado por Reichardt 2000: 363, n. 12) destaca el valor paródico de la *Divina Comedia*, donde Beatriz lo salva de sus errores mundanos, así que su deseo sexual se transforma en adoración idealizada.

Queda, pues: [2]0 ce[nt]avos. Woscoboinik (citado por Reichardt 2000: 367) saca la siguiente conclusión: «O ce avos = O sea, vos; o sea, Borges, indicando, así, al siniestro poseedor del zahir». Reichardt rechaza este juego anagramático por no aportar «nada que ilumine el texto» y propone, por el contrario, una lectura que resalta lo rayado, o sea, lo que falta, invirtiendo, no obstante, su orden: NT 2 = «N(o) T(ener) 2 (testículos)». Reichardt no lo interpreta como defecto físico, sino como impotencia imaginaria o símbolo de frustración erótica, «basado en la 'imagen desdeñosa' de Teodelina [...] que está 'detrás de la moneda'» (268). Comparando los dos cuentos, «El Aleph» y «El zahir», Reichardt reconoce otra diferencia: destaca en «El zahir» una virtual identificación del autor ficcionalizado con el autor real, opuesto a «El Aleph», donde identifica la figura de Daneri con el autor real. Supongo que ello se debe a su afán de polemizar contra los afanes estructuralistas de los narratólogos, puesto que el odioso y arrogante Daneri no sirve como pantalla de identificación... Para echar más leña al fuego, añadiría que el autor implícito no se identifica en ninguno de los dos cuentos con el autor ficcionalizado (ai #→n →p), sino que juega autoirónicamente con la puesta en escena de un ente de ficción que tenga, tal vez, algún rasgo suyo, pero que resulta ser completamente diferente.

En «Borges y yo» (1960, en *El hacedor*) se encuentra una concretización particular de este juego autoficcional, porque aquí tenemos un desdoblamiento del ente ficcionalizado con el nombre del autor real que Colonna clasifica de «autoficción biográfica» (2004: 98-99). Además, el autor implícito recurre aquí a uno de sus temas favoritos: el de la otredad[21]. En «Borges y yo» existen, pues, dos Borges. Pero sólo el primero habla, por lo que tenemos una sola focalización interna y, por lo tanto, subjetiva. El que habla tiene conciencia de la existencia del otro, que se parece más al escritor conocido, pero aquí destaca asimismo cierto desdén: «Me gustan los relojes de arena, los mapas [etc.]; el otro comparte esas preferencias, pero de un modo vanidoso». Reniega de que la relación entre ambos sea hostil, no obstante, se vanagloria de que el otro dependa de él, lo que se parece un poco a la dependencia de Carlos Argentino del Aleph: «yo vivo, yo me dejo vivir, para que Borges pueda tramar su literatura». Por eso está dispuesto a cederle paulatinamente todo, disminuyendo, al parecer, en la misma frase la

---

[21] Véase la «Biografía de Tadeo Isidoro Cruz» (1829-1874) (en *El Aleph*, 1949), cuento que concretiza un vacío semántico del *Martín Fierro* por medio de la «otredad»: en medio de la lucha, el sargento Cruz se reconoce en el gaucho valiente que no se deja domesticar por el sistema de (in)justicia y se solidariza con él (para más detalles cfr. Schlickers 2007).

grandeza de la literatura de Borges: «aunque me consta su perversa costumbre de falsear y magnificar», pero revelando, de hecho, el secreto de su encanto. El primero no tiene escapatoria, es incapaz de liberarse del otro, quien se apropia como un vampiro de sus ideas y de sus «juegos con el tiempo y con el infinito». La interdependencia e intercambialidad de los dos se parece a una cinta de Möbius que ya no ofrece otra posibilidad sino terminar con un dejo melancólico y a la vez irónico, muy borgeano: «Así mi vida es una fuga y todo lo pierdo y todo es del olvido, o del otro. No sé cuál de los dos escribe esta página».

«El otro» (1975, en *El libro de arena*) presenta una fantasía similar: el viejo «Borges» (de unos 70 años) encuentra a su joven álter ego (de unos 20 años) en 1969, a las diez de la mañana, recostado en un banco frente al río Charles, en Cambridge. El viejo «Borges» demuestra un curioso interés en las lecturas del joven, o sea, de él mismo. El joven menciona entre los libros de Dostoievski que había recorrido *El doble*, *mise en abyme* del relato entero que resulta ser a la vez un hipotexto de este cuento breve donde el narrador —el viejo «Borges»— indica ya al principio que tardó en escribirlo porque quiso olvidarlo, «para no perder la razón». Además indica que lo escribe en el año 1972. El viejo tutea al joven, quien le contesta cortés y respetuosamente de «usted», pero permanece incrédulo. Entonces, el viejo «Borges» recuerda «una fantasía de Coleridge. Alguien sueña que cruza el paraíso y le dan como prueba una flor. Al despertarse, ahí está la flor» (17)[22]. «Borges» quiere convencer al joven de la verdad de su encuentro y le tiende un billete americano que el otro examina detectando en él la fecha de 1974. El narrador añade en una breve mención proléptica que se enteró meses después de «que los billetes de banco no llevan fecha». Pero lo fantástico reside en otra distorsión temporal: parecido a la posdata de «Tlön, Uqbar, Orbis Tertius», fechada en 1947, aunque el cuento apareció ya en 1940 con esta posdata, tenemos en «El otro» la discrepancia entre el encuentro en 1969 y el billete fechado en 1974. Invirtiendo irónicamente la prueba de Coleridge, el joven «Borges» hace pedazos el billete. Los dos «Borges» se dan cita para el día siguiente porque al viejo se le ocurre que la repetición de lo sobrenatural deja de ser aterradora. Pero el viejo «Borges» no acude a la cita, suponiendo que «el otro tampoco habrá ido» (19).

---

[22] Carlos Gamerro varía este motivo en su graciosa novelita gauchesca *El sueño del señor juez* (2000), en la que el protagonista despierta de una larga pesadilla carnavalesca con una flor de cardo en la mano.

A pesar de ser paradójico, este cuento carece de metalepsis, pero constituye, según la clasificación de Colonna, una autoficción «biográfica» y a la vez «fantástica». Para el autor implícito, empero, la realidad y el sueño son sólo dos formas distintas de la realidad, y por esto puede concluir que «el encuentro fue real, pero el otro conversó conmigo en un sueño», para añadir que este sueño no ha sido riguroso ya que el joven soñó «la imposible fecha en el dólar» (19).

El último caso que cabe presentar brevemente es un juego intertextual que podríamos denominar, tal vez, «autotextual». Colonna (2004: 119) denominaría este reflejo de un libro en un libro del mismo autor «autoficción especular»: el autor argentino Carlos Gamerro vincula sus novelas a través de referencias a lugares, personajes e incluso títulos de sus textos. En *El secreto y las voces* (2002) reza: «Si le interesa la literatura me imagino que ya habrá leído *El sueño del señor juez*, que transcurre acá» (15). El hablante no reconoce a su narratario, un escritor que adopta en la presente obra el papel de un narrador autodiegético que trata —de forma parecida al narrador-detective de *Crónica de una muerte anunciada* de García Márquez[23]— de investigar un crimen, pero que no admite ser el autor de la novela citada, *El sueño del señor juez* (2000). En el transcurso de este proceso intercala más elementos auto(r)ficcionales, refiriéndose, por ejemplo, a una herida (93) cuyo origen cuenta en *Las islas* (1998), o mencionando repetidas veces (74, 203) a un personaje que aparece asimismo en esta otra novela, hasta que revela al final su nombre. Pero entonces resulta que este nombre no es Carlos Gamerro sino Felipe Félix, que es el protagonista de la novela *Las islas*. Herrera Zamudio llama este recurso «homonimia por sustitución» (2007: 56-57). Se trata, por consiguiente, de un modo auto(r)ficcional peculiar que se basa en el caso estudiado en una variante de la intertextualidad que propongo llamar «autotextualidad». No se trata, empero, de un recurso narrativo nuevo, sino que la autotextualidad se encuentra ya en la primera parte del *Quijote*, en la que el autor implícito se introduce brevemente a través de inscripciones autotextuales, intercalando la *Galatea* (I, 6) y la *Numancia* (I, 48). Tomás Eloy Martínez juega en su última novela *Purgatorio* (2008), asimismo, con este recurso: En esta auto(r)ficción anónima, la identidad del narrador homodiegético se revela sólo a través de ciertos datos autobiográficos[24], únicamente reconocibles para los lectores de sus novelas anteriores —aunque de un modo un poco pesado—: «En una novela que escribí hace veinte años, los gatos le robaban los sentidos a mi

---

[23] Véase mi estudio en Schlickers (1997: cap. 4).

[24] Es argentino, fue periodista, vivió en el exilio en Caracas, es escritor y desde hace años, docente en Rutgers University... Para Herrera Zamudio, se trata de una «homonimia cifrada» (2007: 58).

personaje; cuando moría no le quedaba ni uno. Ahora me parece que vuelve para vengarse de mí. —He leído eso, dijo ella. El personaje se llama Carmona. —Me alegró que tuviera en la memoria un libro que poca gente conoce» (234). Las voces se refieren a *La mano del amo* (1991), título que no se menciona a lo largo de *Purgatorio*.

Los juegos autoficcionales, inter y autotextuales no se encuentran solamente en la narrativa literaria, sino asimismo —aunque en cantidad menor— en los largometrajes. Esta variabilidad genérica de la autoficción explica por qué la encontramos en textos literarios, dramáticos y fílmicos. En lo siguiente presentaré algunos ejemplos de la auto(r)ficción cinematográfica para demostrar este aspecto transgenérico de la auto(r)ficción. Remito al trabajo pionero de Luz Elena Herrera Zamudio, quien ha transferido en su tesis *La autoficción en el cine* (2007) la tipología de Vincent Colonna[25] al séptimo arte y distingue los tres tipos siguientes:

1. la autoficción biográfica, en la que el autor es, asimismo, el héroe de su propia historia (ejemplo: *Caro diario* de Nanni Moretti, 1993).

2. la autoficción especular, en la que el autor se encuentra al margen de la historia desde donde su presencia se refleja como a través de un espejo (*Husbands and wives* de Woody Allen, 1992).

3. la autoficción fantástica: aquí el autor se encuentra asimismo en el centro de la historia, pero esta no está modelada según los principios de la verosimilitud (*Léolo* de Jean-Claude Lauzon, 1992).

Al contrario que la auto(r)ficción literaria, en la cinematográfica el autor debe aparecer físicamente como director o guionista[26], sin que tenga que ejercer funciones narrativas. Puede aparecer con mención de su nombre verdadero como en *Caro diario*, o sólo corporalmente como en *Husbands and wives*. De ahí que el anonimato del autor fílmico no sea posible, ya que tiene que dar siempre su cara, aunque puede ser que el público no lo reconozca. Así ocurrió con mis estudiantes, viendo la adaptación cinematográfica *La colmena*, en la que Camilo José Cela aparece brevemente como «inventor de palabras» y «creador de lenguaje» en una tertulia de poetas en un café[27]. En el cine existe además la posibilidad de que el

---

[25] Cfr. Vincent Colonna (1989, 2004).

[26] Herrera Zamudio (2007: 36) se refiere al «autor, considerado en su función de guionista *y* director» (mi cursiva), pero creo que debería recurrir a la conjunción disyuntiva «o» en su doble denotación de diferencia y equivalencia, ya que en una auto(r)ficción cinematográfica el autor puede aparecer corporalmente como guionista y/o como director.

[27] Volker Roloff (1989: 533) interpreta esta ficcionalización del autor Camilo José Cela como relativización de la posición estética representada dentro de la película por el poeta Ricardo (Francisco

autor aparece acústicamente, como en *Berlin Alexanderplatz*, donde se escucha sólo la voz extradiegética de Rainer Werner Fassbinder sin que éste aparezca jamás en la pantalla *in corpore*[28]. Pero el caso más frecuente lo constituye efectivamente la aparición del álter ego ficticio del director a nivel intradiegético. Como personaje, empero, no es el responsable de la narración fílmica[29]. Debido a esta peculiar situación narrativa, la auto(r)ficción en el cine no puede considerarse como variante de la narración homodiegética.

La ficcionalización del autor puede efectuarse de modos y grados muy distintos, desde la representación pseudo-autobiográfica durante dos horas, hasta el extremo de aparecer disfrazado de espermatozoide (*Everything you always wanted to know about sex but were afraid to ask*, Woody Allen, 1972). Debido al constante doblamiento de actor y personaje, el cine ofrece nuevos juegos auto(r)ficcionales. También es posible que el escritor/guionista aparezca con nombre propio, pero interpretado por otro actor, como Fernando Vallejo en la adaptación cinematográfica de su novela homónima *La Virgen de los Sicarios*. Los ejemplos que siguen presentan unos tipos paradójicos de la auto(r)ficción fílmica.

Un ejemplo clásico es *Otto e mezzo* (1963) de Federico Fellini. Christian Metz (1968: 224) ha detectado en esta película una determinada construcción en abismo: «Nous n'avons pas seulement ici un film sur le cinéma, mais un film sur un film qui aurait lui-même porté sur le cinéma; pas seulement un film sur un cinéaste, mais un film sur un cinéaste qui réfléchit lui-même sur son film». Esta múltiple *mise en abyme* vertical puede reconstruirse además horizontalmente y corre parejas con un doblamiento de la auto(r)ficción: Guido (Marcello Mastroianni) es el álter ego de Fellini. Representa a un director entrado en cierta crisis creativa y que está rodando su film número 8½, al igual que Fellini. A la vez es una explicación intratextual del título de la película. Agotado psíquica y físicamente trata de descansar en un sanatorio, pero tiene permanentemente sueños que se intercalan en su realidad diegética y que se encuentran en el mismo nivel intradiegético (*mise en abyme* horizontal del enunciado). Un crítico pesado comenta sin cesar el proyecto de Guido y concreta su principio poetológi-

---

Rabal), quien —alabando en un estilo patético a Dostoiewski— restaura con ello justamente aquel prestigio de la literatura que se había perdido en la novela.

[28] Agradezco este indicio a mi colega Markus Kuhn, quien escribió su tesis de licenciatura sobre esta adaptación de la novela de Döblin.

[29] La instancia narrativa extradiegética audiovisual en una película es la «cámara», y en el primer nivel intratextual-fílmico está situado el autor o director implícito. Véase mi monografía *Verfilmtes Erzählen...* (Schlickers 1997) o una versión española sintetizada en Schlickers (1995).

co, caracterizándolo de dudoso realismo. Puesto que este proyecto es idéntico a la película que vemos, esta crítica debe concebirse como reflexión metapoetológica o como *mise en abyme de la poétique*. Guido ordena la muerte del crítico, otra de tantas escenas imaginadas, pero presentadas como reales que caracterizan esta película en blanco y negro. Hasta que es imposible distinguir entre sueño y realidad ficticia, y el espectador está atrapado en una gigantesca cinta de Möbius que cambia continuamente de banda. Al final se encuentra un gran *showdown*: todos los personajes aparecen juntos y bailan. Metz (1968: 227) observa que Guido «s'empare à nouveau de son *porte-voix de metteur en scène* et se fait l'ordonnateur de la ronde de souvenirs. C'est donc que le film se fera». Pero, de hecho, la película no se hace solamente por la iniciativa retomada de Guido, sino que es a la vez la película que Guido trata en vano de hacer y constituye entonces una *mise en abyme aporistique*. Además, *Otto e mezzo* se acerca a una *mise en abyme à l'infini*, puesto que es una película sobre una película en la que un personaje trata de rodar una película. Metz (1968: 225) ha señalado además la doble función del protagonista: «cinéaste et cinéaste réfléchissant, Guido est deux fois proche de celui qui lui a donné vie, deux fois le double de son créateur». Con ello, *Otto e mezzo* presenta un interesante doblamiento como autorficción y autoficción que reflexiona continuamente sobre sí misma.

La nuit américaine (1973) de François Truffaut es asimismo construida *en abyme*: Truffaut mismo encarna a un director que hace una película. Pero su álter ego se llama Ferrand, o sea, no se respeta el protocolo de identidad nominal[30], y la película dentro de la película lleva otro título, con lo que *La nuit américaine* carece de una *mise en abyme aporistique*.

Aunque es de suponer que auto(r)ficciones fílmicas se encuentran sobre todo en el así llamado cine de autor de los años cincuenta y sesenta y en algunas películas experimentales actuales de bajo presupuesto, hay también algunos contraejemplos que confirman tal vez estas reglas: películas auto(r)ficcionales de Woody Allen y de Takeshi Kitano[31] o algunas películas *hollywoodenses*, como *Adaptation* de Spike Jonze (2002) y *Atonement* (Joe Wright, 2007)[32].

En resumidas cuentas, concluyo que habremos de distinguir entre un modo y un subgénero de la auto(r)ficción literaria y cinematográfica. Pero este subgénero

---

[30] Véase Alberca (2007) y su estudio en este volumen.

[31] Véase Herrera Zamudio (2007).

[32] Analizo las dos últimas películas mencionadas detenidamente en un artículo que aparecerá en 2010 en *Authorship: Changing representations and functions*, editado por Gillis Dorleijn, Ralf Grüttemeier and Liesbeth Korthals Altes.

auto(r)ficcional carece de un architexto sobre el cual se constituyen sus hipertextos, como en el caso de la novela picaresca o naturalista. Mientras el modo auto(r)ficcional es un recurso puntual (la breve aparición de Cela en *La colmena* de Mario Camus), el subgénero auto(r)ficcional abarca textos enteros o grandes partes del texto, como en *Niebla*. Tanto el subgénero como el modo de la auto(r)ficción se vinculan estrechamente con la metalepsis y la *mise en abyme aporistique*, por lo cual forman parte integral de la narración paradójica homodiegética. Pero no podemos concluir que cada auto(r)ficción constituye una metalepsis —recordar el ejemplo de «El otro» de Borges anteriormente analizado—, ni, a la inversa, que cada metalepsis recurre a la autoficción. Los precursores literarios demostraron la vigencia de este hecho desde sus orígenes, por lo que deduzco que la autoficción, la autorficción y la mezcla de ambas, la auto(r)ficción, no se derivaron de la autobiografía, sino que son un producto de la imaginación, una ficción que juega desde su origen hasta hoy en día con la credulidad de lectores ansiosos de detectar verdades autobiográficas en la literatura, que ni siquiera debe ser autoficcional.

BIBLIOGRAFÍA

1. *Textos literarios*

BORGES, Jorge Luis (1984 [1974-1975]): *Narraciones*. Madrid: Cátedra. [Transcripción de la edición *Obras Completas de Jorge Luis Borges*, Buenos Aires: Emecé, 1974, las cuatro últimas de *El libro de arena*.]
— (1989 [1944]): *Ficciones*. Madrid: Alianza.
— (1996 [1949]): *El Aleph*. Madrid: Alianza.
— (1999 [1960]): *El hacedor*. Madrid: Alianza.
— (2001 [1975]): *El libro de arena*. Madrid: Alianza.
CASTILLO, Abelardo (1983 [1976]): «Historia para un tal Gaido», en *Las otras puertas*. Buenos Aires: Emecé, pp. 95-102.
CERVANTES, Miguel de (1994 [1605/1615]): *Don Quijote de la Mancha*. Madrid: Cátedra.
CORTÁZAR, Julio (1999 [1980]): «Graffiti», en *Queremos tanto a Glenda. Cuentos completos*. Vol. 2. Madrid: Alfaguara, pp. 397-400.
DELICADO, Francisco (1994 [1528]): *La Lozana andaluza*. Ed. de Claude Allaigre. Madrid: Cátedra (Letras Hispánicas 212).
— (1965 [1528]): *Die schöne Andalusierin*. Ins Deutsche übertragen und mit einem Vorwort von Alfred Semerau. München: Lichtenberg.

FLORES, Juan de (1974 [1495?]): *Grimalte y Gradissa*, en Barbara Matulka, *The Novels of Juan de Flores and their European Diffusion. A Study in Comparative Literature.* Genève: Slatkine Reprints, pp. 371-432.
GAMERRO, Carlos (2005a [2000]): *El sueño del señor juez.* Buenos Aires: Página/12.
— (2005b [2002]): *El secreto y las voces.* Buenos Aires: Norma.
— (2007 [1998]): *Las islas.* Buenos Aires: Norma.
GIDE, André (1997 [1925]): *Les faux-monnayeurs.* Paris: Gallimard.
MARTÍNEZ, Tomás Eloy (2003 [1991]): *La mano del amo.* Madrid: Santillana.
— (2009 [2008]): *Purgatorio.* México: Alfaguara.
RUIZ, Juan (Arcipreste de Hita) (1988 [¿1330? ¿1343?]): *Libro de buen amor.* Ed. de G. B. Gybbon-Monypenny. Madrid: Castalia.
UNAMUNO, Miguel de (2005 [1914/1935]): *Niebla.* Ed. de Mario J. Valdés. Madrid: Cátedra.
VALLEJO, Fernando (1994): *La Virgen de los Sicarios.* Bogotá: Santillana.

1.2 Textos fílmicos

Adaptation (Spike Jonze, 2002).
Atonement (Joe Wright, 2007).
Berlin Alexanderplatz (Rainer Werner Fassbinder, 1980).
Caro diario (Nanni Moretti, 1993).
La colmena (Mario Camus, 1982).
Everything you always wanted to know about sex but were afraid to ask (Woody Allen, 1972).
Husbands and Wives (Woody Allen, 1992).
La nuit américaine (François Truffaut, 1973).
Otto e mezzo (Federico Fellini, 1963).
La Virgen de los Sicarios (Barbet Schroeder, 2000).

2. *Estudios*

ALAZRAKI, Jaime (1974): *La prosa narrativa de Jorge Luis Borges.* Madrid: Gredos.
ALBERCA, Manuel (2007): *El pacto ambiguo. De la novela autobiográfica a la autoficción.* Madrid: Biblioteca Nueva.
ALLAIGRE, Claude (1994): «Introducción» y notas a su edición de *La Lozana Andaluza.* Madrid: Cátedra, pp. 17-164.
BUBNOVA, Tatiana (1987): *F. Delicado puesto en diálogo: las claves bajtinianas de* La Lozana Andaluza. México: UNAM.
COLONNA, Vincent (1989): *L'Autofiction. Essai sur la fictionnalisation de soi en littérature.* Thèse EHESS (dir. G. Genette), Paris.
— (2004): *Autoficton & autres mythomanies littéraires.* Paris: Tristram.

GASPARINI, Philippe (2004): *Est-il je? Roman autobiographique et autofiction*. Paris: Seuil.
GIL GUERRERO, Herminia (2008): *La poética narrativa de Jorge Luis Borges*. Madrid/Frankfurt: Iberoamericana/Vervuert.
GYBBON-MONYPENNY, G. B. (1988): «Introducción biográfica y crítica» a su edición del *Libro de Buen Amor*. Madrid: Clásicos Castalia, pp. 7-78.
HERRERA ZAMUDIO, Luz Elena (2007): *La autoficción en el cine. Una propuesta de definición basada en el modelo analítico de Vincent Colonna*. Madrid: Universidad Autónoma. Accesible en <http://www.scribd.com/doc/678285/tesis-sobre-la-autoficcion-en-el-cine>.
HÖLZ, Karl (1987): «Le monde du brouillard et la poétique du confus dans le roman *Niebla* d'Unamuno», en *Les Lettres Romanes* 41, pp. 214-234.
IMPERIALE, Louis (1991): *El contexto dramático de «La Lozana Andaluza»*. Maryland: Scripta humanistica.
LANG, Sabine (2006): «Prolegómenos para una teoría de la narración paradójica», en Grabe, N./Lang, S./Meyer-Minnemann, K. (eds.): *La narración paradójica*. Madrid/Frankfurt: Iberoamericana/Vervuert, pp. 21-47.
LOUIS, Annick (1997): *Jorge Luis Borges: œuvre et manœuvres*. Paris: L'Harmattan.
— (2007): *Borges ante el fascismo*. Oxford: Lang.
METZ, Christian (1968): «La construction «en abyme» dans *Huit et demi*, de Fellini», en *Essais sur la signification au cinéma*. Paris: Klincksiek, pp. 223-228.
MEYER-MINNEMANN, Klaus (2005): «Un procédé narratif qui "produit un effet de bizarrerie": la métalepse littéraire», en Pier, John/Schaeffer, Jean-Marie (eds.), *Métalepses. Entorses au pacte de la représentation*. Paris: Éditions de l'École des Hautes Études en Sciences Sociales, pp. 131-150.
— /SCHLICKERS, S. (2004): «La mise en abyme en narratologie», en <http://www.vox-poetica.org/t/menabyme.html> (09.09.06).
MÜLLER, Gerhard (1986): «Niebla», en: Roloff, V./Wentzlaff-Eggebert, H. (eds.): *Der spanische Roman vom Mittelalter bis zur Gegenwart*. Düsseldorf: Schwann Bagel, pp. 289-307.
OOSTENDORP, H. Th. (1966): «La evolución semántica de las palabras españolas 'auctor' y 'actor' a la luz de la estética medieval», en *Bulletin Hispanique* LXVIII, 3-4, pp. 338-352.
PUERTAS MOYA, Francisco Ernesto (2003): *La escritura autobiográfica en el siglo XIX: el ciclo novelístico de Pío Cid considerado como la Autoficción de Ángel Ganivet*. Diss. Universidad Nacional de Educación a Distancia. Accesible en<http://www.cervantesvirtual.com/FichaObra.html?Ref=11437> (09.09.06).
REICHARDT, Dieter (2000): «'El Zahir' de Borges a la luz de 'El Aleph'», en Gunia, Inke/Niemeyer, Katharina/Paschen, Hans/Schlickers, Sabine (eds.), *La modernidad revis(it)ada. Literatura y cultura latinoamericanas de los siglos XIX y XX*. Berlin: Tranvía Sur, pp. 358-371.

ROLOFF, Volker (1989): «*La Colmena*. Von der Lektüre des Romans zur Komplementärgeschichte des Films», en Albersmeier, Franz Josef/Roloff, Volker (eds.): *Literaturverfilmungen*. Frankfurt: Suhrkamp, pp. 520-543.

SCHLICKERS, Sabine (1995): «De la novela al cine: Análisis narratológico-comparativo de *Cuarteles de invierno* de Osvaldo Soriano/ *Das Autogramm* de Peter Lilienthal y *Boquitas Pintadas* de Manuel Puig y de Leopoldo Torre Nilsson», en *Iberoamericana* 19, 4, pp. 20-47.

— (1997): *Verfilmtes Erzählen: Narratologisch-komparative Untersuchung zu «El beso de la mujer araña» (Manuel Puig/Héctor Babenco) und «Crónica de una muerte anunciada» (Gabriel García Márquez/Francesco Rosi)*. Frankfurt: Vervuert.

— (2005): «Inversions, transgressions, paradoxes et bizarreries: la métalepse dans les littératures espagnole et française», en Pier, John/Schaeffer, Jean-Marie (eds.), *Métalepses. Entorses au pacte de la représentation*. Paris: Éditions de l'École des Hautes Études en Sciences Sociales, pp. 151-166.

— (2007): «*Que yo también soy pueta». La literatura gauchesca rioplatense y brasileña (siglos XIX-XX)*. Madrid/Frankfurt: Iberoamericana/Vervuert.

VAUTHIER, Bénédicte (1999): *«Niebla» de Miguel de Unamuno: A favor de Cervantes, en contra de los «cervantófilos». Estudio de narratología estilística*. Bern: Lang.

WINTER, Ulrich (1998): *Der Roman im Zeichen seiner selbst...* Tübingen: Narr.

Sin pacto previo explícito: el caso de la autoficción

Annick Louis

El objetivo de este trabajo es reflexionar sobre el fenómeno de la autoficción dentro del marco de la categoría de textos que denomino «sin pacto previo explícito». En tanto lectores, todos hemos hecho este tipo de experiencia, que podemos describir del siguiente modo: ser confrontados a una obra sin poder determinar, ni previamente ni, a menudo, durante la recepción, si se trata de ficciones o de relatos referenciales. Estos textos pueden suscitar reacciones diferentes en los lectores —malestar, enojo, placer, desorientación, etc.—; transformar esta recepción en objeto de estudio permite aprehender la dimensión social, histórica y cultural que tienen.

Cuando no han sido deliberadamente provocadas, estas situaciones de indefinición resultan, en general, de un mal funcionamiento de las instancias que rodean el texto[1]; cuando son construcciones voluntarias (autoriales o editoriales), buscan crear una ambigüedad en la recepción, con el objetivo de explotar el efecto estético creado por el carácter indeterminado del relato. En ambos casos, se trata de obras que se presentan sin pacto previo explícito —o cuyo pacto previo consiste en una ausencia de determinación en cuanto a su naturaleza ficcional o referencial, que podemos considerar como un pacto de vacilación—. En ciertos casos, esa ambigüedad se resuelve en el texto; en otros, los dispositivos textuales contribuyen a mantenerla, por lo que puede decirse que estas obras se construyen sobre esta tensión entre lo ficcional y lo referencial que no puede ser resuelta (al menos sin recurrir a elementos extratextuales).

Antes de continuar es necesario añadir algunas precisiones. Los textos sin pacto previo explícito no constituyen un fenómeno raro, ni exclusivamente literario (de hecho es aun más común en las artes visuales contemporáneas), pero presentan la particularidad de parecer cuestionar la definición de la ficción como pragmática. Sin embargo, no es realmente el caso: es precisamente porque la ficción es una

---

[1] Sobre el paratexto, véase el ya clásico Genette (1987); sobre la cuestión del mal funcionamiento de las instancias que rodean el texto, Schaeffer (1999: 133-230).

pragmática que se puede producir este fenómeno de oscilación entre ficción y relato referencial. Otra precisión necesaria: esta categoría de textos debe ser diferenciada de casos como el de *Marbot* de Hildesheimer[2], o el *«affaire* Wilkomirski»[3], obras deliberadamente presentadas como algo que no son (una biografía histórica en el caso de *Marbot*, una autobiografía en el de Wilkomirski), mistificaciones, voluntarias o involuntarias. En el caso de los textos sin pacto previo explícito, en cambio, los dispositivos paratextuales de significación o de codificación de la tensión que los caracteriza no funcionan correctamente (es también la conclusión de Schaeffer sobre *Marbot*). En esta última situación podemos decir que uno de los polos realiza una explicitación demasiado acentuada, o demasiado poco acentuada, en relación a una intencionalidad autorial o editorial precisas.

Una última observación: proponer esta categoría no significa cuestionar la autonomía de la autoficción, aunque tampoco implica reivindicarla como género autónomo. El objetivo es desplazar el eje a partir del cual se la piensa, es decir, dejar de hacer centro en ese «género» o «subgénero», emancipar la autoficción de la comparación con otros géneros a los cuales se la ha emparentado tradicionalmente (autobiografía, novela autobiográfica, biografía ficcional), para considerar el fenómeno dentro de una clase o categoría más vasta, la de los textos sin pacto previo explícito, teniendo en cuenta que una de las características específicas de la autoficción es su *perdurabilidad*[4]. En efecto, la ambigüedad de esta categoría de textos suele depender de un momento particular de la recepción y de características de una comunidad de lectores determinada, porque se trata de un fenómeno a menudo inestable; por ello muchos de los casos que podemos encontrar ya no entran dentro de esta categoría: leídos hoy ya no son textos sin pacto previo explícito.

---

[2] Sobre este célebre caso de mistificación, véase Schaeffer (1999: 133-164).

[3] Binjamin Wilkomirski es el nombre bajo el cual Bruno Doessekker publicó *Fragments: une enfance 1939-1948* (Paris: Calmann-Lévy, 1997 [edición original de 1995]), relato fragmentario de la experiencia de un niño bajo el nazismo, presentado como la experiencia del propio autor. En 1998, cuando ya la obra había conocido cierto éxito, varios periodistas señalaron incoherencias en el relato, que llevaron a la conclusión de que Wilkomirski no era un sobreviviente del Holocausto.

[4] La concepción de los géneros a partir de la cual trabajo no los considera ni como prescripciones explícitas ni como convenciones de tradición, sino como fenómenos que tienen una identidad inestable, y que, como propone Jean-Marie Schaeffer, se posicionan en el cruce entre *genericidad autorial* (es decir, el conjunto de normas y reglas que el autor puso en la obra, que respetó o transgredió, que lo inscriben en una tradición) y *genericidad lectorial* (es decir, las clasificaciones que se fundamentan en parecidos causalmente determinados, retrospectivos (véase Schaeffer 1989 y 1995: 520-529).

I. Realizaciones culturales

Uno de los orígenes de mi interés por este tipo de textos es una experiencia de lectura particular, que como todo fenómeno de recepción, tiene una dimensión social. Durante la segunda mitad de la década de 1980 y primera mitad de la de 1990, en Argentina, se escribieron y publicaron una serie de relatos construidos sobre una tensión entre ficción y relato factual, que pueden hoy ser considerados como autoficcionales. Sus autores eran jóvenes vinculados a la universidad, es decir, a la enseñanza y a la crítica, y se trataba de su primer relato; no pertenecían a un grupo, aunque a menudo se conocían, y hoy forman parte de los escritores argentinos contemporáneos de éxito. La difusión de estos textos fue limitada, ni siquiera hubo un registro de este fenómeno como tal, tampoco fue una tendencia dominante en la literatura argentina de la época, pero crearon una situación de recepción particular, debido, en parte, al hecho de que el debate sobre estos textos se concentró en la cuestión de saber si se trataba de novelas, o de relatos autobiográficos. Su publicación marca un momento de exploración, en la cultura argentina, de ficciones que se proponían sin definir previamente el tipo de pacto en que se inscribían, a pesar de que afirmaban su vínculo con la tradición novelesca.

Algunos de los textos que constituyeron el fenómeno son *Rojo amor* de Aníbal Jarkowski (1993), *Posdata para las flores* (1991) y *El niño perro* (1993) de Miguel Vitagliano, *La pérdida de Laura* de Martín Kohan (1993), *Guerrilleros (una salida al mar para Bolivia)* de Rubén Mira (1993) y, algo anterior desde el punto de vista cronológico y con algunos rasgos diferentes, la primera obra de Sergio Chejfec, *Lenta biografía* (fechada en 1986, pero publicada en 1990). Estas obras tuvieron una difusión limitada, en parte porque no encontraron lugar en editoriales tradicionales, varias de ellas fueron editadas por la misma editorial, Tantalia, fundada en 1992; es evidente que una de las razones por las que encontraron dificultades para ser publicadas es la vacilación entre ficción y relato referencial sobre la cual se construyen. Varios de estos textos contienen una búsqueda vinculada a la historia familiar, una suerte de retorno a los orígenes, lo cual resulta interesante en el marco de una reflexión sobre la autoficción, puesto que el «yo» de estos textos aparece como el eslabón de una cadena que es reconstruida en un texto del que no se puede decidir si es una ficción o un relato autobiográfico, dentro del cual ciertas convenciones de la representación ficcional novelesca aparecen cuestionadas.

No solamente en la literatura surge un interés por este tipo de obras en la cultura argentina de la época, en el cine y la televisión también, como lo muestra el documental televisivo *La era del ñandú*, realizado por Carlos Sorín en 1987 (conocido ya en la época por haber dirigido *La película del rey* (1986), y desde entonces por *Historias Mínimas* (2003) y *El camino de San Diego* (2007), con guión de Alan Pauls. Propuesto en el marco del ciclo «Ciencia y consciencia», financiado por el Ministerio de Ciencia y Técnica de la Nación, *La era del ñandú* narra la historia del éxito, en los años sesenta, de una droga resultado de un descubrimiento científico, el Bio K2, un reconstituyente celular que permitiría prolongar la vida, y que se obtiene de los ñandúes; los acontecimientos son presentados a partir de una serie de entrevistas a falsos especialistas (el relato del presente se da en color), y de trucajes realizados en base a imágenes de archivo (el pasado aparece en blanco y negro), que se vuelven cada vez más delirantes. Hacia la mitad del film, el espectador se da cuenta de que se trata de un documental apócrifo —o ¿falso documental?—. El cierre, con la dedicatoria a Jorge Luis Borges, resuelve la cuestión: se trata de una ficción.

Hoy, el documental ficcional (el llamado «docuficción») es un género exitoso, pero en el año 1987, *La era del ñandú* suscitó reacciones diversas: creencia, duda, un efecto de parodia, sin contar con que los conocedores de la obra de Borges lo recibieron como una propuesta de reflexión acerca de las relaciones entre ficción y documento. El antecedente más notorio es probablemente el documental sobre el «árbol de espaguetis», difundido por la BBC en 1957, en el programa *Panorama*: «3 minutes spoof report», que mostraba la cosecha de espaguetis, presentados como fruto de un árbol, cerca del lago Lugano. El efecto de verosimilitud se encontraba acentuado por el hecho que el presentador era el respetado Richard Dimblebly, y que la pasta no era una comida corriente entonces en Inglaterra, sino un plato exótico. Ocho millones de telespectadores vieron este documental, y cientos de ellos llamaron a la cadena de televisión para preguntar cómo y dónde podían procurarse semejante árbol para plantarlo en su propio jardín.

II. Sin pacto previo explícito

La tendencia actual va hacia una transformación en «género autónomo» de las obras que presentan este tipo de fenómeno. En las artes visuales, el juego suele darse entre documento (o documental) y ficción, como lo vimos ya; en la literatura, dentro de ese «género» los juegos autoficcionales han adquirido una importancia particular, como lo estudiara Josefina Ludmer en «Literaturas postautónomas 2.0», respecto de una serie de novelas latinoamericanas recientes de las que no se puede decir si son literatura o no, si son buenas o malas, qué ideología vehiculan y en las cuales decidir acerca de ello deja de ser importante (Ludmer 2007).

Además de las preguntas que surgen de las prácticas artísticas, en la actualidad los debates teóricos nos permiten analizar los problemas planteados por este tipo de texto. Por ello, examinar el caso de las obras sin pacto previo explícito implica una doble perspectiva: por un lado, una dimensión sincrónica, puesto que analizamos textos que proponen (y a menudo cultivan) una tensión no resuelta entre ficción y texto factual, y, cuando se trata de textos que pertenecen al pasado, es necesario reconstruir el contexto de edición y de recepción primeros; pero ocuparnos de este tipo de obra implica también una consideración diacrónica, puesto que el fenómeno tiene ya una historia de recepción, y porque su postulación y su reconocimiento por el público y la crítica han creado un lugar de escritura y de recepción para este tipo de textos.

El fenómeno que nos ocupa, por lo tanto, no debe ser considerado como un género en el sentido estricto del término, ni tampoco como una categoría, sino como una situación de recepción con un anclaje textual: un fenómeno cuya constitución depende de la reunión de dos dimensiones, una textual, la otra de recepción. Por ello marcan una realización estética, lo cual es un modo de describir una situación que se construye en la interacción de estas dos dimensiones —una situación de recepción que puede no perdurar, más allá de un momento preciso, en una cultura determinada, pero que también puede ser duradera o, en ciertos casos, crearse en un momento posterior a la primera recepción— *precisamente* porque tiene una dimensión textual. Por ahora definimos estos textos como prácticas híbridas, que vuelven permeables ciertas categorías, ciertas fronteras que han estructurado tradicionalmente la reflexión teórica sobre las relaciones entre ficción y no ficción. En efecto, la inestabilidad constitutiva de estos textos parece escapar al análisis o, en todo caso, a sistematizaciones teóricas que fueron dominantes en Occidente en las últimas treinta o cuarenta décadas.

La enumeración de rasgos y elementos que caracterizan este tipo de textos, en el interior de los cuales pueden encontrarse diferentes formas y tendencias, no tiene una intención prescriptiva ni normativa, sino meramente descriptiva; es evidente que no siempre se encuentran todos los rasgos mencionados, pero, aunque cada obra presenta una combinación diferente, las características que intentaremos sistematizar suelen ser las más habituales. Los ejemplos son variados, aunque de ningún modo exhaustivos, y pertenecen a tradiciones literarias diferentes, pero voy a concentrarme aquí en aquellos que provienen del corpus de lengua hispana. El tipo de enumeración que presentamos es una necesidad de la exposición: es evidente que, como veremos, estos rasgos están generalmente relacionados, y remiten unos a otros.

1. Puesta en escena del narrador. Estos textos suelen organizarse a partir de un narrador en primera persona del singular, que se despliega aunque no se transforme necesariamente en el objeto principal del relato. Todorov señala ya en *Introduction à la littérature fantastique* la conexión que existe entre un narrador «yo» y el establecimiento de un pacto de confianza entre narrador y lector (1970); también otorga en este libro un papel central a la vacilación en tanto rasgo textual preciso[5]. Aunque en el caso de los textos sin pacto previo explícito no podamos considerar este rasgo como privativo y específico de la categoría (como prueba la propuesta de Todorov), sí se trata de un rasgo necesario: tiene que haber posibilidad de establecer una vacilación, y apoyatura en elementos textuales de ésta; sin embargo, la vacilación entre documento y ficción, o entre biografía y ficción, puede sostenerse en otros rasgos: si la presencia de un narrador —«yo» es común, no es indispensable.

En los casos en que la puesta en escena de este narrador (y/o de algún aspecto vinculado) aparece como uno de los objetivos principales del texto, estamos dentro de lo que puede ser considerado como una subcategoría de los textos sin pacto previo explícito, la autoficción. En otros casos, el «yo» suele ser discreto, no se presenta sino en momentos precisos del relato, puede ser un testigo, manifestarse para enmarcar una historia, para dar su opinión en algunos momentos del relato, o para poner en escena la historia de otro. Por ello podemos decir que, como señala Schaeffer, la cuestión del «espesor» de este narrador es esencial para determinar el estatuto del texto, porque en la medida en que adquiere espesor, su figura se despega del autor real (Schaeffer 1999: 140); hay, sin embargo, casos en que el espesor puede acentuar la identificación entre narrador y autor, como por ejemplo en los *Trópicos* de Henry Miller, o la *Trilogía sucia de La Habana* de Pedro Juan Gutiérrez, todo depende de los rasgos elegidos para marcar esta identificación.

---

[5] Para Todorov, el efecto de lo fantástico depende de esa vacilación, que define como un momento evanescente. En el caso de los textos sin pacto previo explícito, en cambio, la vacilación puede perdurar.

En la literatura argentina, uno de los ejemplos más célebres de textos que presentaron esta vacilación en el momento de su primera publicación es el de Borges, sin duda uno de los escritores a partir de los cuales la práctica se difundió en la literatura contemporánea, no solamente en Hispanoamérica sino en el mundo entero, y que tiene por lo tanto un carácter fundacional. Publicados primero en revistas, varios de los primeros cuentos de Borges que integraron *El jardín de senderos que se bifurcan* (1941) y luego *Ficciones* (1944), presentaban este tipo de vacilación, que se apoyaba en parte en la presencia de un narrador —«yo» poco determinado, pero cuyos rasgos resultaban suficientes para identificarlo con el autor (fenómeno que estudio en Louis 2007 y 2008).

2. La iniciación literaria. Con frecuencia los textos sin pacto previo explícito son los primeros relatos de un escritor; el hecho de que sus autores no sean aún conocidos como narradores de ficción contribuye a acentuar el efecto de vacilación, porque los lectores no asocian a estos autores con un género determinado, y también porque los recursos utilizados no han sido aún convencionalizados. Es la obra posterior la que permite considerar estos primeros relatos como ficciones, un efecto retrospectivo, como podemos observar en el caso de *Mis dos mundos*, de Sergio Chejfec, publicado en 2008, que fue recibido como «novela» (aunque a menudo se relaciona su literatura con la de Sebald, y esta asociación acentúa la dimensión autoficcional, y la hesitación entre texto factual y texto ficcional, puesto que varios textos de Sebald son habitualmente considerados como tales). Otros factores pueden producir el mismo efecto, por ejemplo, el desplazamiento de un género a otro, es decir, cuando un autor ya célebre por su producción en otro género se lanza en el relato, como muestra el caso del escritor austríaco del siglo XIX, Franz Grillparzer: dramaturgo reconocido que publica en 1848, en el almanaque *Isis*, el relato «Der arme Spielmann» («El pobre músico»), que tendrá un fuerte impacto en el público y en otros escritores, debido en parte a la oscilación entre factual y ficcional.

Los casos en que se trata del primer relato de un autor son numerosos, hemos mencionado a Borges, y a la serie de narradores argentinos de los años noventa. Tanto en *Lenta biografía* como en *Rojo amor* el relato de la historia familiar es la materia misma de la constitución del narrador en autor, un narrador que una serie de rasgos permite asociar al autor real; ambos textos ponen en escena una genealogía familiar, cuyo objeto es una busca de identidad del sujeto narrador, que adquiere una dimensión histórica y social: hijos o nietos de inmigrantes (la diferencia es importante para la concepción de la identidad personal y textual en

Argentina), los narradores de estos textos cuentan su historia, pero centrándose en la historia de sus familias, y de su llegada al país. En *Lenta biografía* de Sergio Chejfec, un narrador —«yo» cuenta la historia de su padre, o mejor dicho lo poco que sabe de la historia de su padre, un judío polaco que emigró a Argentina, y cuya familia fue exterminada durante la Segunda Guerra Mundial. Mediante la reflexión sobre el modo en que el pasado y el presente se inscriben en su padre, y la presentación de sucesivas versiones de la historia de la huida de un hombre en la Polonia del nazismo, se va llenando ese vacío que es el narrador, pero se llena de versiones, narradas por otros, que se van superponiendo.

Algunas observaciones rápidas acerca de esta cuestión. El caso de Borges (como el de los relatos de *Plain Tales from the /Hills* de Rudyard Kipling, o el de *El Cóndor* de Adalbert Stifter, por ejemplo) muestra que a menudo esta ausencia de pacto previo permite tomar distancia respecto de un género anterior que estos escritores frecuentaban (como la crónica periodística, el ensayo literario); los escritores pueden, de este modo, producir textos que no se presentan como documentos, testimonios o crónicas de modo certero. A partir de una práctica no ficcional, su escritura se proyecta hacia la ficción, que se inscribe en sus relatos; la vacilación viene en parte, entonces, de la experiencia de estos escritores, que reciclan elementos de sus escritos no ficcionales en sus relatos; y también de la experiencia de los lectores, que conocen la producción anterior de éstos (Louis 1997). Los casos de Chejfec y Jarkowski presentan también la cuestión del vínculo que existe entre ensayo crítico y relato ficcional, puesto que ambos narradores reflexionan sobre la constitución y la forma misma del relato, su veracidad e, incluso, sobre la verdad contenida en su falta de certeza. Así, podemos decir que es porque no es aún conocido como escritor, que un autor tiene la posibilidad de generar un espacio autoficcional, un espacio sin pacto previo definido, evitando el género autobiográfico; el título *Lenta biografía* indica a la vez que se trata de la biografía de *otro* (del padre, del hombre), y de los modos en que ésta afectó, y afecta, la del narrador.

3. Un uso contextual del lenguaje. Estos textos exhiben a menudo una voluntad de uso de una lengua que presenta características específicas, arraigada en un contexto particular que corresponde a una comunidad restringida en la mayor parte de los casos. Estas particularidades pueden encontrarse en el vocabulario, en una serie de expresiones, o en una formalización, presentados a veces como vinculados a la oralidad de una comunidad determinada; pueden reenviar a usos regionales o propios de un grupo social particular. Estas variantes están relacionadas con el posicionamiento del narrador en el relato y con el del autor en el medio intelectual, como en el caso de *Lenta biografía*, donde los recursos estilísticos y la lengua establecen una relación estrecha con el contexto de escritura. Tal es el caso en un grupo de intelectuales que empezó su carrera en el comienzo de los años ochenta, en Buenos Aires, conocido bajo el nombre de grupo «Shangai» (Martín Caparrós, Jorge Dorio, Daniel Guebel, Carlos Eduardo Feiling, Luis Chitarroni, Alan Pauls); varios de ellos colaboraron primero en el suplemento del diario *Tiempo Argentino* entre 1982 y 1986, luego fundaron el autodenominado grupo «Shangai» y la revista *Babel* (1988-1991). Podemos señalar en particular el uso de los corchetes, de hecho, frecuentemente suprimidos en la reedición del libro en 2007. Otro ejemplo: en la segunda parte de *Rojo amor*, el relato adopta una estética reconocible para un lector argentino como típica de las traducciones de novelas del realismo ruso hechas en los años veinte y treinta, y mediante ese desvío alude a la novelística de Roberto Arlt, mientras el relato narra la vida, en los años treinta, de dos personajes rusos que emigran a Argentina, los abuelos del narrador.

4. Medio de publicación y aparato mediático. Los textos que presentan este tipo de fenómeno se publican a menudo en medios particulares, en los que las crónicas o los documentos son habituales, lo que acentúa la dificultad para clasificar el relato. Hasta el momento, tres tipos de medios han sido identificados:

a. Medios periodísticos del tipo revista, suplemento, almanaque, diario, etc. Prácticamente todos los ejemplos mencionados corresponden a relatos publicados en este tipo de medio: los relatos de Kipling *Plain Tales from the Hills*, en la *Civil and Military Gazette* de Lahore en 1887; los de Borges en la *Revista Multicolor de los Sábados*, en *Sur*, donde la ausencia de relatos ficcionales favoreció la vacilación en su recepción, y se encuentra en el origen mismo de los ensayos-ficción de Borges (Louis 2007a y 2007b).

b. La forma-libro, pero publicados en editoriales nuevas o poco conocidas, al margen del sistema, a veces de vida efímera. Fue el caso de la Editorial Tantalia, fundada en 1992, que publica cuatro obras en 1993 y una en 1996, interrumpe su trabajo por unos años, antes de renacer, y donde publican sus primeros textos Jarkowski, Mira y Kohan[6]. Como hemos dicho, es precisamente la vacilación entre documento y ficción lo que determina que para espacios editoriales más tradicionales estas obras hayan resultado problemáticas.

---

[6] Para más información sobre la Editorial Tantalia, véase <http://www.tantalia.com.ar>.

c. Colecciones de editoriales prestigiosas que publican textos ficcionales y otros que no lo son, lo que permite borronear el pacto previo. Fue el caso de la edición original de *Manèges* de Laura Alcoba, publicada en 2007, en la «Blanche» de Gallimard; a pesar de que la recepción fue orientada hacia el testimonio, la colección permitía mantener la vacilación, puesto que esta célebre colección, creada en 1911, publica novelas, ensayos y poemas[7].

Hay también otros aspectos paratextuales y/o editoriales que cumplen un papel fundamental, por ejemplo las declaraciones del autor, los aspectos materiales de la edición (tapas, por ejemplo, como veremos en el punto número 5), porque contribuyen a evitar una clasificación previa del relato. Su importancia, sin embargo, no es meramente exterior al texto, puesto que, en muchos casos, es en la conexión con un medio que presenta estas características que se definen los rasgos intrínsecos del relato (como hemos señalado en el caso de Borges y el suplemento de *Crítica*, y más tarde en *Sur*). Esto equivale a decir que las estrategias editoriales deben ser pensadas en el mismo plano que la estructura formal y la temática, y que estas tres instancias determinan la identidad de las obras, que es inestable y relativa al contexto de publicación. Por ende, las tres instancias intervienen en el establecimiento de la vacilación. En cuanto al aparato mediático, está estrechamente vinculado a la forma editorial de los textos, pero también a especificidades culturales y cronológicas. En relación a la autoficción, Colonna (1989: 10) recuerda que la actitud del autor es esencial, en cuanto que puede incentivar una lectura referencial o metafórica: el aparato mediático puede acentuar la vacilación, atenuarla hasta hacerla casi desaparecer, o inducir una lectura de un tipo u otro, aunque en general es el aspecto autobiográfico el que es subrayado mediante las declaraciones del autor, porque en la cultura actual la idea de la «autenticidad» inscribe cierto valor en las obras.

5. Inserción en una comunidad determinada y muchas veces restringida. Como decíamos, los textos sin pacto previo explícito presentan rasgos textuales, paratextuales y editoriales que denotan el establecimiento de un diálogo privilegiado con una comunidad determinada. En este sentido, están destinados a ser leídos, en un primer momento al menos, *en* y *por* una comunidad particular, por lo que su escritura y su recepción primera se insertan en un contexto de producción y de recepción específicos. De circulación limitada en un comienzo, incluso muy limitada a veces, establecen un sistema de reconocimiento entre el texto y la co-

---

[7] Sobre la colección, véase <http://www.gallimard.fr/collections/blanche.htm>.

munidad, inscribiendo en él una dimensión temporal y cultural considerada por el autor como una marca de identidad de un grupo. Pongamos un ejemplo: en *Rojo amor*, en uno de los capítulos de la primera parte, en que el narrador entrevista al gran duque Dimitri, éste menciona a Sydney George Reilly (1874-1925), conocido como célebre espía británico, y cuenta su muerte en la Rusia posrevolucionaria (es fusilado en 1925); para terminar, agrega: «Entregaron su cuerpo a los ingleses en la frontera con Finlandia, dentro de un ataúd sellado. Aún guardaba en el cráneo los proyectiles que le entraron por la nuca. Está enterrado en una campiña próxima a Lyme, donde vivía recluida su esposa, Sarah Woodruff» (1993: 63). El nombre de la supuesta esposa de Reilly es, por supuesto, un *clin d'œil* al contexto de escritura, más precisamente al ambiente universitario e intelectual del Buenos Aires de la segunda mitad de los años ochenta, donde la novela de John Fowles *The French Lieutenant's Woman* (1969), había tenido un éxito importante, debido parcialmente al hecho de que la posición narrativa que vincula el presente de escritura y el pasado de la novela a un narrador autorreflexivo era considerada un valor. En *Rojo amor* hay otros ejemplos que remiten al contexto de producción y recepción, a un nivel histórico.

> Los tiempos que siguieron a aquel funeral, el cumplimiento puntual de los crímenes que anunciaron, me hacen pensar qué indulgencia se debe a los torturadores. Si por un momento se admitiera que los siglos fueron la oportunidad que los tímidos, los pobres, los enfermos concedieron a los explotadores para que abominaran de sus actos, se comprobaría al cabo que una sola evidencia de vergüenza o arrepentimiento no hay, y antes bien parecen, hoy como nunca, inamovibles en la justicia del tormento y la humillación. Son ellos los que matan. Todo el tiempo están matando. En las cárceles, los talleres, los basurales, los suburbios. ¿Qué patria en común puede haber entre el torturador y su víctima? Más tarde o más temprano iremos hacia la patética violencia de los pobres. Los ricos no hacen otra cosa que reclamarla. Y será entonces, por una vez, debida la obediencia (1993: 75).

El final de la cita es una referencia a la Ley de Obediencia debida, promulgada el 4 de junio de 1987 por el gobierno de Raúl Alfonsín (después de la Ley de Punto final, 24 de diciembre de 1986), por la cual se libraba de toda responsabilidad a los agentes de la represión por haber actuado en cumplimiento de órdenes recibidas; se trata de un reenvío a una cuestión de actualidad, una toma de posición, puesto que la novela fue escrita entre 1988 y 1991.

Otro caso interesante es la serie de variaciones sobre una frase que circuló en la Argentina de la dictadura y de la posdictadura: «Lo que mata es la humedad», en *Lenta biografía*. Aunque no aparece bajo ésta, su forma más común, sí encontramos una serie de variantes y juegos a partir de ella. En los años de la dictadura, constituyó un modo irónico de referirse a una situación social de opresión y sus facetas trágicas y, a menudo, culminaba discursos y conversaciones sobre problemas personales y sociales, indicando la existencia de un conflicto que los sobrepasaba y permitía establecer cierta complicidad entre los hablantes. El modo en que es usada en Chejfec marca un movimiento que consiste en hacer alusión a acontecimientos trágicos, pero sin mencionarlos y, al mismo tiempo, subrayar el silencio y la negación de éstos que se impone en lo social, en un relato que gira alrededor de tragedias no narradas, o narradas de un modo desviado. Además, la humedad es una de las circunstancias que lleva a mencionar la ciudad y que permite el arraigo. Propongo aquí algunos ejemplos (de la primera edición) sin disponer, lamentablemente, del espacio para analizarlos:

[Supongo hoy, que es tan húmedo el aire y sin embargo no tiene importancia, que lo que para mi padre había sido un mar de padecimientos, nosotros lo imaginábamos como un pasado un tanto agitado que había tenido desde su comienzo el oculto destino de encontrarse aquí con nosotros; como si yo lo hubiese estado aguardando en Buenos Aires desde que empezó su periplo nefasto por Europa] (1990: 24).

Por eso pienso hoy, cuando la humedad de Buenos Aires es tanta y a la vez tan poco importante [que no puedo decir yo que a lo largo de mi vida haya aprendido algo más que recordar]; ésta es la única enseñanza que recibí de mi padre —sin que él se hubiese propuesto brindármela— y de casi todas las personas y cosas en general (1990: 66).

Muchas veces pensé que en realidad —y a pesar de todo— mi padre no tenía tras de sí nada, que él había inaugurado otra historia cuando la noche húmeda que llegó a Buenos Aires; sin embargo, los cotidianos sueños que él tenía —que nos decía mi madre que él soñaba todas las noches— me indicaban que algo suyo continuaba en su pasado —lejos, en Europa— de una manera oculta y velada (1990: 89).

Ahora, mientas escribo rodeado de cosas que no se mueven —que comparten conmigo un silencio en el que reposar la vista—, y la desmesurada humedad de Buenos Aires las inunda tanto como a las paredes, encuentro que —para decirlo con pocas palabras— las cosas en general son más complicadas que lo que aparentan (1990: 158).

Los rasgos editoriales y paratextuales desempeñan también un papel en relación a la inscripción de los textos en una comunidad restringida. Podemos, en este sentido, comparar las tapas de las dos ediciones de *Lenta biografía*; la primera, que corresponde a la edición de Buenos Aires, de Puntosur, muestra una fotografía de cuatro personajes en sepia y con vestimentas que parecen típicas de Europa del Este, entre el fin de siglo y los años treinta, que inevitablemente recuerda una fotografía familiar; los ojos de las personas fotografiadas han sido borrados de los rostros, y uno de los personajes se encuentra rodeado por un círculo color naranja, del tipo que se utiliza habitualmente para identificar a un personaje en un grupo; frente a ellos, de espaldas al lector, puede verse una silueta de hombre, en color verde. El lector recibe así la impresión de una confrontación entre un individuo del presente de narración y una familia perteneciente al pasado; el modo en que el personaje más joven está diferenciado hace pensar que se trata del padre del narrador y, por lo tanto, el personaje de espaldas sería el narrador. Para un público argentino, la imagen evoca de modo inmediato el universo de los inmigrantes de Europa del Este, el fenómeno de la inmigración en Argentina, el movimiento que consiste en ir *hacia* el país, desde el universo que constituyó, antes del nazismo, la cultura judía del Este de Europa. La novela marca la exploración de una identidad que se constituye en el arraigo: el sitio de la escritura —el sitio de la literatura— es Argentina. La segunda tapa, de la edición de Alfaguara de 2007, muestra un cementerio judío, visiblemente en Europa del Este, medio abandonado, imagen confirmada por la información proporcionada por el editor[8]. Así, la primera tapa evoca el movimiento de ir hacia la comunidad a la que pertenece el escritor e insertarse en Argentina, mientras que la segunda reenvía a un corpus internacional de literatura sobre la cultura judío europea, y traduce una perspectiva que va de Argentina hacia Europa: la identidad consiste aquí en un retorno hacia el mundo europeo. Esta tapa habla de una implantación editorial y personal internacional, puesto que es una edición de Alfaguara, hecha en un momento en que Chejfec accede a un reconocimiento internacional mayor, y en que la crítica señala la relación entre su literatura y la de escritores como Sebald; y también en que el escritor vive fuera de Argentina.

En este punto conviene hacer unas observaciones sobre la recepción, que nunca se produce de modo absoluto. Existen casos y grados, zonas de comprensión y de recepción, pero la inteligibilidad del texto no resulta amenazada por

---

[8] Las informaciones proporcionadas sobre la fotografía de la tapa son: «Fotografía de cubierta: S.C., Cementerio histórico judío de Gorizia, Nueva Gorica, Eslovenia». Todo lector que presta atención a ese detalle, puede pensar que las iniciales S. C. corresponden a «Sergio Chejfec».

desconocer —o por no reconocer— estos guiños, referencias, alusiones fuertemente vinculadas a un contexto particular. Sin embargo, es evidente que conocerlos acentúa ciertas zonas, el aspecto referencial o ficcional —y estos elementos pueden cambiar, incluso invertir, su significado, tal como lo estudié en el caso de Borges, bajo el nombre de «indicadores convencionales de ficcionalidad» y de «indicadores convencionales de referencialidad», cuyo valor se modifica, y a veces se invierte al pasar de una recepción en la comunidad de origen a una más vasta, y de una época a otra (Louis 2005).

El valor y el significado de estos indicadores no son fijos, se adquieren en la realización de la recepción; en otras palabras, no se da necesariamente una mejor resolución de la oscilación entre ficción y factualidad porque se reconocen ciertas claves o alusiones, pero sí se produce una recepción específica que se constituye en un signo de identidad de una comunidad. En este sentido es posible afirmar que existe un vínculo entre la búsqueda de una identidad personal (vinculada al origen) del narrador autoficcional y la búsqueda identitaria de la comunidad a la que el relato se vincula explícitamente[9].

En cuanto a la lectura y a la inmersión ficcional, es necesario recordar que uno de los aportes del cognitivismo consiste en afirmar la diferencia que existe, en la recepción de una obra, entre disponer de elementos y usarlos; y también la distancia que hay entre la actitud o posición adoptada por el lector en el momento de lanzarse en la lectura, y la posición mental que adopta durante el acto de la lectura. En el caso de los textos sin pacto previo explícito, la que está en juego es la última: los indicadores paratextuales *inducen*, pero la actitud mental puede distanciarse de ellos, por razones de disposición, de biografía personal, u otras. La autoficción es particularmente interesante en este sentido; la hipótesis de Genette es que la autoficción corresponde a una forma de protección para el autor, que le permite producir obras que solamente son ficciones para «la aduana», dicho de otro modo «autobiographies honteuses» (Genette 1991: 86-87). Sin embargo, puede pensarse también que lo que está en juego es menos una protección que la inserción en una comunidad: es el juego con el estatuto social de la ficción en un momento determinado, en una comunidad determinada lo

---

[9] Un problema particular lo plantean los lectores de la comunidad en que se inserta el texto, cuya vida está directamente concernida (la familia, o los contemporáneos de una experiencia social precisa) en relación a un público que comparte una época y una cultura que no tiene esa experiencia. Para éstos las zonas ficcionales y las referenciales de un texto difieren respecto del lector no vinculado personalmente a los autores y/o que no vivió los acontecimientos narrados.

que determina un reconocimiento y un prestigio de este tipo de juego en esa comunidad.

Una última observación acerca de la cuestión de la recepción en una comunidad restringida. Esta proximidad extrema entre ciertos textos y una comunidad determinada (cuyos límites no es siempre fácil fijar) implica que en la translación a otra comunidad (región, país, cultura, etc.) se crean o se anulan los efectos de ficción o de factualidad— y a veces que permanecen, pero debido a factores diferentes. Para ejemplificarlo rápidamente: ¡en Italia nadie hubiera creído que existe un árbol de espaguetis!

6. La innovación genérica. A menudo estos textos implican una ruptura con una tradición genérica y sus expectativas, y por ello abren la posibilidad de la constitución de nuevos géneros o subgéneros —con o sin continuidad, pero contienen la potencialidad de esta apertura—. Fue el caso de la primera recepción de la *Recherche* de Proust, que tanto Iona Vultur como Jean-Claude Passeron relacionan con una historia del *pacto novelesco* (Vultur 2005, Passeron 1987). En los casos de textos sin pacto previo explícito, la ruptura de las expectativas genéricas desempeñan un papel determinante en relación a la recepción; sin embargo, que haya ruptura no significa que la recepción se vea dificultada: la ruptura de los pactos puede impedir el éxito o favorecerlo. Por ello es necesario disociar la recepción de estos textos —y su éxito o falta de éxito —de los problemas teóricos que plantean a la crítica.

En relación a los textos sin pacto previo explícito, la cuestión del género debe ser pensada en el vínculo a las tradiciones literarias nacionales, y en particular a los usos de la ficción en cada cultura. Así lo muestra el libro de Manuel Alberca, quien estudia el modo en que la autoficción en la literatura de España se inscribe dentro del género novela, y cómo se vincula al nacimiento mismo de la novela española. El hecho que en España la autoficción tienda a ser un fenómeno propio del género novelesco puede, en parte, explicar por qué *Mis dos mundos* de Sergio Chejfec, publicada en Candaya, una editorial española, fue presentada directamente como novela. En América Latina, en cambio, la autoficción está menos asociada a un género en particular.

7. La espacialización del relato. Los relatos sin pacto previo explícito construyen una relación entre espacios geográficos, estéticas y relato, en particular en los casos de autoficción. Entre los ejemplos mencionados podemos pensar en el Kipling de *Plain Tales from the Hills*, y el espacio más social que geográfico que figura, contrariamente a novelas como *Kim*; en la ciudad tal como aparece en Borges, en Henry Miller, en Pedro Juan Gutiérrez. La espacialización está vinculada al hecho de que estos escritos se dirigen en un principio a una comunidad de lectores restringida, y también a las exploraciones narrativas genéricas de estos textos. La escritura construye un lugar del que es imposible disociarse, y donde escritura y espacio se implican mutuamente y, por ello, estos lugares, que remiten más a una tradición de representación que a un espacio geográfico, quedan tipificadamente asociados a determinados escritores. Hay que agregar que en ocasiones el nombre de la ciudad, de las calles y/o barrios o del país puede reemplazar el nombre del autor en su función de arraigo de la autoficción.

8. La cuestión autorial. Los textos sin pacto previo explícito plantean a menudo esta cuestión, aunque de modos diferentes, no necesariamente poniéndola en cuestión, pero sí proponiendo una reflexión sobre la noción de autor, vinculada a veces con el hecho de que se trata de los primeros relatos de un escritor. Contrariamente a otros críticos, considero que la presencia explícita del nombre no es esencial al establecimiento de la autoficción, ni a la vacilación entre factual/ficcional. El nombre constituye un elemento autobiográfico preciso (como la aparición del lugar y la fecha de nacimiento del autor), el nombre de la ciudad (o la mención del espacio geográfico, como decíamos en el punto anterior), el nombre de otros personajes o incluso la presencia de una red de características que remiten al autor (como ya dijéramos). Cada uno de estos elementos puede cumplir la función de establecer una identidad entre narrador y autor (como también lo afirma Manuel Alberca); como lo señalara Michel Foucault, la particularidad del nombre del autor es que equivale, en cierta medida, a una descripción y tiene la capacidad de transformar el estatuto del texto (1969). En relación a la autoficción, conviene recordar más precisamente que para Doubrovsky, la autobiografía es un privilegio reservado a la gente importante, y no a los simples profesores como él; una perspectiva que implica un reconocimiento implícito de la conexión entre autoficción y la posibilidad de «hacerse un nombre», que observamos en casos como el de Kipling y *Plain Tales from the Hills*, y también en el de Borges y «Hombre de la esquina rosada», uno de los relatos en que aparece el nombre del autor[10]. La publicación de los textos plantea la cues-

---

[10] Estudio la cuestión en Louis (1997: 71-76, 249-289). Particularmente interesante es la primera publicación del texto, titulada «Hombres de las orillas», en la *Revista Multicolor de los Sábados* (1[6], p. 7, 16 sept. 1933), porque el texto está firmado «F. Bustos», y Bustos es asimismo el nombre que aparece al final del texto. Por otra parte, en este mismo medio se publican «Confesiones: Dreamtigers,

ción del nombre también en otro sentido, puesto que Borges elige en la primera versión un seudónimo y Kipling no firma los cuentos en la *Civil and Military Gazette*; en ambos casos ocultar el nombre propio contribuye a dar autonomía a los relatos. El nombre nace en la asociación a los textos, a veces como consecuencia de la asociación del nombre al relato, y también en el vínculo a una comunidad determinada, capaz de reconocer esta asociación.

9. Proyección hacia lo real. Se trata de un tipo de texto que declara la intención de actuar sobre lo real, otorgando a la ficción la función de una intervención sobre el contexto. Es el caso del llamado *new journalism*, de la *non fiction*, que pueden considerarse como casos de textos sin pacto previo explícito, en sus comienzos al menos, puesto que hoy existe un pacto de recepción, y también una convencionalización de los recursos que plantea otros problemas. Dentro del corpus hispanoamericano, sería interesante releer relatos como *Operación masacre* (1957), o «Esa mujer» (1966) de Rodolfo Walsh, puesto que la presencia de un «yo» autoficcional constituye una zona del relato con un espesor más significativo que lo que se había reconocido en un primer momento.

A menudo, este tipo de texto presenta la característica siguiente: hay dos textos, por ejemplo, un informe oficial y un texto «literario (publicado en un medio dedicado a la literatura, o en una forma que lo asocia a un relato literario o ficcional); una crónica periodística y un texto literario; o un relato en revista o suplemento de diario y un libro. Ciertos rasgos específicos de las condiciones primeras de publicación se reencuentran, en parte, en los textos mismos y sus intencionalidades son declaradas en la escritura. Para remitir a un caso que marcó la literatura argentina, *Una excursión a los indios ranqueles* de Lucio V. Mansilla (1870), donde son tres los textos en juego: el informe oficial, la versión en diario, y el propio libro.

Esta voluntad de intervención sobre lo real determina también zonas muy cargadas ideológicamente, a menudo de modos que parecen contradictorios; por ejemplo, respecto de ciertas cuestiones se expresa una ideología tajante, moralizadora, pero respecto de otras cuestiones el texto permanece ambiguo; otras nos encontramos frente a una reflexión ideológica clara, pero en los textos es muy difícil aprehender una ideología precisa. Para no multiplicar los ejemplos

---

Los espejos velados, Un infierno, Las uñas», firmados «Francisco Bustos», considerados habitualmente por la crítica como textos autobiográficos (véase *Revista Multicolor de los Sábados* 2[58], p. 7, 15 sept. 1934).

me remito al juego sobre la humedad de Buenos Aires en *Lenta biografía*; y también al fragmento de explicitación ideológica de *Rojo amor* ya retomado, en que vemos la faceta moralizante del narrador, que contrasta con el abandono de la mujer que espera un hijo suyo. Si la historia familiar puede aparecer como una justificación a este gesto, éste acentúa la zona del texto que afirma la imposibilidad de las historias de amor felices, y a la vez sostiene que la única historia de amor es la de los abuelos del narrador, en un relato en que la paternidad se desvincula de los lazos de sangre (salvo en la dedicatoria, cuyos nombres corresponden al abuelo, al padre, al hermano y al sobrino del autor). Estos ejemplos muestran la constitución de sistemas de valores en algunas zonas del texto, a la vez que permanecen las ambivalencias en otras. En *Lenta biografía*, donde el dolor de la destrucción de la comunidad judía (en particular en quienes sobrevivieron) convive con la crítica de la actitud de esta comunidad, en el momento del Holocausto y ahora ante su memoria (1990: 77-79).

III. Serie de conclusiones inestables

Integrar el fenómeno de la autoficción en una «categoría» o grupo más vasto, el de las obras sin pacto previo explícito, permite emanciparse de los cuestionamientos relativos a la clasificación genérica, a la veracidad y a la recepción que la crítica ha hecho del género (Lleras 2007). Si aceptamos que la diferencia entre relato referencial y relato ficcional se sitúa en el marco pragmático, esto significa que el lector debe recurrir a elementos extratextuales para decidir cuál es el estatuto genérico, si acaso lo desea, y si hay suficientes indicios que lo permiten. Parte del éxito de la autoficción —y otras formas de lo que podemos llamar «contaminaciones genéricas»— prueba que en el acto cognitivo de la lectura esta voluntad de resolución puede existir o no, puede formar parte de las disposiciones mentales del lector o no: puede ser uno de los placeres de la lectura, o una fuente de inquietud e incomodidad.

En relación a la autoficción, podemos proponer dos conclusiones más. Lo expuesto muestra la necesidad de integrar el fenómeno en una historia de la evolución de los géneros, a partir de una concepción de la noción de pacto como factor dotado de una dimensión histórica. La difusión de la literatura de autoficción, la crítica especializada y el público, han ido fundando un pacto de lectura; desde que en 1977 Serge Dubrovsky acuñó el término, cuando publicó su novela *Fils*, puede considerarse que la producción literaria y los debates de la crítica han constituido una historia del «género» y desarrollado un pacto particular, que habría que denominar ya «pacto de autoficción». En este punto, diferimos de la tradición francesa, puesto que Colonna concluye que para la autoficción no se puede hablar de género porque su horizonte de expectativa no está aun cristalizado (Colonna 1989: 337), perspectiva compartida por *Fabula*; ambos muestran que, en la crítica francesa, parece existir un consenso respecto del hecho que la autoficción habría sido objeto, hasta los años ochenta, de un desconocimiento general.

La dificultad de percibir el establecimiento de un pacto de autoficción viene en parte de una cuestión paradójicamente señalada por el mismo Colonna: la ausencia de denominación, que dificulta la posibilidad de discriminar prácticas de lectura y sistematizaciones críticas (1989: 322). Aunque no siempre coincidan en lo absoluto, en el terreno de la crítica, la ausencia de nombre y la imposibilidad de reconocer un problema teórico suelen ir juntas: nombrar equivale a constituir un género, a aprehender algo de su especificidad en la consciencia comunitaria y crítica: nombrar es pensar genéricamente (Schaeffer 1995: 627). Sin embargo, las prácticas artísticas no evolucionan del mismo modo que la conciencia hermenéutica de una comunidad y la crítica; por ello puede decirse que la nominación, el surgimiento de la consciencia de un tipo de texto pueden producirse en un tiempo distinto de aquel en que las prácticas aparecen. Aunque hostil a la noción de autoficción, Genette admitía, acerca de Proust, que para definir genéricamente la *Recherche*, habría que crear un concepto intermediario, y que el mejor término sería el que usa Doubrovsky, la autoficción (Genette 1982: 357-358). Nada mejor, en este sentido, que recordar que mientras numerosos críticos debatían sobre la noción de autoficción como si se tratara de una anomalía, una serie de textos que pueden ser incorporados a esa categoría se volvían éxitos literarios internacionales —la *Recherche*, algunas novelas de Céline, textos de Genet, Gombrowicz o Henry Miller, entre otros—.

Esta breve digresión por la crítica francesa nos recuerda que las tradiciones críticas responden a lógicas diferentes: a lógicas internas, a lógicas de usos sociales del arte. La tradición francesa ha acentuado la tendencia normativa, en detrimento de la descripción; y también se ha orientado hacia una consideración textual de los fenómenos literarios que ignoraba su realización contextual. En cierta medida, reconocer el fenómeno de la autoficción ponía en cuestión un edificio teórico: considerar la autobiografía como una forma de la escritura del yo, aquella que ésta tomó esencialmente en los siglos XVIII, XIX y parte del XX, permite reconsiderar las categorías y liberar otras formas de escritura del yo, de la necesidad de definirse en relación a la autobiografía. Sin embargo, no se trata aquí de subrayar los males y las imposibilidades de la crítica, sino de tener en cuenta el modo en que las teorías se relacionan estrechamente con las prácticas artísticas nacionales (como lo muestra el libro de Manuel Alberca, que pone en evidencia el vínculo entre novela y autoficción en España[11]). Este movimiento implica la posibilidad de integrar el fenómeno de la autoficción en un mapa que trazaría el funcionamiento de la ficción en el mundo contemporáneo (un vasto proyecto), y también constituye un modo de proponer nuevas organizaciones de los corpus y de los sistemas literarios. Del mismo modo, las obras sin pacto previo explícito constituyen una forma de pacto, puesto que este tipo de obras ha entrado en el horizonte cultural de una comunidad determinada (la nuestra, aunque con variantes nacionales).

Una segunda conclusión, de orden más general, se plantea en relación al cognitivismo. En un trabajo reciente, Lejeune afirma que es imposible leer sentado entre dos sillas (Lejeune 2007: 3); y Arnaud Schmitt que no hay doble lectura simultánea (2007: 18). Esta dificultad de la crítica francesa para pensar las situaciones de vacilación viene en parte del *parti pris* de la necesidad de una resolución de ésta, a la vez por razones teóricas y de disposición mental. Por ello, los casos de obras que denomino sin pacto previo explícito nos llevan a revisar nuestras posiciones epistemológicas. La zona de la crítica que buscó invalidar la tesis de una «doble lectura simultánea» que permite «reunir el texto e ir más allá de las tendencias ('tiraillements') genéricas» corresponde a la idea que no se puede leer *simultáneamente* un texto como factual y como ficcional, propuesta por Philippe Gasparini en su estudio sobre la autoficción *Est-il Je?* (acerca de la cual Schmitt afirma que sería «eliminada por causa de ausencia de bases cognitivas sólidas», véase Schmitt 2007: 18-20, Gasparini 2004: 13). A esta tendencia podemos replicar que no se puede leer *a la vez* como ficción y como texto factual, pero sí puede leerse en la vacilación entre los dos, *sin* decidir, sin rendirse ante el imperativo de una decisión, e incluso, sin *desear* decidir. Para desarrollar la reflexión sobre estas cuestiones, los trabajos de algunos epistemólogos sobre la noción de «tensión esencial», el modo en que estudian la constitución de una me-

---

[11] Aunque Alberca trata en *El pacto ambiguo* ejemplos españoles y latinoamericanos, la constitución del corpus muestra que para los lectores y críticos españoles, la autoficcion aparece como un fenómeno esencialmente novelístico, incluso por razones de historia de la literatura, como lo muestra su análisis de *El Lazarillo de Tormes*. En América Latina, en cambio, la asociación entre autoficción y novela es menos dominante, la autoficción es percibida como un fenómeno transgenérico.

todología científica a partir de la tensión, resultan particularmente productivos (Kuhn 1977).

Otra dimensión a tener en cuenta es el vínculo entre relato y concepción del ser (Louis 2009). La crisis de una definición esencialista del hombre a que asistimos en el siglo XX, y que el arte contribuyó a provocar y, simultáneamente, trabajó, determinó las posiciones narrativas en la literatura. La concepción, dominante en la actualidad, que sostiene que todo ser humano vive su vida como un relato o como una historia, conocida bajo el nombre de «Psychological Narrativity Thesis», permite concebir el relato del yo como asociado a las ideas de consciencia y de introspección, o como espacio de surgimiento de lo inconsciente. Recientemente revisada por Galen Strawson en «Against narrativity» (2004), y por un colectivo de autores en *The Self* (Strawson 2005), el cuestionamiento de Strawson se basa en parte en ejemplos literarios (Borges, Sebald). Según Strawson, habría dos modos de experimentar el ser, uno diacrónico y otro episódico: aquellos para quienes el ser existe en el pasado y está destinado a continuar en el futuro, serían seres diacrónicos y narrativos; los episódicos, en cambio, son quienes no experimentan esta continuidad del ser. Más allá del debate que se puede establecer alrededor de esta cuestión, Strawson llama la atención sobre un uso consensual del relato en nuestra cultura, que lo concibe como un elemento indispensable de la constitución del ser, y se opone a esto. A partir de aquí podemos considerar la cuestión de la autoficción dentro de una perspectiva cognitivista, y preguntarnos si esta forma corresponde a una concepción moderna del ser, o si este «género» traduce una ruptura de la concepción del relato como asociado a la concepción del ser dominante en una época y en una cultura determinadas.

BIBLIOGRAFÍA

1. *Textos*

ALCOBA, Laura (2007): *Manèges*. Paris: Seuil/Blanche.
BORGES, Jorge Luis (1944): *Ficciones*. Buenos Aires: Sur.
CHEJFEC, Sergio (1990): *Lenta biografía*. Buenos Aires: Puntosur. [Incluye: «Los textos», prefacio por Sergio Chejfec y un postfacio «Fichero: nota retroductoria» de C. E. Feiling.]
— (2007): *Lenta biografía*. Buenos Aires: Alfaguara.
— (2008): *Mis dos mundos*. Barcelona: Candaya.
DUBROVSKY, Serge (1977): *Fils*. Paris: Galilée.

FOWLES, John (2004 [1969]): *The French Lieutenant's Woman*. London: Vintage/Classics.
GRILLPARZER, Franz (1930 [1948]): *Der arme Spielmann. Werke*, Bd. 13. Wien: Gerlach & Wiedling.
HILDESHEIMER, Wolfgang (1984): *Sir Andrew Marbot*. Paris: J.-C. Lattès.
JARKOWSKI, Aníbal (1993): *Rojo amor*. Buenos Aires: Tantalia.
KIPLING, Rudyard (1987 [1888]): *Plain Tales from the Hills*. Oxford/New York: Oxford University Press.
KOHAN, Martín (1993): *La pérdida de Laura*. Buenos Aires: Tantalia.
MANSILLA, Lucio V. (1966 [1870]): *Una excursión a los indios ranqueles*. Buenos Aires: Kapelusz.
MIRA, Rubén (1993): *Guerrilleros (una salida al mar para Bolivia)*. Buenos Aires: Tantalia.
SEBALD, Winfried Georg Maximilian (2001/2003): *Austerlitz*. Frankfurt am Main: Fischer.
SORÍN, Carlos (director): *La era del ñandú*. Ciclo «Ciencia y conciencia», Canal 7, 1987, guión de Alan Pauls.
STIFTER, Adalbert (1978 [1841]): *Der Kondor. Werke und Briefe*, Historisch-kritische Gesamtausgabe. Stuttgart: Kohlhammer.
VITAGLIANO, Miguel (1991): *Posdata para las flores*. Buenos Aires: Ediciones Último Reino.
— (1993): *El niño perro*. Buenos Aires: Tantalia.
WALSH, Rodolfo (1988 [1957]): *Operación masacre*. Buenos Aires: Ediciones de la Flor.
— (1966): «Esa mujer», en *Los oficios terrestres*. Buenos Aires: Jorge Álvarez.
WILKOMIRSKI, Binjamin (1997): *Fragments: une enfance 1939-1948*. Paris: Calmann-Lévy.
WOLFE, Thomas (1973): *The New Journalism*. New York: Harper & Row. [With an anthology edited by Tom Wolfe and E. W. Johnson.]

2. *Estudios*

«1957: BBC fools the Nation», en <http://news.bbc.co.uk> (01/04/2008).
ALBERCA, Manuel (2007): *El pacto ambiguo. De la novela autobiográfica a la autoficción*. Madrid: Biblioteca Nueva.
AMAR SÁNCHEZ, Ana María (1992): *El relato de los hechos. Rodolfo Walsh: Testimonio y escritura*. Rosario: Beatriz Viterbo.
Autoficcion.org: <www.autofiction.org>.
«L'autofiction: une réception problématique?», en *Fabula*, <http://www.fabula.org> (01.11. 2008).
BRUNNER, Jerry (1990): *Acts of Meaning*. Cambridge: Harvard University Press.
COLONNA, Vincent (1989): *L'autofiction: essai sur la fictionnalisation de soi en littérature*. Thèse de doctorat à l'EHESS sous la direction de Gérard Genette. [Publicada en Google Scholar.]

DAVIS, Lennard J. (1983): *Factual Fictions*. New York: Columbia University Press.

Dictionnaire International des Termes Littéraires, en <http://www.ditl.info>.

DUCROT, Oswald/SCHAEFFER, Jean-Marie (1995): *Nouveau dictionnaire encyclopédique des sciences du langage*. Paris: Seuil.

FOUCAULT, Michel (1994): «Qu'est-ce qu'un auteur?», en *Dits et écrits*. Tome I (1954-1969). Paris: Gallimard/NRF, pp. 789-819.

GASPARINI, Philippe (2004): *Est-il Je? Roman autobiographique et autofiction*. Paris: Seuil/Poétique.

GENETTE, Gérard (1982): *Palimpsestes*. Paris: Seuil.

— (1987): *Seuils*. Paris: Seuil.

— (1991): *Fiction et diction*. Paris: Seuil.

HAMBURGER, Käte (1986): *Logique des genres littéraires*. Paris: Seuil.

KUHN, Thomas S. (1977): *The Essential Tension. Selected Studies in Scientific Tradition and Change*. Chicago/London: The University of Chicago Press.

LEJEUNE, Philippe (1996): *Le pacte autobiographique*. Paris: Seuil/Poétique.

— (2005): *Le pacte autobiographique 2*. Paris: Seuil.

— (2007): «Le journal comme "antifiction"», en *Poétique* 149, pp. 3-14.

— (2008): *Qu'est-ce que le pacte autobiographique?*, en <http://www.autopacte.org> (1.2.2009).

LLERAS, Mauricio (2007): «L'autofiction, un problème esthétique?» (Mimeo).

LOUIS, Annick (1997): *Jorge Luis Borges. Œuvre et manœuvres*. Paris: L'Harmattan.

— (2006): «La fiction parmi nous», en Preiss, Nathalie (ed.), *Mélire: lecture et mystification*. Paris: Éditions de L'improviste, pp. 117-133.

— (2007a): *Borges face au fascisme II. Les fictions du contemporain*. Montreuil: Aux Lieux D'être.

— (2007b): «La vacuité du je», en *Poétique* 149, pp.73-84.

— (2008): «El testamento. El realismo en *El informe de Brodie*», en Dabove, Juan Pablo (ed.), *Jorge Luis Borges: políticas de la literatura*. Pittsburgh: IILI/University of Pittsburgh.

— (2009): «Le 'moi' maillon d'une chaîne de destruction. Le récit de l'extrême comme écriture de soi», en Jongy, Béatrice/Keilhauer, Annette (eds.), *Transmission/Héritage dans l'écriture contemporaine de soi*. Clermont-Ferrand: Presses Universitaires Blaise Pascal, pp. 153-164.

LUDMER, Josefina (2007): «Literaturas postautónomas 2.0», en <http://www.loescrito.net/index.php>. (01.02.2009).

PASSERON, Jean-Claude (1987): «La notion de pacte», en *Actes de la Lecture* 17, pp. 55-59.

SCHAEFFER, Jean-Marie (1989): *Qu'est-ce qu'un genre littéraire?* Paris: Seuil.

— (1999): *Pourquoi la fiction?* Paris: Seuil/Poétique.

— (2000): «De la fiction», en Bessière, Jean/Roussin, Philippe (eds.), *Partages de la littérature, Partages de la fiction*. Paris: Honoré Champion, pp. 63-88.

— (2004): «De deux facteurs institutionnels de la différenciation générique», en Heinich, Nathalie/Schaeffer, Jean-Marie (eds.), *Art, création, fiction. Entre sociologie et philosophie*. Paris: Éditions Jacqueline Chambon, pp. 37-57.

— (2009): «Le romanesque», en *Vox Poetica*, <http://www.vox-poetica.org/t/fiction.htm> (01.02.2009).

SCHECHTMAN, Marya (1997): *The Constitution of Selves*. Ithaca: Cornell University Press.

SCHMITT, Arnaud (2007): «La perspective de l'autonarration», en *Poétique* 149, pp. 15-29.

STRAWSON, Galen (2004): «Against narrativity», en *Ratio* XVII, pp. 412-450.

— (ed.) (2005): *The Self*. Oxford: Blackwell.

TODOROV, Tzvetan (1970): *Introduction à la littérature fantastique*. Paris: Seuil.

VULTUR, Ioana (2005): «La réception de la 'Recherche': une question de genre?», en *Poétique* 142, pp. 239-254.

Antecedentes socioculturales del relato autoficcional renacentista

Jaime Covarsí

1. INTRODUCCIÓN

El título que presenta esta ponencia, «Antecedentes socioculturales del relato autoficcional renacentista», exige, debido a la inicial inconcreción de su significado, una necesaria aclaración de su sentido que ayude a acotar y situar sus principales objetivos. Se hace imprescindible para ello un análisis, aunque sea somero, de las partes que lo componen, y cuya aclaración nos permita asentar las bases argumentativas que pretendemos desarrollar a lo largo de este trabajo.

En primer lugar, debemos señalar que el objetivo fundamental del trabajo no consiste en el examen de obras literarias concretas. No se trata del estudio de la autoficción en el seno de un texto particular, sino de un examen de las «condiciones del yo» que se han de aprovechar para la cristalización de este género literario que hoy nos ocupa. Así, sin querer constreñir la evolución histórico-literaria del yo, como decimos, a esquemas demasiado teóricos, podemos afirmar que hasta cierto punto el uso de la técnica autoficcional literaria es el resultado de un cierto progreso de circunstancias de índoles muy diversas, especialmente históricas e ideológicas.

Sin embargo, esta tarea debe ser sometida a ciertas restricciones que nos permitan no exceder los límites que impone un trabajo de esta naturaleza. Esta circunstancia nos ha obligado a acotar nuestro campo de acción y reducirlo a la evolución del concepto del yo, extraliterario y literario, en el período que transcurre desde el siglo XIII al XVI. Renunciamos, por tanto, a analizar motivos de naturaleza religiosa y política, a pesar de que somos conscientes de la importancia que poseen como causa explicativa en la formación de la personalidad individual renacentista y que, a buen seguro, inevitablemente poblarán la mente de nuestro público en el curso de esta lectura. No en vano, apuntamos, ahora que todavía no hemos entrado en materia, la importancia que tuvo para el desarrollo de la conciencia religiosa la reforma luterana o la difusión del pensamiento erasmista, así como para la conciencia cívica el advenimiento del Estado moderno.

En segundo lugar, me gustaría anticipar algunas características pertenecientes al relato autoficcional; intento, no obstante, ausente de cualquier ambición conceptualizadora, pues entendemos que no es ésta la función de este trabajo. Tan sólo pretendemos destacar algunas pautas iniciales que nos facilitarán la comprensión, creemos, de los contenidos de la ponencia. La pregunta, entonces, que yo quiero hacerme, se encamina hacia los motivos o razones que impulsan al autor, en nuestro caso renacentista, a adoptar la perspectiva autoficcional.

En mi opinión pueden adelantarse algunas ideas previas que arropen nuestra argumentación. Es indudable que tal artificio literario obliga inevitablemente, e independientemente de la veracidad de sus palabras también, al autor a realizar un ejercicio de introspección, ya sea examen de ideas propias o de autoconciencia. El relato autoficcional obliga al autor a encontrarse con su yo íntimo, pero, al mismo tiempo, no lo olvidemos, se asienta sobre una irrealidad literaria: la seguridad de que esa vida no ha sido ni será vivida por el autor. Podemos afirmar, en este sentido, que no hay un género pseudorrealista, llamémosle así, que no traicione más los principios del propio realismo. Me gustaría citar, en este punto, las palabras del propio profesor Alberca: «Es evidente que la autoficción se encuentra ligada a la quiebra del poder representativo de las poéticas realistas, teorizada por la crítica literaria estructuralista, pues aunque tiene una apariencia realista convencional, en el fondo cuestiona y subvierte de manera sutil, pero efectiva, los principios miméticos» (2007: 50).

Así, el relato autoficcional ofrece al autor la posibilidad de fabular su propia vida, es decir, de vivir ficticiamente otra vida, una vida nueva. Pero en cualquier caso, creo reconocer en el relato autoficcional una literatura de descubrimiento, no sólo de introspección, sino de contrastación del interior del individuo con el medio exterior. Por eso resulta tan necesario a este planteamiento literario la construcción de un marco referencial bien definido. En última instancia, se trata de un ensayo vital.

Por otro lado, y si se me permite el símil físico, el relato autoficcional permite al autor adentrarse en un universo paralelo. Aplica su lupa y su atención al mundo de las potencialidades. Siendo un análisis preconcebido formalmente como realista, en el sentido histórico, se reafirma como universo ficticio. Desvía nuestra vista hacia «lo que podría ser», definición clásica de la Poesía, frente al discurso de «lo que es», atribuible al ámbito de la Historia, y que tan bien queda representado en la figura del personaje Quijano/Quijote, por ejemplo.

Dicho esto, sólo me queda, antes de adentrarnos en el cuerpo del trabajo, advertir del plan o guión del mismo. Me gustaría adelantar eso que he denominado «condiciones del yo» renacentista para situarnos en la perspectiva del propio siglo XVI y, una vez despejada la visión sincrónica, realizar el correspondiente viaje a lo largo de la baja Edad Media en busca de esas causas y antecedentes que pueden explicar la existencia del relato autoficcional en el Renacimiento.

2. El relato autoficcional renacentista

La personalidad del individuo renacentista se constituye en el uso particular que de la razón hace el hombre del siglo XVI. Este uso al que nos referimos se asienta en la convicción de que todo debe ser demostrado por medio de la experiencia. La comprobación empírica, factual, del mundo circundante es posible con las herramientas naturales que posee el ser humano, esto es, la razón, como entidad ordenadora del conocimiento, y los sentidos, que son afirmados como garantes de la observación. De este planteamiento se derivan dos ideas fundamentales: la primera, el nuevo método cognitivo, es decir, el método de la ciencia moderna; la segunda, la afirmación del protagonismo del hombre en el tiempo que le ha tocado vivir, en el período histórico al que pertenece y del que es actor en primera persona.

En cuanto a la primera cuestión, debemos señalar que la razón se convierte en el ámbito en el que se va a desarrollar todo el proceso de conocimiento, que comienza por la duda sistemática o instancia crítica. La duda lleva inscrito consigo el rechazo de cualquier forma de prejuicio, incluido el tópico de la autoridad. El saber del hombre del siglo XVI lucha frente a toda condición de saber establecido. Sólo es aceptado aquel saber, nos recuerda Montaigne en sus *Essais* (1580 y 1588), que naciendo del yo individual se interrogue por las evidencias frente a los saberes institucionalizados o revelados. Tal es el espíritu que anima a los nuevos intelectuales y científicos de la naturaleza cuyo paradigma pudiera ser el propio Galileo (1564-1642), que define la observación y la experimentación como las instancias legitimadoras de la realidad y, por tanto, de la investigación científica en textos como la famosa *Carta a Cristina de Lorena* o los *Apuntes previos al proceso de 1616*, textos en los que trata de refutar a las autoridades escolásticas florentinas y reafirmar sus descubrimientos astronómicos, como todos sabemos[1].

---

[1] En la carta al padre Benedetto Castelli, discípulo del propio Galileo, fechada el 21 de diciembre de 1613, Galileo refuta a aquellos que anteponen las cuestiones de fe al conocimiento que provee la

En España, podemos citar autores como Antonio Gómez Pereira y su *Antoniana Margarita* (1554, Medina del Campo), en cuyo prólogo defiende la autoridad de la razón como camino propio de la especulación científica, previa participación de la duda acerca de las «muchas opiniones que médicos y filósofos tenían por indubitables y seguras» (citado en Abellán 1998: 134), o, en la misma línea, el *Quod nihil scitur* (nada sabemos) de Francisco Sánchez, el Escéptico y cuya publicación data de 1581 (aunque fuera redactado quince años antes), obra en la que nos dibuja el camino o método adecuado para el encuentro con la verdad: «Entonces me encerré dentro de mí mismo y comencé a poner en duda todas las cosas como si nadie me hubiese enseñado nada, y empecé a examinarlas en sí mismas, que es la única manera de saber algo» (citado en Abellán 1998: 140). Destaca, como podemos comprobar, el ejercicio de introspección como base o fundamento de la investigación científica[2]. No en vano, la mayor aportación que realiza al terreno de la ciencia es el concepto de «conocimiento perfecto de la cosa» (*scientia est rei perfecta cognitio*), que debe ser fundamentada en la labor de los sentidos.

Respecto a la segunda cuestión, debemos al neoplatonismo florentino la reivindicación de la dignidad del hombre. Numerosos son los tratados que circu-

---

razón, que da lugar a la nueva ciencia, que necesita de la radical separación de los preceptos religiosos para poder desarrollar todo su potencial: «Y por esto, fuera de los artículos concernientes a la salvación y a los fundamentos de la Fe, contra cuya firmeza no existe el menor peligro que pueda surgir jamás una doctrina válida y eficaz, sería tal vez un óptimo consejo el que no se añadiesen otros sin necesidad; y si así es, ¿no crearía un gran desconcierto el añadirlos a petición de personas, que, además de que nosotros ignoramos si hablan inspiradas por la virtud celestial, claramente vemos que están totalmente faltas de aquella inteligencia que sería necesaria no ya para refutar, sino incluso para comprender, las demostraciones con las cuales las sutilísimas ciencias proceden para fundamentar algunas de sus conclusiones?» (1994: 42).

[2] La duda, articulada por el raciocinio, será elevada a principio generador del conocimiento, pues se definirá la actitud adoptada por la nueva ciencia en su búsqueda de la verdad. Como tal, será desarrollada por la Modernidad posterior y, en especial, por la filosofía cartesiana, que hará de ella el método científico, como declare el propio Descartes al comienzo de la primera meditación metafísica, intitulada «De las cosas que pueden ponerse en duda»: «No es hoy la primera vez que observo que, desde mis primeros años, he admitido gran cantidad de falsas opiniones por verdaderas, y que lo que después he fundado sobre principios tan mal seguros que no puede ser sino muy dudoso e incierto; y desde el momento en que hice esta observación, juzgué que debía emprender seriamente, una vez en mi vida, la tarea de deshacerme de todas las opiniones que antes había recibido en mi educación, y comenzar nuevamente desde los fundamentos, si quería establecer algo firme y constante en las ciencias» (2005: 81).

lan en los ambientes intelectuales, pero destacan especialmente el *Discurso sobre la dignidad del hombre* (1486), de Pico della Mirandola, y el de Gianozzo Manetti, *De dignitate et excellentia hominis* (1452). En ellos destaca, como eje fundamental sobre el que se apoya la noción de dignidad, la capacidad de raciocinio, que define al hombre en su esencia, distinguiéndolo del resto de la creación y acercándolo al origen divino. Pero no podemos olvidar que, y debido a la natural indefinición del ser humano, el hombre se dignifica por medio de su libertad. Junto con la razón, Dios ha provisto al hombre del libre albedrío, es decir, de la capacidad de elegir, lo que, en última instancia, permite al hombre participar del plan histórico en el que se ve inmerso, le permite reconocer su propia historicidad y la posibilidad que tiene de moldearla. Fernán Pérez de Oliva (1494?-1531), en boca de Antonio, su álter ego, nos lo explica de la siguiente manera en su *Diálogo sobre la dignidad del hombre*:

> Y si nuestra natural necesidad no nos ayuntara en los pueblos, tú vieras cuáles anduvieran los hombres: solitarios, sin cuidado, sin doctrina [...]; y la parte divina, que es el entendimiento, fuera como perdida, no teniendo en qué ocuparse [...]. Así que lo que nos paresce falta de naturaleza, no es sino guía que nos lleva a hallar nuestra perfección (Pérez de Oliva 1995: 129).

La natural inconcreción del ser humano, ésa que nos posibilita ordenarnos hacia nuestra perfección, es la que pone de manifiesto la historicidad propia del individuo concreto, sujeto a una elección personal y vital, y cuya vivencia particular atrae de manera especial el ojo del historiador renacentista, convencido de que es posible conquistar nuestro propio destino por medio de la vida activa, hacia la singularidad natural del ser humano y llega a comprender la originalidad histórica del individuo frente al pasado que se reafirma en el detalle concreto y singular y dirigiendo la mirada hacia lo próximo e inmediato, como nos muestran anticipadamente textos como el *De viris* de Petrarca (1304-1374) o, ya en el siglo xv, la composición de los *Tres libros sobre la vida* de Marsilio Ficino (1433-1499), las *Generaciones y semblanzas* (1450-1455) de Fernán Pérez de Guzmán o los *Claros varones de Castilla* de Fernando del Pulgar (1486), textos donde se pretende rendir homenaje a caballeros meritorios en armas o ciencia: «dignos de memoria para loable enxemplo de nuestro bevir», nos dirá Fernando del Pulgar (2007: 72).

Desde esta perspectiva es desde la que se inaugura la nueva legitimidad de la escritura, no sólo histórica, sino también literaria, y que hará hincapié en la condición de testimonialidad de la que surge la narración de los hechos reales o ficticios, pero que, en todo caso, garantizan la veracidad de lo narrado por razón de la experiencia personal. Así lo podemos comprobar en la narración histórica que nos hace el Inca Garcilaso (1539-1616) en *La Florida del Inca* (1599), por ejemplo, donde en el «Proemio al lector» justifica la veracidad de su relato apoyándose en testigos de primera mano y los hechos presenciados por el mismo autor, como nos confiesa: «El mayor cuidado que se tuvo fue escribir las cosas que en ella se cuentan como son y pasaron, porque, siendo mi principal intención que aquella tierra se gane para lo que se ha dicho, procuré desentrañar al que me daba la relación de todo lo que vio, el cual era hombre noble hijodalgo y, como tal, se preciaba tratar verdad en toda cosa. Y el Consejo Real de las Indias, por hombre fidedigno, le llamaba muchas veces (como yo lo vi), para certificarse de él así de las cosas que en esta jornada pasaron como de otras en que él se había hallado» (1986: 64).

Pero debemos añadir que encontramos el mismo recurso a la testimonialidad del yo en los relatos de ficción: «Yo por bien tengo que cosas tan señaladas, y por ventura nunca oídas ni vistas», nos dirá el autor del *Lazarillo* (1554) no sin cierta ironía, pero recalcando la singularidad del caso que nos va a presentar, o el doliente relato de las intimidades amorosas del *Siervo Libre de Amor* (1439), de Juan Rodríguez del Padrón en el que se declara: «E yo, temeroso amador, caresçiendo de los bienes que me induzían amar, más y más pavor oviese o vergüença de lo dezir» (1986: 67) o la extraña aventura sentimental de la *Cárcel de Amor* (1492), de Diego de San Pedro, en la que se encuentra, pasando los valles de Sierra Morena, un inusual personaje: «vi salir a mi encuentro, por entre unos robledales do mi camino se hazía, un cavallero assí feroz de presencia como espantoso de vista, cubierto todo de cabello a manera de salvaje» (1993: 81).

Lo íntimo y privado se hace público, y semejante confesión dota a la narración de la veracidad que anima la lectura del XVI: ofrece el análisis introspectivo que nos conduce al descubrimiento de la naturaleza psicológica y social del hombre y, para ello, se disfraza de relato ficticio que juega a fingirse real. Como los informantes del Inca Garcilaso, el relato autoficcional procura una íntima conversación con el lector en la que el autor juega a narrar la historia desde otro yo, desde un yo fingido que ha suplantado su identidad nominal, quizá también su propia personalidad.

Mas, ¿por qué este acendrado interés por lo particular, que une así los intereses de los escritores y lectores renacentistas? No podemos obviar, al respecto, la influencia de la lectura silenciosa, que promueve el íntimo intercambio de ideas e influencias, pero, más allá de esta cuestión, la duda crítica y sistemática que inunda el ámbito de los saberes y conduce a la comprobación experimental, viene avalada por el reconocimiento de la universalidad de la razón, de la razón que comunica al género humano y que se transmuta en las razones, si me permiten el juego de palabras, del yo concreto y singular, cuya capacidad reflexiva individual cuestionará todas las realidades entre las que destaca el «yo», a cuya tarea va a empeñarse también la propia literatura de ficción.

3. Antecedentes socioculturales medievales

El «yo» bajomedieval comienza a tomar conciencia de su singularidad histórica y emprende la exploración del desconocido que aún es. Tras la crisis del feudalismo y sus formulaciones estáticas, el hombre medieval deja de comportarse respondiendo a moldes estereotipados por el nacimiento y cuestiona su individualidad como trasunto o representación de la capacidad para ser un sujeto particular. Reconoce la potencialidad, de este modo, de cierta subjetividad común a los hombres. Es entonces cuando se desarrolla un incipiente espíritu científico cuyas bases aparecen claramente definidas tempranamente con Pedro Abelardo, que formaliza el método en su tratado *Sic et non*. Para Pedro Abelardo la verdad es una respuesta que ha de buscarse lógicamente por medio de la razón humana. Tal es el objeto de la investigación científica que se inicia con la duda. No obstante, Pedro Abelardo (1079-1142) admitirá las limitaciones que esta búsqueda racional tiene y adherirá la verdad revelada para aquellos casos en que la anterior no sea suficiente para resolver la *quaestio*. Más tarde, Rogerio Bacon (1214 a.- post. 1292), ya en el siglo XIII, llamado por sus contemporáneos el *doctor mirabilis*, en su *Opus maius*, rechazará el criterio de autoridad, pues no nos da a conocer nada, y le opondrá el valor de la demostración racional y la experiencia, aunque distingue la experiencia externa, de los objetos naturales de la experiencia interna, en tanto que iluminismo agustiniano.

Todas estas formulaciones van preparando el camino hacia el escepticismo radical de Guillermo de Ockham (1290 a.-1348 a.) en el siglo XIV. Ockham hace uso de la distinción de Duns Escoto (1266-1308) entre conocimiento intuitivo y el conocimiento abstractivo, como fundamento de su teoría metafísica de la sustancia, para su formulación de la doctrina de la experiencia. Desde este punto de partida, formula Guillermo de Ockham su concepto de ciencia como la disciplina de lo necesario, cuya intuición describe los límites del conocimiento sensible, que no son otros que la investigación experimental. En realidad, estos ejemplos, de los que no pretendemos dar una explicación exhaustiva de sus correspondientes sistemas filosóficos, podrían ser muy numerosos. Tan sólo deseamos con su breve mención destacar que a partir del siglo XIV principalmente, y con la definitiva escisión entre la fe y la razón como modelos explicativos del mundo, se inaugura una suerte de nuevo espíritu científico que se ancla en los datos de la experiencia que, como tal, ha de remitirse a los casos particulares, y que recoge con precaución las afirmaciones de la tradición, sobre la que se había asentado firmemente con anterioridad, sobre todo, la tradición aristotélica.

Movimiento similar puede reconocerse en la historiografía medieval. Antes del siglo XIII, la Historia era definitivamente universal y su ordenación se hallaba abandonada por completo a la teología divina, que justificaba y condicionaba cualquier plan cronológico. A partir del siglo XIII, vemos evolucionar el concepto de Historia y la labor de los historiadores. Pueden aducirse como ejemplos la misma *Estoria de España* (1285) o la *Estoria General*, comenzada en 1272, ambas pertenecientes al *scriptorium* alfonsí, y donde podemos comprobar un interés particular por la exactitud de las fechas y los hechos históricos, lo que conduce al texto a ordenarse correctamente atendiendo a la cronología. Posteriormente, ya en el siglo XV vemos desarrollarse la literatura de semblanzas, como el caso de *Los claros varones de Castilla* de Fernando del Pulgar o *El Victorial* de Gutierre Díez de Games, en los que se seleccionan rasgos particulares y ejemplarizantes de personajes destacados de la época; y las memorias, que suponen un esfuerzo de definición del individuo, entre los que destaca la vivencia del tiempo, sobre todo, de aquel que se ha perdido.

De modo que podemos reconocer en la Edad Media un movimiento intelectual anticipador del Renacimiento en lo que respecta a la contemplación del «yo» y que está arraigado en el culto a la experiencia y al ejercicio de introspección. Pero, ¿qué ocurre en literatura y, muy especialmente, en cuanto a la cuestión que nos atañe: el relato autoficcional? Existen varias figuras y moldes literarios que bien pueden responder a la actualización medieval de esta fórmula. Veamos algunas.

La figura del «yo, maestro en amores» es la fórmula básica que nos presenta el Arcipreste de Hita en su *Libro de Buen Amor*:

> Onde yo, de mi poquilla çiençia de mucha e gran rudeza, ent[end]iendo quántos bienes faze perder al alma e al cuerpo e los males muchos que les apareja e trae el amor loco del pecado del mundo [...] fiz esta escriptura en memoria de bien e conpuse este nuevo libro en que son escriptas algunas maneras e maestrías e sotilezas engañosas del loco amor del mundo (1992: 9).

Nos propone, entonces, el Arcipreste su conocimiento del arte amatoria, sea cual sea el uso que nosotros queramos darle, pues si declara que su intención es ayudarnos a evitar el pecado a que conduce el amor loco, también admite que apliquemos sus enseñanzas para otros propósitos: «Enpero, porque es umanal cosa el pecar, si algunos, lo que non los consejo, quisieren usar del loco amor, aquí fallarán algunas maneras para ello», de modo que, sea uno u otro el uso, abandonado al arbitrio de los lectores, «en la carrera que andudiere puede cada uno bien dezir: *Intellectum tibi dabo e cetera*» (1992: 10). La fórmula se remonta al *Arte de amar* de Ovidio, en el que el autor declara: «Si entre el público alguno no conoce / el arte de amar, lea este poema / y tras leer el poema ame instruido» (1997: 367), y unos versos más adelante añade: «A mí me ha puesto Venus como maestro / del tierno Amor» (1997: 367).

La figura del maestro heredada en la Edad Media está unida indeleblemente al concepto de autoridad y de memoria ejemplarizante. Ambos conceptos designan una misma realidad, pues la memoria es la que pertenece a esa adecuada selección de las «opiniones auténticas» que han vertido en la tradición los maestros predecesores. Su saber es universal en tanto que aceptado históricamente por la comunidad, se trata, así, de una erudición acumulativa y lógica.

La segunda figura a la que queremos referirnos es la del poeta que finge estar enamorado. Sabemos que la poesía amorosa medieval que se canta en las cortes por los trovadores es más un ejercicio retórico que una declaración sincera de amor verdadero. Sin embargo, esto no es obstáculo para que el análisis de la pasión amorosa no desemboque en un encuentro íntimo del poeta con su alma. Se trata de una dramatización concreta del yo en la que se pone de manifiesto una subjetividad que no corresponde con la del autor del poema, sino que se manifiesta por convención. Michel Zink en su libro *La subjectivité littéraire* nos explica que en la poesía de trovadores del siglo XIII conviven la abstracción generalizadora con la recitación y confidencia anecdótica. Tal circunstancia se debe a la inclusión de las *razós e vidas*[3] de los poetas, que proporcionan un enraizamiento

---

[3] Los textos que componen las *Vidas* tratan de darnos noticias biográficas de los trovadores, mientras que las *razós* nos ofrecen explicaciones concretas de sus poesías. Normalmente se encuentran encabezando las composiciones de cada poeta inserto en los cancioneros, o a veces se transcriben agrupados aparte. En cualquier caso, debemos resaltar la importancia que para el historiador de la literatura tienen estos breves textos que, hemos de advertir, no todos se ciñen a la verdad, aunque sí la mayoría, y permiten conocer mejor la personalidad de los diferentes poetas. En cuanto a la cronología de su composición, Martín de Riquer, siguiendo los trabajos de Stanislaw Stronski, afirma que son prácticamente contemporáneos a la vida de los trovadores, por lo que pueden considerarse fuente histórica fidedigna:

biográfico al lector en la forma de una tímida y anecdótica confesión, lo que le da un cierto aspecto de «novela del yo», según el profesor Zink. Gracias a estas noticias biográficas que encabezaban la colección de poemas de cada trovador en los cancioneros, sabemos que Peire Vidal (1183-1204) era hijo de peletero y que le fue arrancada la lengua porque daba a entender que era amante de la esposa de un caballero de Sant Gil; o que Gaucelm Faidit (1172-1203) cantaba peor que nadie en el mundo, que había perdido su hacienda en el juego, y que por culpa de su afición a la bebida era demasiado gordo; o el dolor de Bernart de Ventadorn (1147-1170), que ingresó en la orden de Dalon, donde murió, debido a la imposibilidad de seguir amando a la duquesa de Normandía; o la famosa historia de amor entre Jaufré Rudel (1125-1148) y la condesa de Trípoli, de quien se enamoró de oídas y viajó por mar para verla, muriendo en sus brazos al llegar. Noticias biográficas, como vemos, que habrán de mezclarse, en el curso de la lectura de los cancioneros, con las razones ficticias de ese «yo» lírico y universal que es consciente de la naturaleza y objeto de la literatura, como nos recuerda Arnaut Daniel (1180-1195): «Entre los necios finjo a menudo jugar, y el día me parece un funeral; y me pesa que Dios no me conceda que pueda abreviar el tiempo con arte, pues larga espera hace languidecer al leal amante. Luna y sol, hacéis demasiado largo vuestro curso: me pesa que más a menudo no os falle el resplandor» (1994: 131)[4].

Finalmente, y en tercer lugar, me gustaría mencionar la expresión literaria de estados particulares del yo medieval que podríamos denominar como de «ensimismamiento» o eventual repliegue sobre sí mismo. Estos casos pueden abarcar situaciones en las que se produce una suspensión del tiempo por medio del retrato de una lectura, como ocurre en numerosas novelas cortesanas como el *Roman de Flamenca*, donde vemos a la protagonista en su alcoba leyendo con sus doncellas el *Roman de Florio y Blancaflor*, o la desconexión con la realidad externa que sufren los amadores por culpa de su dolencia, como le ocurre al amante de Flamenca, Guillem de Nevers en el transcurso de la novela; o el caso especial

---

«Los datos generales sobre la vida real de los trovadores, sus nombres, familia, condición, profesión, participación en los acontecimientos de su tiempo y otras informaciones semejantes han podido ser recogidos seriamente y con sumo cuidado por los biógrafos, que escribían unos decenios más tarde y conocían los lugares donde vivieron los trovadores» (1992: 29).

[4] El texto es la traducción de la sexta estrofa del poema que lleva por título «Er vei vermeills, vertz, blaus, blancs, gruocs»: «Entr'autres fatz soven feinz juocs, / e·l jorns sembla·m us anoaus, / e pesa·m, car Dieus no·m cossint / com pogues temps breujar ab art, / que loncs respiegs fai languir fin aman: / lun'e soleills, trop faitz lonc vostre cors! / Pesa·m car plus sovens no·us faill resplandres».

de los sueños o estados de trance, entre los que podemos destacar la *Disputa del alma y el cuerpo* (fragmento de Oña, 1150): «Un sábado esient, / domingo amanezient, / en mio leio dormient / ui una uisión grant;» (citado en Franchini 2001: 217) que inaugura una serie de textos similares, la *Disputa del cuerpo y del ánima* (h. 1382), la *Revelación de un ermitaño* (h.1400), el *Tractado del cuerpo de la ánima* (1489), de Antonio López de Meta, cuyo comienzo reza: «Dormiendo en vn lecho velando cansado, / cubiertos mis ojos de la cubertura / uínome visión muy cedo priuado, / terrible spantable de fea figura. / Una alma triste de fuerte ventura / que era entonce del cuerpo salida / con voz espantosa gritando apellida» (citado en Franchini 2001: 259), textos que conservan una temática común junto con la ficción onírica y reveladora del autor.

4. Conclusión

Como bien sabemos el término «autoficción» designa un relato cuyo narrador ficticio, que coincide nominalmente con el autor, nos presenta un texto presumiblemente autobiográfico. Supondría una discusión aparte de los objetivos de este trabajo pretender demostrar que textos como el *Libro de buen amor*, del Arcipreste de Hita, o el propio *Lazarillo de Tormes* son formas literarias que encajan en este molde narrativo. La única condición que nos habíamos impuesto era únicamente la de recoger algunos datos literarios que pudieran apuntar hacia la posibilidad de que la interpretación de ciertos relatos renacentistas pudiera ser positiva a este respecto, por lo que nuestro objetivo era perseguir los motivos o razones que auguraban una emergencia del interés del siglo XVI por lo que hemos venido en llamar las «condiciones del yo». Para ello, hemos propuesto una línea de continuidad entre el mismo Renacimiento y algunas muestras del bajomedioevo, que se erigían como antecedentes. Planteadas así las cosas, y a modo de conclusión, creemos que es necesario destacar o tratar de responder a dos cuestiones importantes: por un lado, distinguir en ese uso del «yo» literario medieval y renacentista las diferencias que los separan y nos permiten otorgarles la personalidad histórica particular de cada empleo literario; por otro lado, intentar encajar el uso del «yo» literario renacentista en el marco conceptual y contextual del período.

Ambas cuestiones pueden responderse si nos preguntáramos por el sentido o utilidad del empleo del recurso de la autoficción. ¿Por qué recurrimos a este artificio literario? No cabe duda de que su empleo supone un ejercicio de introspección por parte del autor, pues es innegable su naturaleza psicológica. Sin embargo, al mismo tiempo, se trata de un recurso con una proyección exterior, pues la invención o ficción del narrador del texto, que no coincide con el autor, como hemos repetido ya, supone adoptar una nueva perspectiva, obliga a analizar la realidad con ojos nuevos. El *Lazarillo de Tormes* es un buen ejemplo de lo que pretendo explicar: en primer lugar, es una novela psicológica, pues no sólo narra la historia de los infortunios del protagonista en ese viaje social, sino que también nos presenta las emociones y juicios del propio protagonista en contraste con los avatares que le suceden. Parece haber jugado el autor, sea quien sea, a poner a prueba un determinado carácter en un determinado medio social.

Por lo tanto, podemos afirmar que la literatura de autoficción, más allá de un juego galante, es una literatura eminentemente de descubrimiento. ¿Podríamos decir otro tanto de los textos medievales (por ejemplo, aquellos que hemos presentado como antecedentes del «yo» literario renacentista)? Si nos centramos en el *Libro de buen amor*, que parece ser el que más se aproximaría al esquema de la autoficción[5], no podemos sino admitir que, aparte de ciertas inclusiones propias del genio del autor, se trata de un texto cuya universalidad reside en la repetición de esquemas autorizados por la tradición, es decir, su pretensión es modélica. La individualidad de los personajes que aparecen es sólo aparente, pues son trasuntos de modelos anteriores. Muestra de esta circunstancia es la ausencia de un marco referencial claro.

La universalidad del *Lazarillo*, sin embargo, descansa en otra premisa. Una vez que el Renacimiento se hace consciente de la personalidad histórica de cada individuo, comprende que existe, al mismo tiempo, un punto de conexión entre todos los hombres: la razón, cuya conquista augura la emergencia de la ciencia nueva y del nuevo modelo histórico. Ella se convierte en esa instancia universal, común, que garantiza la comunicación racional y emocional entre los hombres, en definitiva, la comprensión de nuestras singulares experiencias. Esto es lo que otorga a la literatura la posibilidad de narrar y comprender la naturaleza psicológica y social del hombre del XVI. El camino se recorre desde la experiencia concreta e individual, como pudiera ser la de Lázaro de Tormes, y revierte en la aportación de ciertas lecciones de carácter universal. La enseñanza que procura la literatura puede hallarse en la propia vivencia del hombre, en su vida cotidiana, y no necesariamente ser transmitida bajo el beneplácito de la *auctoritas* y la tradición. La experiencia se impone como medio de contrastación de los

---

[5] Véase, asimismo, el estudio de Schlickers en este volumen.

saberes. Es, así, en este contexto nuevo en el que se desarrolla ese interés moderno por las «condiciones del yo».

Queda, sin embargo, por resolver una última cuestión que afecta a la literatura en general, pero especialmente al género de la autoficción, y cuyo planteamiento aparece acendrado en el siglo XVI a cuento de los humanistas. Hasta aquí, y por lo dicho, parecería esta literatura, basada en la experiencia de lo cotidiano, un ejercicio racional propio del programa humanista, si no fuera porque la literatura es un género de la ficción o, en opinión de los humanistas del Renacimiento, mentira espiritual[6]. No digamos cómo podría ser calificado un texto literario cuyo narrador también es ficticio. Se entiende, por tanto, la afirmación ya anotada del profesor Alberca al decir que la «autoficción se encuentra ligada a la quiebra del poder representativo de las poéticas realistas», y que continúa: "teorizada por la crítica literaria estructuralista" (2007: 50), a lo que nosotros debemos añadir que esa quiebra de la poética realista se produce ya en el propio siglo XVI, pues existe la reivindicación de la ficción no sólo como ejercicio de entretenimiento, sino también su validación como legítimo acceso al conocimiento de la realidad, pues la ficción, en realidad, no se opone a la verdad, sino a la «realidad efectiva», como afirma el profesor Villalobos[7].

Dicho planteamiento, digamos ya para terminar, puede servir de demostración de que ciertos modelos teóricos contemporáneos, como el que atañe a este trabajo, a saber, la autoficción, pueda aplicarse a diferentes épocas históricas que permitan dibujar con mayor precisión las razones y originalidad de recursos que pueden renovar el curso de la literatura actual.

---

[6] En el *Diálogo de la lengua*, Juan de Valdés, criticando a los géneros de la ficción y singularizados en el *Amadís de Gaula*; nos dice: «Quanto a las cosas, siendo esto assí que los que escriven mentiras las deven escribir de suerte que se lleguen quanto fuere possible a la verdad, de tal manera que puedan vender sus mentiras por verdades» (1982: 251); o el propio Juan Luis Vives, que en su *De disciplinis* acusa a la ficción de producir una doble calamidad: «porque perdieron la ocasión de tantos provechos si con aquella blandura de números y aquella elegancia de la oración se hubieran propuesto recomendar lo más conveniente a la formación moral del auditorio, y también porque inficionaron con su malicia los ánimos tiernos, flexibles a cualquier dirección» (1999: 433).

[7] En *De la belleza de la filosofía*, nos dice: «Verdad se opone a falsedad o mentira, y ficción se opone a realidad. La ficción sólo se opone a la realidad efectiva y la ficción tiene su verdad. La ficción es verdadera, pero no es real-efectiva o cósica, sino real-espiritual. Así Antígona, Don Quijote o Fausto son, desde luego, verdaderos y tienen existencia espiritual: representan, desde un personaje concreto, toda la condición humana» (2005: 70).

BIBLIOGRAFÍA

1. *Textos*

Anónimo (1994): *Lazarillo de Tormes*, ed. F. Rico. Madrid: Cátedra.
DANIEL, Arnaut (1994): *Poesías*, ed. M. de Riquer. Barcelona: Sirmio.
DESCARTES, René (2005): *Meditaciones metafísicas*, introducción y nota a la edición de Jesús M. Díaz Álvarez. Madrid: Alianza.
GALILEI, Galileo (1994): *Carta a Cristina de Lorena*, ed. Moisés González García. Madrid: Alianza.
INCA GARCILASO DE LA VEGA (1986): *La Florida del Inca*, ed. S. L. Hilton. Madrid: Historia 16.
MONTAIGNE, Michel de (2007 [1580/1588]): *Les essais*. Paris: Gallimard.
OVIDIO (1997): *Amores. Arte de Amar*, ed. J. A. González Iglesias. Madrid: Cátedra.
PÉREZ DE OLIVA, F. (1995): *Diálogo sobre la dignidad del hombre*, ed. M. L. Cerrón Puga. Madrid: Cátedra.
PULGAR, F. del (2007): *Claros varones de Castilla*, ed. M. A. Pérez Priego. Madrid: Cátedra.
RODRÍGUEZ DEL PADRÓN, Juan (1986): *Siervo Libre de Amor*, ed. A. Prieto. Madrid: Castalia.
RUIZ, Juan, Arcipreste de Hita (1992): *Libro de buen amor*, ed. A. Blecua. Madrid: Cátedra.
SAN PEDRO, Diego de (1993): *Cárcel de amor*, en *Obras completas*, vol. II, ed. K. Whinnom. Madrid: Castalia.
VALDÉS, Juan de (1982): *Diálogo de la lengua*, ed. C. Barbolani. Madrid: Cátedra.
VIVES, Juan Luis (1999): *Las disciplinas*, trad. L. Riber. Barcelona: Folio.

2. *Estudios*

ABELLÁN, José Luis (1998): *Historia del pensamiento español. De Séneca a nuestros días*. Madrid: Espasa.
ALBERCA, Manuel (2007): *El pacto ambiguo. De la novela autobiográfica a la autoficción*. Madrid: Biblioteca Nueva.
ALVAR, Manuel (2003): *Voces y silencios de la literatura medieval*. Sevilla: Fundación José Manuel Lara.
FRANCHINI, Enzo (2001): *Los debates literarios en la Edad Media*. Madrid: Laberinto.
GILSON, Étienne (1989): *La filosofía en la Edad Media. Desde los orígenes patrísticos hasta el fin del siglo XIV*. Madrid: Gredos.
RIQUER, Martín de (1992): *Los trovadores. Historia literaria y textos*. Barcelona: Ariel.
VILLALOBOS, José (2005): *De la belleza de la filosofía. De pulchritudine philosophiae*. Sevilla: CIV.
ZINK, Michel (1985): *La subjectivité littéraire*. Paris: Presses Universitaires de France/Écriture.

De qué hablamos cuando hablamos de autor: la autoficción de César Aira en *Cómo me hice monja*

Patricio Pron

Quien escriba un día una enciclopedia de la literatura posible, de la literatura que pudo haber sido y que no fue, deberá por fuerza incluir a César Aira. Acerca del escritor argentino dirá tal vez que nació en Coronel Pringles en 1949, que fue narrador, ensayista y traductor y mencionará una cincuentena de títulos, comenzando por *Moreira* (1975) y pasando por *Ema la cautiva* (1981), *El bautismo* (1991), *Los misterios de Rosario* (1994) y *El pequeño monje budista* (2006), entre otros. Siendo esta enciclopedia a la que me refiero una obra de una literatura que pudo haber sido y que no fue, sus lectores comprenderán el carácter ficticio de la entrada y el sentido lúdico de la enciclopedia que la contendrá, puesto que, como los lectores y el propio autor de esa enciclopedia hipotética sabrán muy bien, todos esos libros no habrán sido escritos nunca. César Aira, como todo el mundo sabrá, habrá muerto a los seis años de edad, en 1955, asesinado por una loca y completamente ágrafo, como se lee en *Cómo me hice monja* (1993).

Escrita con una seriedad que desmiente las intenciones humorísticas que se le atribuyen habitualmente a su autor, *Cómo me hice monja* es un interesante artefacto narrativo de muy difícil adscripción genérica. El relato se propone como una autobiografía al uso: «Mi historia, la historia de 'cómo me hice monja', comenzó muy temprano en mi vida; yo acababa de cumplir seis años» (11), afirma el narrador o la narradora. A este aspecto formal del relato se le suman unas informaciones de fácil comprobación en el mundo extratextual que contribuyen a proponer al lector un pacto autobiográfico de acuerdo al cual éste admita la identidad entre autor, narrador y personaje: «Mis primeros seis años los habíamos pasado, papá, mamá y yo, en un pueblo de la provincia de Buenos Aires [...]: Coronel Pringles» (11). Esta supuesta identidad se manifiesta incluso en la elección del nombre del narrador autodiegético y personaje principal del relato, que, pese a que jamás se nombra a sí mismo, es llamado por los demás «don César» (35) o «[e]l niño Aira» (52).

Esta supuesta identidad a la que hago referencia, y que existe plenamente desde el punto de vista formal, es rápidamente subvertida, sin embargo, por las incongruencias de la peripecia narrada[1] y, en particular, por una de índole genérica, con lo que me refiero específicamente al género sexual: si bien los personajes se dirigen al narrador como si éste fuera de sexo masculino, él se refiere a sí mismo como si lo fuera de femenino[2]. La incongruencia se manifiesta ya desde las primeras páginas del relato: «Yo iba bien predispuesta [...] Bastó que las primeras partículas se disolvieran en mi lengua para sentirme enferma» (12). A partir de ese punto y sin ninguna vacilación, el narrador siempre se refiere a sí mismo como si fuera de sexo femenino: «chillé desesperada» (13), «[q]uise ponerme histérica» (14), «[y]o, estremecida, trémula, húmeda [...] no estaba menos inmovilizada» (19), «yo era una niña difícil» (32). El resto de los personajes, sin embargo, se dirige a él o ella como si se tratara de un niño: «sos un tarado» (15), «estás encaprichado» (17), «Aira es tarado. Parece igual, pero igual es tarado. Es un monstruo»[3] (52).

¿Qué significa esto? Es difícil afirmarlo con autoridad[4], aunque, para intentar responder a esta pregunta, puede recurrirse a la propuesta teórica acerca de la narración paradójica del Grupo de Investigaciones Narratológicas de la Univer-

---

[1] Vincent Colonna (1989: 24) ve en este aspecto un marcador de autoficcionalidad: «Intuitivement, le lecteur perçoit un écrivain qui s'identifie à l'un de ses personnages dont le caractère fictif est affiché, un auteur qui se met en scène dans des aventures visiblement imaginaires. C'est ce qui permet de discerner chez un auteur la pratique de l'autofiction».

[2] Por contra, Colonna (1989: 48) no ve un problema en esto: «[p]eu importe que le personnage qui porte le nom de l'auteur en diffère totalement, par le sexe, l'âge, le physique, le caractère, la nationalité ou la profession. L'écrivain peut bien se représenter en petite-fille, en chien ou en singe. Ce qui est essentiel, c'est l'identité au sens strict, le nom propre. Pour le reste, le personnage peut ne pas ressembler à l'auteur».

[3] El monstruo es lo anómalo, lo que excede la norma, que en Argentina es la literatura borgeana y su imposición del pudor y de la hipercorrección formal; de ahí que su reincidencia en la narrativa de Aira pueda ser vista como una expresión alegórica del proyecto encarnado por Aira y otros autores a finales de la década de 1980, consistente en «quebrar la hegemonía borgiana en nuestra cultura» (Montaldo 1991: 268).

[4] Lidia Santos remonta la indefinición del sexo del narrador o la narradora a la influencia en Aira de escritores como Manuel Puig, Copi y Osvaldo Lamborghini. «De los tres autores parece venir la voz travestida que cuenta el cuento autobiográfico [sic] de *Cómo me hice monja*» (1999: 206). Según la autora, «[p]odríamos interpretar este *blanco* como una de las dificultades barrocas del texto, a la cual va a añadirse la *negación* [...] el narrador refuta informaciones antes dadas al lector» (1999: 206). La indeterminación sexual ha sido observada también por Pablo Decock, quien constata que

sidad de Hamburgo⁵. Ésta propone un modelo de descripción formal de aquellos textos de ficción que, como el de Aira, vulneran el principio de contradicción de acuerdo al cual lo que se contradice a sí mismo no puede ser verdadero. Según Sabine Lang, la contradicción se expresa en cinco ámbitos, de los que me interesa mencionar dos: aquel de las relaciones ontológicas entre una obra narrativa y la realidad, en tanto la primera se funda en un concepto coherente de ficcionalidad que surge de la obra misma y no de su «similitud» con el mundo real; y el de la relación entre la obra narrativa y los géneros. *Cómo me hice monja* es una manifestación evidente de la manipulación de estos dos ámbitos pero no constituye una excepción en la producción narrativa de César Aira. Por contra, ésta parece estar dirigida precisamente a investigar y poner en práctica todo tipo de infracciones a las normas narrativas tradicionales, incluyendo la verosimilitud, la unidad del personaje y la adscripción genérica de los textos. Esta «autorreflexión» narrativa que «descubre las infracciones de las normas al volver a plantearlas en la obra [...] por medio de la paradoja, y [...] de esta manera» las corrige (Lang 2006: 25) tiene una excelente expresión al comienzo de otro relato de Aira, *Diario de la hepatitis* (1993: 11):

> Voy caminando en una dirección... en una, no en otra... por la Rue de Rivoli, bajo la lluvia... No, no la lluvia en sí... más bien lo que empieza; quiero decir: empieza a llover... No empieza sino que termina. Empieza y termina a la vez. Termina y empieza. Es una indecisión en la que está lloviendo, ¡me estoy mojando! Y encima: perdido. No, no perdido porque *es* la Rue de Rivoli... Pero igual estoy perdido, y no sé por qué, si es la calle que buscaba... (cursiva del autor).

La escenificación de la vacilación y las dudas del narrador remite a circunstancias específicas en el plano de la historia —el relato es aquí, finalmente, el de la enfermedad y convalecencia del narrador y el lector puede inferir que estas vacilaciones se deben a su estado febril— pero su efecto es profundamente disrup-

---

la novela «coquetea con lo autobiográfico» proponiendo un «pacto de lectura —deliberadamente— ambiguo» (2007: 1). Personalmente, la entiendo como un tipo doble de cuestionamiento a las convenciones: a la identificación del autor con el narrador y el protagonista que constituye lo específico del pacto autobiográfico y a la identidad genérica misma del autor, en el marco de una reflexión más general sobre el carácter artificial construido y social e históricamente determinado de la identidad de género.

⁵ Véanse al respecto particularmente los ensayos de Sabine Lang y Klaus Meyer-Minnemann citados en la bibliografía.

tivo porque pone todo lo que le sigue bajo la luz del engaño y la mentira literaria. En otras palabras, un pasaje como el anteriormente citado resulta paradójico porque no contribuye a la suspensión de la incredulidad por parte del lector, sino que la aviva y, al hacerlo, se muestra como «naturalmente» artificial, inventado, e implausible.

En juego aquí está ni más ni menos que la cuestión de la verdad en la literatura[6], su construcción por parte del narrador a través de variables genéricas y formales y el pacto de lectura que éste establece con el lector; una cuestión, naturalmente, de suma importancia para el análisis de la autoficción de Aira, que nos ocupa aquí.

Al igual que las autoficciones al uso, *Cómo me hice monja* establece aparentemente una identidad formal entre autor, narrador y personaje. Esta identidad requiere, naturalmente, que el mundo narrado se oriente por las mismas normas y principios del mundo extraliterario, donde —como en el caso de la autobiografía— supuestamente han tenido lugar las anécdotas que constituyen el material literario de la obra. ¿Qué sucede, sin embargo, cuando en un relato como *Cómo me hice monja*, que se postula como autobiográfico a través de la identidad formal a la que he hecho referencia, nos encontramos con hechos inmotivados, absurdos y contradictorios[7] que no se corresponden con la ontología del mundo real, extraliterario?

El niño o la niña César Aira que narra aquí su conversión en monja, el momento en que tomó «los hábitos» (11) debe presenciar al comienzo de su historia cómo una circunstancia banal —la ingesta de un helado en mal estado— conduce a una discusión entre el heladero y su padre, quien acaba asesinando al primero; intoxicada o intoxicado por el helado, la o el protagonista convalece en un hospital y en su convalecencia elabora «las historias más barrocas» (27); también conoce a «Ana Módena, la Enfermera-Perón de la Sala de Pediatría» (38),

---

[6] Aira presenta una autoficción que pretende interpelar al lector sobre la necesidad asumida de comprobar «la veracidad autobiográfica» de su relato. *Cómo me hice monja* explicita que esta veracidad no es determinable por cuanto «el texto propone ésta simultáneamente como ficticia y real. Es posible que el lector, ya por los datos biográficos que conoce del autor, ya por los que le proporciona el propio texto, tienda a cotejar éstos con aquéllos y a equivocarse doblemente, pues nada menos autoficcional, que este tipo de comprobaciones orientadas a anular la ambigüedad de algunos de estos relatos» (Alberca 1999: 12).

[7] Alberca describe muy bien este fenómeno al señalar que «[l]os hechos y datos verídicos de la biografía de Aira son sólo el punto de partida, pues enseguida quedan pulverizados por la irrupción de meteoritos inverosímiles [...] que desautomatizan la lectura autobiográfico-realista» (1999: 12).

quien intenta curarla sometiéndola a sesiones de hipnosis practicadas por una enana; al salir del hospital, la protagonista padece el ensañamiento delirante de su maestra; visita a su padre en la cárcel y se pierde en ella para más tarde encontrarse junto a su madre, que trabaja como planchadora y es aficionada a los radioteatros, que la protagonista toma por relatos reales en vez de ficciones; finalmente, es asesinada por una mujer que resulta ser la mujer del heladero en busca de venganza. Cada una de estas circunstancias contradictorias y de estas contingencias inmotivadas, que parecen remitir a la estética de los radioteatros que el niño o la niña César Aira escucha con devoción, están precedidas de expresiones del tipo «se produjo un giro completo» (21) o «[l]a escena cambiaba radicalmente» (23), que destacan su carácter artificial y construido. De esa manera, a los elementos, tanto en el plano del discurso como en el plano de la historia, que apuntan al establecimiento de un pacto autobiográfico —identidad nominal y ontológica entre autor, narrador y personaje, carácter retrospectivo, control de su narrativa, adscripción al realismo como su modo dominante[8], aparición de elementos extratextuales de identificación como el nombre de la localidad donde nació el escritor y su amistad con el poeta Arturo Carrera— se le superponen otros que arrojan una sombra de sospecha sobre el supuesto pacto: la ambigüedad sexual del personaje, la implausibilidad de sus acciones e incluso la narración de su propia muerte:

> Mis pulmones estallaron con un dolor estridente, mi corazón se contrajo por última vez y se detuvo... el cerebro, mi órgano más leal, persistió un instante más, apenas lo necesario para pensar que lo que me estaba pasando era la muerte, la muerte real... (98).

En *Cómo me hice monja* el pacto autobiográfico existe en el plano del discurso pero no en el plano de la historia, donde hechos contradictorios e inverosímiles tornan el relato implausible porque, de persistir en la hipótesis autobiográfica, deberían ser extrapolados al mundo real como sucedidos supuestamente al autor. Como afirma el narrador o la narradora, «[a]hí estaba nuestra diferencia clave, el abismo que nos separaba. Yo tenía una vida real totalmente separada de las creencias, de la realidad general conformada por las creencias compar-

---

[8] En esto coincido con Alberca, quien señala que «las autoficciones hispanoamericanas se encuentran, en algunos casos, ligadas a la 'crisis del contrato mimético', señalada por Ana María Barrenechea, pues aunque tienen una apariencia realista convencional, en el fondo cuestionan y subvierten de manera sutil, pero efectiva, los principios miméticos [...]» (1999: 11).

tidas...» (91). Esa «separación» supone la imposibilidad, por parte del lector, de adherir al pacto autobiográfico propuesto, y es en ella donde debe encontrarse el carácter autoficcional del relato[9].

Es en ese sentido que me atrevo a discrepar con Susana Arroyo Redondo, quien afirma en su excelente introducción al tema en la Red que «la autoficción es una forma de escritura que se propone como relato de una historia verdadera a través un discurso ficticio» (s/r). Por contra, podría decirse que *Cómo me hice monja* es una autoficción en el sentido de que, siendo su historia no verdadera, su discurso sí lo es o pretende pasar por verdadero[10]. En otras palabras, el componente autoficcional del relato no debe ser buscado en este caso en sus aspectos formales sino en el plano de la historia y en la incongruencia ontológica entre los mundos habitados por el autor y el narrador que impide su identificación plena. En ese sentido, podemos recurrir a Gérard Genette, quien, en *Ficción y dicción*, sostiene que la autoficción es una forma de escritura caracterizada por la identidad nominal de autor, narrador y personaje en la que, sin embargo, persiste la disociación entre autor y narrador propia de la escritura de ficción, de manera que el autor no respalda la supuesta veracidad de su relato con su identidad.

Al confesar su naturaleza ficticia, *Cómo me hice monja* propone una paradoja cuya función parece ser doble: por una parte, narrar una historia atípica incapaz de ser asimilada a las formas convencionales de narración y, por otra parte,

---

[9] Con esto pretendo sostener que el único indicio que me parece fiable para determinar si un relato aparentemente autobiográfico es en realidad una autoficción o no, es específicamente textual y consiste en la coherencia y unidad semántica del mundo narrado antes que en cualquier información extratextual sobre el autor. Un mundo contradictorio consigo mismo induce en el lector la convicción de que se encuentra ante una ficción, sea esto verdadero o no, mientras que un mundo ordenado o que se guíe con las mismas reglas del mundo extratextual contribuye a la identificación falsa entre autor, narrador y personaje que es propia de la autoficción. En otras palabras, el problema es de marcas genéricas más que de verdad o mentira en relación a la biografía de un escritor. *Cómo me hice monja* es una autoficción no porque el personaje lleve el mismo nombre que su autor —lo que podría convertirle en una autobiografía— sino porque su mundo narrado posee unas reglas que no resultan compatibles con las del mundo extratextual y es, por tanto, sospechoso de fictividad (véase Colonna 1989: 215, quien lo llama «invraisemblance mondaine physique»).

[10] En esto, mi postura se aproxima a la de Manuel Alberca, para quien «[a]unque la autoficción es un relato que se presenta como novela, es decir como ficción, o sin determinación genérica (nunca como autobiografía o memorias), se caracteriza por tener una apariencia autobiográfica, ratificada por la identidad nominal de autor, narrador y personaje», lo que «transgrede o al menos contraviene por igual el principio de distanciamiento de autor y personaje que rige el pacto novelesco y el principio de veracidad del pacto autobiográfico» (Alberca 1999: 58-60).

poner de manifiesto de manera irónica el carácter convencional de los aspectos que determinan nuestra aproximación a la literatura y su propia «verdad» en el marco de un rechazo más general a las formas estandarizadas del relato[11]. Es allí donde debe buscarse el sentido de su enigmático título: *Cómo me hice monja*. Sobre esto pueden decirse dos cosas: la primera es que en el Río de la Plata existe el hábito de poner las palabras del revés para lograr un efecto humorístico; así, un calvo o pelado es un *dolape*, una pizza es una *zzapi* y una «monja» es un «jamón», es decir, un «fiambre», un muerto. En ese sentido, *Cómo me hice monja* significa simplemente «cómo morí», «cómo me mataron», lo que, como he mostrado hace un momento, es la verdadera anécdota del relato. Pero «hacerse monja» es también, como señala el propio narrador, «tomar los hábitos» y esos hábitos son los que determinan las convenciones y «las reglas de juego generales del mundo» (24)[12]. Es contra esas convenciones contra las que se dirige Aira al escribir *Cómo me hice monja*.

Ese carácter transgresor, lúdico, anticonvencional del gesto aireano no es exclusivo de este relato, sino que se extiende a toda su producción narrativa y a la de aquellos autores que le han interesado como crítico: Raymond Roussel, Copi, Alejandra Pizarnik o Edward Lear.

Desafortunadamente, este rasgo anticonvencional, al que tanto debe la rica tradición de la literatura argentina, parece haber cedido su lugar preponderante en los últimos años a un afán mimético, realista y, en el peor de los casos, costumbrista, que se proyecta en textos que extraen su legitimidad de la supuesta verdad extraliteraria y personal que expresan; en otras palabras, de su supuesto carácter autobiográfico.

Sobre este «giro autobiográfico» en la literatura argentina se ha hablado mucho en los últimos tiempos. Quien primero lo hizo fue Alberto Giordano quien, en su artículo «Cultura de la intimidad y giro autobiográfico en la literatura argentina actual», animó a un debate ya existente desde hacía largo tiempo en la crítica española, pero que no había tenido lugar en Argentina, probablemente debido al rechazo de sus escritores a la confesión y el género autobiográfico.

---

[11] Recordemos que Roland Spiller ha incluido a Aira en la tendencia en la literatura argentina «que acoge la corriente postmoderna —mezclando a Adorno y la Escuela de Frankfurt con Baudrillard, Foucault, Lacan, Tel Quel— y actitudes vanguardistas con una posición de rechazo y negación de formas funcionalizadas y comercializadas» (1991: 11).

[12] Para otra hipótesis acerca del significado del título, véase Contreras (2003: 281-282).

En su artículo, Giordano postula la existencia de un «giro autobiográfico» cuyos principales exponentes serían *La vida descalzo* de Alan Pauls (2006), *Un año sin amor* y *El mendigo chupapijas* de Pablo Pérez, el teatro documental de Viviana Tellas, algunos relatos de Edgardo Cozarinsky, *El discurso vacío* de Mario Levrero y los textos reunidos en el libro *Confesionario. Historia de mi vida privada*, editado por Cecilia Szperling en 2006, que le sirven de pretexto para su intervención. A estos títulos debería agregarse *Derrumbe*, de Daniel Guebel; *Era el cielo*, de Sergio Bizzio; *Autobiografía médica*, de Damián Tabarovsky; *Historia del llanto*, de Pauls; *La vida nueva*, de Aira, y *Monserrat*, de Daniel Link. Otros autores mencionados en el marco del «giro autobiográfico» son Elvio E. Gandolfo, Silvio Mattoni y María Moreno, pero la lista estaría incompleta sin las obras de escritores de mi generación como *La casa de los conejos* de Laura Alcoba, *76* de Félix Bruzonne y otros que abordan los hechos trágicos de la década de 1970 en Argentina en clave autobiográfica y/o autoficcional[13].

Más que la popularidad de un género específico, llámese autoficción o no, lo que sorprende de estos textos —o, mejor aún, de esta tendencia— es la pérdida de un pudor que en el pasado hizo que el escritor protegiese su intimidad adoptando la ficción esencialmente literaria de ser otro. La autoficción, por contra, propone otro tipo de ficción, la de una identidad entre autor, personaje y narrador, y esa identidad impúdica es la que origina el «giro autobiográfico» al que se hace referencia aquí. Explicarlo no es fácil, pero, a manera de hipótesis, se puede decir que lo que sucede aquí es que los escritores no son ajenos a la transformación de la vida privada en espectáculo público que parece ser el signo de nuestros tiempos. En un marco en el que las grandes ficciones de nuestra sociedad son los *reality shows*[14] —a los que habría que sumar otras formas presididas también por el mismo signo de cuestionamiento de la unidad e invariabilidad de la identidad tal como nos ha sido transmitida habitualmente: «la mitomanía, el travestismo, la transexualidad o el intercambio de comunicaciones en el ciberespacio» (Alberca 2007: 33-34)— y en que millones de personas llenan su tiem-

---

[13] El fenómeno no es exclusivamente argentino, y España cuenta con escritores jóvenes que, como Enriqueta Antolín, Sonia García Soubriet o Pedro Mestre (véase Molero de la Iglesia 2006), Jorge Carrión, Julián Rodríguez o los autores agrupados en la así denominada «Generación Nocilla» practican formas de la autoficción.

[14] Según Alberca (2007: 40), «[u]no de los rasgos destacados de este 'nuevo orden cultural' es el de la ficcionalización de la realidad, la suplantación de lo real o la desrealización a que los medios de comunicación de masas la someten». En *Cómo me hice monja*, Aira reemplaza precisamente esa realidad por representaciones provenientes de las radionovelas o del *kitsch* peronista.

po con las ficciones supuestamente reales de un grupo de personas que sobrevive en una isla o en una casa sin contacto con el exterior, en que un campesino busca esposa o unas mujeres se someten a intervenciones quirúrgicas, los escritores no son indiferentes a estos modos socialmente determinados de narrar[15].

Su intervención, sin embargo, no debe ser puesta bajo el signo de lo autobiográfico sino de la autoficción, puesto que la identidad entre autor, narrador y personaje es sospechosa de ficcionalidad en la mayor parte de esos textos.

En algunos casos —y *Cómo me hice monja* es buen ejemplo de ello— este «regreso del yo» no apunta a un simple interés comercial[16], sino que está destinado a señalar el carácter convencional y construido de nuestra aproximación a los textos.

Cómo me hice monja, al igual que la buena autoficción, nos obliga a considerar nuevamente nuestras expectativas y hábitos en torno a la literatura, a reflexionar sobre los pactos de lectura que establecemos con los textos, a preguntarnos qué cosa es un autor y cuánto valor tiene su nombre propio como criterio de autoridad, y a reflexionar sobre la cuestión de la verdad en la ficción y de ahí su valor y su importancia para la renovación permanente y, por lo tanto, la permanencia de la institución literaria.

Una vez —creo que fue una noche en un pueblo turco en la frontera con Irán— soñé que estaba conversando con Aira y que él echaba vitaminas en mi vaso; yo se lo agradecía, pero él rechazaba mi agradecimiento con un gesto y me decía que yo tenía que estar fuerte para continuar escribiendo. ¿Esto es verdad o

---

[15] Según Daniel Link, «[h]ay quienes ven en esta suerte de pulsión por tomar la propia vida como objeto de narración una respuesta —aunque tal vez no calculada— a las teorías de la muerte del autor de los años 70; quienes ven la aparición de este corpus como una mera casualidad histórica; y quienes creen que el exhibicionismo es, en verdad, «la libra de carne» que los escritores argentinos se han dispuesto a pagar por el precio de ser reconocibles y reconocidos. Todavía es temprano para decidir quién tiene la razón» (s/n).

[16] Señalado ya por Felix Philipp Ingold, quien, en un ensayo reciente, postula el «regreso» del autor tras ser declarado muerto en las décadas de 1960 y 1970. Según Ingold, este «regreso» se corresponde con un estado específico del negocio literario, en el cual «zur Funktion Autor gehören [...], nebst regelmäßiger Textlieferung, Auftritte in Literaturhäusern und Buchhandlungen, auf Messen und Festivals, bei Talkshows und in Quizsendungen, Auftritte, die mehr auf human touch angelegt sind denn auf Literaturvermittlung, deutlich mehr auf die Person des Autors denn auf dessen Werk». Esta omnipresencia del autor y su preocupación por «funcionar» como producto entre otros productos de la economía libre de mercado produciría, de acuerdo a Ingold, una literatura basada en el «yo» a la que el autor califica de «reaktionäre Ästhetik».

es mentira?, tienen derecho a preguntarse ustedes. La respuesta, desde luego, es que es verdad y es mentira, como suelen ser siempre los sueños, pero de esta pequeña anécdota, sea imaginaria o no, emerge la importancia de la literatura de Aira para quienes somos más jóvenes y somos escritores argentinos: Aira nos hace mejores, y eso es mucho más de lo que cualquiera puede pedir.

BIBLIOGRAFÍA

1. *Textos*

AIRA, César (1993): *Diario de la hepatitis*. Rosario: Bajo la luna nueva.
— (1998): «Cómo me hice monja», en *Cómo me hice monja. La prueba. El llanto*. Barcelona: Mondadori, pp. 9-98.

2. *Estudios*

ALBERCA, Manuel (2005/2006): «¿Existe la autoficción hispanoamericana?», en *Cuadernos del CILHA* 7/8, pp. 5-11.
— (2007): *El pacto ambiguo: de la novela autobiográfica a la autoficción*. Pról. Justo Navarro. Madrid: Biblioteca Nueva.
ARROYO REDONDO, Susana (s./f.): «Una escritura diferente...», en <www.autoficcion.es> (02.02.2009).
COLONNA, Vincent (1989): *L'autofiction (essai sur la fictionalisation de soi en Littérature)*. Paris: École des Hautes Etudes en Sciences Sociales (EHESS). Accesible en <http://tel.ccsd.cnrs.fr/documents/archives0/00/00/66/09/ index.html> (02.02.2009).
CONTRERAS, Sandra (2002): *Las vueltas de César Aira*. Rosario: Beatriz Viterbo.
DECOCK, Pablo (2007): «El demonio burlón en *Cómo me hice monja* y *El tilo* de César Aira: entre autobiografía, ficción e Historia», en Moreno, Fernando/Josserand, Sylvie/Colla, Fernando (eds.), *Fronteras de la literatura y de la crítica. Actes du Congrès International (2004, Poitiers)*. Poitiers: CRLA-Archivos.
GENETTE, Gérard (1992): *Fiktion und Diktion*. Trad. Heinz Jatho. München: Fink.
GIORDANO, Alberto (2007): «Cultura de la intimidad y giro autobiográfico en la literatura argentina actual», en *Pensamiento de los confines* 21. Accesible en <www.rayandolosconfines.com.ar/pc21_giordano.html> (02.02.2009).
INGOLD, Felix Philipp (2008): «Ego_Firmen im Alltagsdiskurs», en *Perlentaucher.de. Das Kulturmagazin*, <http://www.perlentaucher.de/artikel/ 4757.html> (04.02.2009).
LANG, Sabine (2006): «Prolegómenos para una teoría de la *narración paradójica*», en Grabe, Nina/Lang, Sabine/Meyer-Minnemann, Klaus (eds.), *La narración paradójica*.

«*Normas narrativas*» *y el principio de la* «*transgresión*». Madrid/Frankfurt am Main: Iberoamericana/Vervuert, pp. 21-47.

LINK, Daniel: «La imaginación intimista», en <http://linkillodraftversion. blogspot.com/2007/07/la-imaginacin-intimista.html> (02.02.2009).

MEYER-MINNEMANN, Klaus (2006): «*Narración paradójica* y ficción», en Grabe, Nina/Lang, Sabine/Meyer-Minnemann, Klaus (eds.), *La narración paradójica.* «*Normas narrativas*» *y el principio de la* «*transgresión*». Madrid/Frankfurt am Main: Iberoamericana/Vervuert, pp. 49-71.

MOLERO DE LA IGLESIA, Alicia (2006): «Figuras y significados de la autonovelación», en *Espéculo. Revista de estudios literarios* 33 (julio-octubre), <http://www.ucm.es/info/especulo/numero33/autonove.html> (28. 01. 2009).

MONTALDO, Graciela (1991): «La invención del artificio. La aventura de la historia», en Spiller, Roland (ed.), *La novela argentina de los años 80*. Frankfurt am Main: Vervuert, pp. 257-269.

SANTOS, Lidia (1999): «Los hijos bastardos de Evita, o la literatura bajo el manto de estrellas de la cultura de masas», en *Canadian Journal of Latin American and Caribbean Studies* 24, 48, pp. 195-213.

SPILLER, Roland (ed.) (1991): *La novela argentina de los años 80*. Frankfurt am Main: Vervuert.

Narrando la guerra de Malvinas entre la autobiografía y la ficción

Victoria Torres

Pocos días después de la derrota en la guerra de Malvinas (2 de abril-14 de junio 1982) la sociedad argentina empezó a confrontar la hasta entonces gloriosa versión oficial con una serie de relatos en primera persona provenientes de quienes habían estado en el frente. Estos testimonios ponían en evidencia no sólo el drama del miedo, el hambre, el frío y el dolor ante las heridas o la muerte de compañeros padecidos por los combatientes, sino también el caos organizativo de la dirigencia y, en especial, la tortura y vejaciones a las que muchos de los soldados habían sido sometidos por parte de sus propios superiores. Varios de estos relatos fueron recogidos en libro y publicados todavía en el transcurso de 1982; entre ellos se destacaron fundamentalmente dos: el primero, muy poco recordado en la actualidad aunque en su momento se agotó enseguida, consiste básicamente en una colección de cartas y documentos que algunos padres de soldados hicieron llegar al compilador, Dalmiro Bustos, cuyo hijo había estado también luchando en las islas. El libro se titula *El otro frente de la guerra* y se propone, como se indica ya en una inscripción en la tapa, asesorar acerca de «qué podemos hacer los padres, qué puede hacer el pueblo argentino» ante el regreso de 10.000 heridos. El segundo se encuentra mucho más presente en la memoria de los argentinos, quizá por el hecho de que en el 1984 el texto se usó como guión de una película muy taquillera, se titula *Los chicos de la guerra. Hablan los soldados que estuvieron en Malvinas* y es una serie de entrevistas fechadas en agosto de 1982 y realizadas por Daniel Kon. Desde su primera aparición en librerías el libro tuvo un éxito impresionante, al punto de que ya en 1985 se completaba su decimotercera edición[1].

---

[1] El dato está extraído de la nota «Perfil: Daniel Kon» aparecida en el diario español *El País*, 05.01.85

El interés de los lectores por acercarse a este decisivo capítulo de la historia argentina, en primera instancia a través de textos que reproducían los testimonios orales de quienes habían participado directamente en el enfrentamiento, está relacionado seguramente con el hecho de que, durante la guerra, las fotografías, uno de los medios por excelencia para hacer visible y documentar lo acontecido, fueron realmente escasas. A esta escasez se le suma el agravante de que, como se reveló más tarde, tanto del lado británico como del argentino, muchas fotos fueron objetos de manipulaciones y trucos[2]. No sorprende entonces que, una vez terminado el conflicto bélico, las fotos tomadas en Malvinas entraran rápidamente en descrédito mientras que los relatos de los soldados que habían regresado de la guerra alcanzaran, por el contrario, un estatus particular, ya que, como señaló Beatriz Sarlo, refiriéndose al caso de los testimonios de los detenidos-desaparecidos en los campos de concentración argentinos durante la última dictadura militar, si bien con el tiempo los testimonios están sujetos a ser abordables críticamente, en su momento su «núcleo de su verdad tiene que quedar fuera de duda» por el hecho de que la confianza depositada en ellos es «necesaria para la instalación de regímenes democráticos y el arraigo de reparación y de justicia» (2005: 63).

Este inicial e importantísimo lugar ocupado por la escritura testimonial sobre Malvinas opacó la difusión de la ya de por sí poca cantidad de versiones literarias de la guerra; no obstante, hay que destacar que las obras de creación que tienen como referencia la guerra entre Argentina e Inglaterra existen también ya desde el año 1982 y que de allí en más han seguido apareciendo casi ininterrumpidamente hasta nuestros días[3].

La primera narración ficcional sobre el conflicto, la novela corta *Los pichiciegos* (1982), fue, según palabras de Fogwill, su autor, escrita y publicada en una tirada muy chica incluso antes de la rendición argentina[4]. La acción de la obra se desarrolla en las islas Malvinas durante el enfrentamiento y los protagonistas, un

---

[2] Para algunos detalles más precisos sobre la cuestión de las fotografías durante la guerra de Malvinas, consúltese por ejemplo el prólogo «Retratos en dos tiempos» escrito por Graciela Speranza para el libro de Juan Travnik (2008): *Malvinas. Retratos y paisajes de guerra*. Buenos Aires: Ediciones Larivière.

[3] La última novela relacionada con la guerra de Malvinas que registramos se titula *Cuando te vi caer*, fue escrita por Sebastián Basualdo y publicada en 2008 por la editorial Bajo la luna.

[4] En una nota titulada «Entrando en tanque al primer mundo», aparecida en el diario argentino *Clarín* el 12.05.94, Fogwill asegura que «por fortuna comentarios de Enrique Medina, Jorge Lafforge y Beatriz Guido constataron la existencia del libro ya a comienzos de junio del 82».

grupo de soldados provenientes de diferentes regiones argentinas que, en lugar de luchar, intentan sobrevivir refugiados bajo tierra como pichiciegos. El grupo, que se autodenomina como este animal o más a menudo sólo «pichis», parece haber asumido con total naturalidad las condiciones bajo las que se encuentra y, más que por lo que ocurre a su alrededor, se encuentra preocupado por acumular la mayor cantidad posible de bienes (pilas, cigarrillos, whisky, combustible, azúcar) por lo que se dedica al intenso intercambio tanto con los otros argentinos como con los ingleses. De no estar abocados a esta tarea, los pichiciegos se ocupan de otro tipo de intercambio: se cuentan o discuten acerca de mitos, creencias, rumores, chistes, etcétera.

Pero, pese a estas dos actividades en común, los «pichis» no mantienen ningún tipo de lazos entre sí, razón que hace que al lector le cueste reconocer en ellos el espíritu de grupo o la identificación con algún bando definido; esta dificultad, unida al hecho de que estos soldados con su accionar nos recuerdan constantemente que están en Malvinas casi por casualidad, aguantando las circunstancias de la guerra y tratando de sacar provecho propio, termina por aniquilar cualquier posible expectativa tradicional con respecto a quienes participan activamente en una guerra: no hay nada en ellos que pueda convertirlos ni en héroes ni en víctimas.

Así, la novela funciona como una especie de revés de lo que en el plano extraliterario el agonizante gobierno dictatorial argentino había pretendido hacer del conflicto: una gesta que aparentemente involucraba a todos los argentinos y los reunía bajo una causa común frente al «enemigo extranjero invasor». Es al tratamiento de este aspecto al que se han dedicado la mayoría de las lecturas críticas sobre *Los pichiciegos*, resaltando su carácter de farsa, parodia y picaresca[5].

Sin embargo, y para acercarme más al tema de la autoficción, quisiera hacer referencia a otra cuestión interesante y mucho menos tenida en cuenta en los análisis de la obra: el hecho de que la novela de Fogwill pueda ser leída también como un cuestionamiento de los relatos en primera persona, ya que, si bien, y

---

[5] Con respecto a esta cuestión de querer involucrar a todos los argentinos en la guerra, hay una anécdota repetida con leves variaciones en diversos medios y también en la «Presentación del autor» de la edición de *Los pichiciegos* que manejamos, en la que Fogwill reconoce: «Yo estaba escribiendo una novela que se llamaba *Amor a Roma* [...] venía muy embalado, era para terminar en tres días, y llego a lo de mi vieja, a las seis de la tarde —venía de mi oficina—, y mi vieja estaba enferma, tenía cáncer, y me dice: '¡Hundimos un barco!'. Y entonces, yo escribí, en esa novela 'Mamá hundió un barco'. Y ahí arrancó *Los pichiciegos*» (tomada de la entrevista «Fogwill, en pose de venganza», hecha por Martín Kohan para la Revista *Ñ*, 25.03.2006).

esto lo recalca el autor en varias ocasiones, la novela fue escrita «mucho antes de la difusión de los primeros testimonios del comportamiento argentino en el frente»[6], *Los pichiciegos* retoma la estructura de este tipo de narraciones para poner de manifiesto lo que resulta del intento de hacer literatura de Malvinas a partir de este u otro género similar al testimonial.

Como se explica en la segunda parte del texto, la narración es el testimonio del pichi Quique, el único sobreviviente de un escape de gas que mató de asfixia a todos los habitantes de la pichicera. Quique relata lo vivido a un escritor que escribe y/o graba lo que escucha. Este escritor es a su vez el autor del libro *Música japonesa*, un título idéntico al que lleva el primer libro de Fogwill y el único anterior a *Los pichiciegos*. Además, Quique era en aquel momento el sobrenombre de Fogwill, que en esa época todavía firmaba Enrique Rodolfo Fogwill[7].

De esta forma, a través de un aparentemente mínimo momento autoficcional armado sobre un desdoblamiento, Fogwill, adelantándose a la historia que vendrá, escribe una novela que nos llama la atención acerca del problema que plantea el testimonio tomado como «ícono de la verdad o como recurso más importante para la reconstrucción del pasado» (Sarlo 2005: 23), una cuestión que, en *Los pichiciegos*, se resume sin resolverse, como se ve, por ejemplo, en el siguiente diálogo:

¿Y vos, Quiquito, creés que yo creo esto que me contás? —le pregunté.
Vos anotálo que para eso servís. Anotá, pensá bien, después sacá tus conclusiones —me dijo. Y yo seguí anotando (Fogwill 1998: 287).

A esta desconfianza de la posibilidad de una absoluta transmisión y exacta reproducción escrita de esa experiencia personal vivida, se le agrega —como notamos en la siguiente cita— el escepticismo acerca de la capacidad de retener todo en una memoria que de por sí puede ser manipulada por otras personas o cambiar de acuerdo a las circunstancias o el entorno:

---

[6] Esta aseveración es hecha por Fogwill en varias ocasiones como, por ejemplo, en la ya mencionada nota «Entrando en tanque al primer mundo», *Clarín*, Buenos Aires, 12.05.94.

[7] Desde que tiene 40 años, el autor, que se llama Rodolfo Enrique Fogwill, firma sólo con su apellido; según explica primero se quitó el Enrique por largo y luego el Rodolfo por cacofónico.

Fechas, cuentos, caras y voces y nombres de los que se fueron: todo se olvida. Nada se puede saber bien. Saber, abajo, apenas se sabía lo que cada uno debía hacer. Y eso era por las órdenes, porque estaban los Reyes dando órdenes y casi todos las cumplían [...].
—¿Querés decir que la memoria depende de los que mandan o de lo que te mandan los que mandan? —pregunté.
—Sí, ahí era así.
—¿Y aquí? —le pregunté.
—Aquí se hace más difícil de ver.
—¿Por? ¿Porque es distinto?
—Creo que sí. ¡Vos querés hacerme pensar que aquí es igual!
—Igual no sé... posiblemente parecido... —le dije, casi preguntando.
—No: ni parecido es: pensá en el frío. Pensá en el miedo. Pensá en la mierda pegada contra la ropa. Pensá en la oscuridad y pensá en la luz que cuando te asomás te hace doler los ojos. Eso —me insistía— no tiene nada que ver con lo que pasa aquí.
Y señalaba la ventana (Fogwill 1998: 300).

Aunque nunca dejaron de salir, los libros de testimonio referidos al conflicto de Malvinas fueron llamando menos la atención del público a partir de la recuperación de la democracia en 1983, momento en que los lectores comenzaron a volcar su interés hacia las obras de investigación periodística, como lo demuestra el éxito de *Malvinas: la trama secreta*, de los periodistas Cardoso, Kirschbaum y Van der Kooy, editado en Buenos Aires por la Editorial Sudamericana-Planeta en septiembre de 1983, y que en tan sólo un año vendió 110.000 ejemplares y fue reeditado por undécima vez[8].

---

[8] Entre los libros de testimonio más recientes hay tres que, por su resonancia, merecen ser destacados: *Partes de guerra. Malvinas 1982* de Graciela Speranza y Fernando Cittadini, publicado por la editorial Norma en 1997; *Iluminados por el fuego. Confesiones de un soldado que combatió en Malvinas*, aparecido por primera vez en 1993 y completado por su autor, Edgardo Esteban, en una edición de 1999 después del primer viaje a las islas al que fueran autorizados un grupo de argentinos ex combatientes; y más recientemente *Memoria, Verdad, Justicia y Soberanía. Corrientes en Malvinas*, La Plata: Ediciones Al margen, 2008, en donde el ex subsecretario de Derechos Humanos de esa provincia, Pablo Vassel, recopila testimonios de las torturas y vejaciones sufridas por los soldados argentinos por parte de los superiores, hechos a los que recientemente —y gracias a la iniciativa de Vassel— los jueces declararon por mayoría delitos de lesa humanidad y crímenes de guerra.
Con respecto a la obra de investigación *Malvinas, la trama secreta*, hay que destacar que no sólo se transformó en un *best seller* a poco de ser publicada, sino que —según se indica, por ejemplo, en el Instituto de Prensa y Sociedad peruano— «lo más significativo es que con el paso del tiempo, este libro se transformó en una de las versiones de los hechos más creíbles por parte de la opinión pública.

Las obras literarias sobre el tema continuaron ahondando la línea farsesca inaugurada por *Los pichiciegos*, sobresaliendo la novela *A sus plantas rendido un león* (1986) de Osvaldo Soriano y, algo más tarde, a principios de los noventa, los cuentos de Rodrigo Fresán, Juan Forn y Daniel Guebel, tres escritores que de inmediato fueron recibidos como un viento renovador por un público lector que, tras la feroz dictadura, esperaba con ansiedad nuevos libros[9].

Los tres escribieron, como ya señalamos, ficciones basadas en Malvinas, pero mientras ni «El amor de Inglaterra», el cuento de Guebel, ni el de Juan Forn, «Memorandum Almazán», contienen elementos autoficcionales, con los cuentos de Fresán, «Soberanía nacional» y «El aprendiz de brujo», sucede algo diferente. Ambos están incluidos en el volumen *Historia argentina*, un libro cuya publicación tuvo un éxito tan impresionante que, a pesar de provenir de un escritor hasta entonces desconocido, se mantuvo seis meses en la lista de los más vendidos, convirtiéndose en un objeto de moda de los años noventa. Allí, según Carmen de Mora, Fresán «ha querido integrar la Historia de Argentina durante uno de sus períodos más negros (1976-1983) con vivencias personales» (2003: 75). Uno de los mejores cuentos de la colección, «La vocación literaria», es según el mismo Fresán (2008) «estrictamente autobiográfico» y en primera persona hace alusión a la forma en que, siendo niño, fue secuestrado por los miembros de la Triple A (Alianza Anticomunista Argentina) y canjeado por su madre, que una vez liberada tuvo que exiliarse con toda la familia en Venezuela.

Aunque no con la misma intensidad que en este cuento, también en «Soberanía nacional» y «El aprendiz de brujo» se destaca el uso de la primera persona. En el primero, tres soldados que forman una pequeña tropa al mando de un sargento llamado Rendido narran su experiencia en Malvinas y, sin un mínimo de

---

Hasta el día de hoy, tuvo 16 reimpresiones y una reedición en 1992 (Editorial Planeta), que en total sumaron más de 160.000 ejemplares vendidos. También se editó en Gran Bretaña y España, donde ganó el Premio Ortega y Gasset al mejor trabajo periodístico de 1983, que entrega el Grupo Prisa» (véase la página web del Instituto de Prensa y Sociedad Peruano <http://www.ipys.org/investigaciones/investigacion.php?id=22>).

[9] Nótese que los años de nacimiento de estos cuentistas (Fresán nace en 1963, Forn en 1959 y Guebel en 1956) los acercan generacionalmente a la clase 62, una clase muy marcada en la Argentina ya que de allí salió el grueso de las tropas destinadas a Malvinas. Las mismas estuvieron constituidas por unos doce mil quinientos soldados conscriptos, es decir, que no eran profesionales, sino que recién estaban haciendo el servicio militar al momento de estallar la guerra. La mayoría había nacido en 1962 y 1963. La clase 61 fue convocada posteriormente como reserva, pero no llegó a ser enviada a combate.

tragedia ni dolor, demuestran a través de sus declaraciones que se han convertido en héroes por casualidad: el primero quiere ser tomado prisionero por los ingleses para cumplir por fin su sueño de ir a un concierto de los Rolling Stones; el otro reconoce que, antes que tener que vérselas con la justicia por haber asesinado a su esposa, que lo había traicionado con su mejor amigo, prefirió ir a pelear en Malvinas, y por último, Alejo, que deja claro una vez más que es una persona con mala suerte cuando mata a un gurkha[10] por accidente. «El aprendiz de brujo» es también el relato en primera persona de un chico que está de aprendiz de cocinero en Inglaterra cuando estalla la guerra de Malvinas. Sin embargo, tampoco aquí hay ningún tipo de dramatismo a pesar del hecho de que su hermano es reclutado, un acontecimiento que el protagonista atribuye a la mala suerte de quien, como después se indica, resulta ser Alejo, uno de los narradores de «Soberanía nacional».

El uso de la primera persona en estos cuentos hizo que, según reconoce el mismo Fresán «mucha gente est[uviera] segura de que yo había estado en la guerra de Malvinas, por ejemplo. O que había estado en un restaurante de Londres trabajando... Pero son cuentos; por el sólo hecho de que esté en primera persona, ¿vas a pensar que me pasó a mí?» (Fresán 2006). Esta identificación pone de manifiesto la tendencia del público lector de aquellos años a relacionar Malvinas con el género testimonial, exigiendo así una petición de verdad a toda literatura referida al tema, incluso al tratarse de propuestas, como las de Fresán, que en el plano del contenido plantearon una reescritura de la historia argentina que tendía a desarmar los grandes relatos constructores de héroes y monumentos.

A finales de los noventa, exactamente en 1997, otro escritor nacido en 1962, Gustavo Nielsen, publica la novela *La flor azteca*, una especie de novela de aprendizaje en donde un personaje llamado Fabio cuenta en primera persona episodios que van desde su niñez hasta pasados los 33 años, coincidiendo con la edad del escritor al momento de la publicación. Cuando comienza la guerra de Malvinas, Fabio y Carlos, el mejor amigo del narrador, son reclutados; Carlos es destinado como radarista en el crucero *General Belgrano*, mientras que Fabio,

---

[10] Gurkha (a veces escrito gorkha) es un pueblo originario de Nepal, que debe su nombre al santo guerrero hindú del siglo XVIII Guru Gorakhnath, cuyos seguidores fundaron la dinastía de Gorkha, que fue a su vez fundadora del Reino de Nepal. Los gurkhas son conocidos por ser feroces combatientes y servir de unidades especiales de las fuerzas armadas del Reino Unido y la India. Aunque el dato varía según la fuente, y la participación gurkha en Malvinas se considera todavía parte de un mito, se calcula que entre 2.000 y 2.500 gurkhas fueron enviados a combatir en la guerra.

gracias a conexiones, puede zafarse y es enviado a trabajar al Ministerio de Defensa en Buenos Aires, desde donde seguirá el desarrollo del conflicto. Uno de los momentos claves de la novela está relacionado al hundimiento del crucero *General Belgrano*, el acontecimiento más trágico de la guerra en lo que se refiere a sus dimensiones[11].

En una entrevista de 2006, Nielsen reconoce que «había mucha carne hasta *La flor azteca*, que es mi período de Malvinas. Yo soy clase 62» y lo que aparece en la obra «es todo lo que vi en el crucero *General Belgrano*, donde fui radarista», sin embargo, mientras «en esos cuentos del comienzo era más evidente lo propio» o «se notaba más», en su posterior producción, debido al hecho de tener «más conciencia literaria de las herramientas», ya no es «tan crudo, elabor[a] más» (Nielsen 2006).

La versión novelesca del hundimiento del crucero ofrecida por Gustavo Nielsen en 1997 es publicada, con algunas leves modificaciones, en su *blog* «Milanesa con papas», en un *post* del día 30 de agosto de 2005, que, repitiendo una estrofa de una conocida marcha de la Armada, lleva por título «Valiente muchachada»:

> Escribo de lo que me da miedo. Mi memoria trabaja de un modo particular que nunca termino de entender. Puede estar obsesionada con algunos detalles y recordarlos como a amigos muertos, y de repente olvidarlos como si jamás hubieran existido. Eso me pasa con el recuerdo de mi Servicio Militar. Hay detalles puntuales que concentran la memoria de toda la guerra, de esos días oscurecidos por los nervios, y cosas importantes que no sé por qué olvidé.
> Cuando estábamos por salir del Distrito hasta Punta Alta, para hacer la instrucción, le pedí un favor a un chico que no conocía. Él se estaba despidiendo de su abuela. La señora lloraba. Yo había supuesto que no íbamos a salir esa misma tarde, sino un día o dos después. Ni siquiera había dejado un mensaje en casa. Escribí el número de teléfono en un papel, para que la señora pudiera avisarle a mis padres. A las dos horas viajábamos con el chico en el mismo tren militar. Era carpintero y vivía en Ramos Mejía. Anoté su número de teléfono y lo guardé.

---

[11] El crucero *General Belgrano* fue atacado y hundido por torpedos el 2 de mayo de 1982, cuando se hallaba en la zona de exclusión. Este claro caso de violación, entre otras, de las convenciones de Ginebra y de La Haya y de la Declaración de los Derechos Humanos, costó la vida a 323 argentinos y fue el causante de que se abandonaran completamente las gestiones de paz. Los verdaderos motivos del ataque —aunque condenados repetidamente sobre todo por periodistas y miembros del Parlamento británicos— aún no han sido esclarecidos.

Me habían destinado al Crucero *General Belgrano*. Estábamos a dos semanas de que empezara lo de Malvinas. Yo era radarista; recorría los pasillos metálicos del buque desde la planchada hasta la sala de mandos... (Nielsen 2005).

Así, leído a la luz de este texto más reciente, el texto de ficción —al menos en lo que hace a este episodio de la guerra de Malvinas— se convierte en un texto autoficcional en el que también se pone en marcha un desdoble: en la novela, el radarista del *Belgrano* no es el narrador homodiegético Fabio, sino Carlos, su mejor amigo.

Otro ejemplo interesante para analizar el cruce entre lo autobiográfico y la ficción que nos ofrecen estas versiones del conflicto bélico de 1982 corresponde a, según se indica en la faja que promociona la segunda edición del libro, «La novela sobre Malvinas», *Las islas*, aparecida por primera vez en el año 1998. Su autor, Carlos Gamerro, escribe a propósito de esta obra en su libro *El nacimiento de la literatura argentina*:

> Hasta donde alcanzo a ver, mis motivaciones personales para acometer semejante empresa no son ningún misterio. Soy clase 62, la clase que fue a Malvinas. No fui a Malvinas. De hecho estaba fuera del país cuando comenzó la guerra, y tan alejado de ella como podía estarlo, geográfica y espiritualmente —en Méjico y viviendo mi primer amor. De ese sueño —el sueño de que la vida, después de todo valía a veces la pena de ser vivida— me despertaron, con una semana de demora, los clarines de la guerra. Volví al país, perdí mi amor, recuperé mi vida cotidiana en la Argentina del Proceso, bajo el cual se había desarrollado —o más bien, atrofiado— entera mi adolescencia. Malvinas, en ese sentido, me marcó como marcó a toda mi generación, a los que fueron y a los que se quedaron. Y me dejó, además, la sensación de una vida, quizás también una muerte, paralela, fantasmal —la mía, si me hubiera tocado ir. Malvinas no fue para mí una eventualidad remota; fue un destino al cual por pura suerte —haber pedido prórroga en lugar de hacer la colimba a los dieciocho años— escapé. Ese destino paralelo me seguiría hechizando de tal modo que, diez años después, me vi obligado a acatarlo en esa otra vida de la ficción. *Las islas* es, de alguna manera, una novela autobiográfica al revés: lo que podría haber sido mi vida si el ojo del destino hubiera sido un poco descuidado (Gamerro 2006a: 63-64).

En una entrevista, Gamerro (2006b) extiende este concepto a toda su obra, admitiendo que

> siempre hay un elemento autobiográfico que me motiva y que es personal, pero se trata de algo que pudo haber sido vivido o que hubiera querido que fuera vivido. Pienso:

si ya lo viví, ¿para qué contarlo? Autores que leo mucho, como Borges o Shakespeare, se la pasan escribiendo historias que no vivieron, mientras que Cervantes, al que le pasó de todo, elige como su héroe a un viejo de 50 años que no puede salir de la biblioteca. Por eso me gusta la solapa de un libro de James Thurber, un escritor norteamericano poco conocido acá, donde se aclara: «Thurber no ha trabajado de albañil, ni leñador, ni tintorero, ni nada raro» (Gamerro 2006b).

Las técnicas de Gamerro para escribir estas «autobiografías en negativo» son variadas; en el caso de *Las islas* la falta de experiencia vivencial propia lleva a recurrir a la experiencia del otro, experiencia que será utilizada, no para ser repetida lo más fielmente posible a la manera de los testimonios, sino para fundirse con la propia escritura del autor, y despejar sus propias dudas:

> Entrevisté a excombatientes para buscar una transferencia de la emotividad, la vibración de la voz, eso entra en uno y vuelve a salir al escribir. Y después de escuchar ese relato, yo les preguntaba si en una situación similar volverían a Malvinas y me decían que sí. Y eso no lo entendía y por eso escribí esta novela para ver si podía entender lo que pasó (Gamerro 2007).

Un año después de la publicación de *Las Islas*, aparece *Kelper*, otra obra literaria sobre Malvinas que había salido segunda en el prestigioso Premio Clarín de novela y cuyo autor, Raúl Vieytes, era hasta entonces un desconocido en el ambiente literario. Con respecto a la gestación de su obra dice Vieytes (2009):

> *Kelper* la escribí entre enero y marzo del 99, en seis semanas. Para que haya salido en ese tiempo, tuvo diecisiete años de gestación. Pensá que muchos de los pibes que nacieron el mismo año que yo, 1961, tuvieron que ir a Malvinas. Conozco varios que fueron. Yo no fui porque me saqué número bajo en la colimba. Estaba como en una especie de reserva. Si hubiese durado más tiempo la guerra, existía la posibilidad, aunque sea imaginaria, de ir. A los de mi generación nos moviliza mucho el tema, porque hemos perdido gente y porque nos hemos imaginado a nosotros mismos ahí con el fusil. Yo nunca tuve la ilusión de que Argentina pudiera ganar esa guerra, porque para nosotros era una prolongación de la masacre que estaba produciendo la dictadura en los campos de exterminio. Lo único que imaginábamos era el sistema de fuga. Yo pensaba: «trataré de nadar y nadar hasta llegar al Uruguay». Ahí es donde germinó el *alien* (Vieytes 2009).

En este «sistema de fuga» propuesto por el libro, quien termina desapareciendo es el autor: no hay ningún tipo de marca autobiográfica en *Kelper*, una obra construida sobre la estructura de la novela policial negra y escrita no en ese argentino porteño clarísimo que notamos en el Vieytes de las entrevistas, sino en un idioma que imita a un doblaje al castellano de no se sabe qué idioma, y que suena tan mal y barato que el lector, especialmente argentino, se siente tentado a realizar una traducción simultánea a una lengua más cercana a la suya. Este minucioso borramiento de cualquier marca «autoral» se debe a que Vieytes, según reconoce él mismo en la mencionada entrevista, «no subestimaría lo mediúmnico que hubo en este laburo, que el autor —me voy a poner un poco esquizo acá— sentía que los espíritus de estos bichos hablaban a través de él» y completa: «es un logro del relato que vos no lo ves al autor nunca, lo tenés en el título y en la solapa nada más. A mí el Raúl Vieytes ese, ahí, en la tapa, siempre me sonó desubicado» (Vieytes 2009).

Algo diferente, si no opuesto, ocurre en la novela de Edgardo Russo, *Guerra conyugal*, aparecida en el año 2000, que en mi opinión, de todas las versiones literarias de Malvinas presentadas en este trabajo, es la que reúne la mayor cantidad de momentos autoficcionales. En este texto de tan sólo 120 páginas se narran en primera persona —muy a la manera, como ya lo advierte Elvio Gandolfo en la contratapa del libro, de una «novela picaresca»— las peripecias de un escritor de provincia, que decide dejar su ciudad natal, Santa Fe, para hacer pie en la capital porteña. En Santa Fe, lugar también de nacimiento de Russo, este escritor tenía a cargo, al igual que el autor, el Centro de Publicaciones y los talleres literarios en la Universidad Nacional del Litoral, institución en donde se encuentra con licencia por enfermedad psíquica —oficialmente—, pero extraoficialmente debido a desavenencias con la conducción. En ese Buenos Aires de 1991, en donde transcurre la mayor parte de la novela, el narrador está trabajando en nuevo libro de poemas que justamente se llama *Guerra conyugal*. Sin embargo, para sobrevivir se ve obligado a hacer guiones para un director de cine de vanguardia, para quien actualmente está escribiendo la sinopsis de un proyecto cinematográfico sobre la vida y obra de Manuel de Falla en las sierras de Córdoba. Como el dinero sigue sin alcanzarle, una amiga —que para el lector avisado tiene muchas similitudes con la escritora entrerriana María Ester de Miguel[12]— lo recomienda a la editorial Universo —obvia referencia a la editorial Planeta— un mundo que el autor real Russo conoce muy bien porque es

---

[12] Las similitudes se ven además reforzadas por un juego de anagrama parcial entre el nombre extraficcional María Ester de Miguel y el de la ficción María Teresa Colantonio.

editor de amplia trayectoria[13]. Para la editorial Universo, el protagonista tendrá que escribir un libro sobre las «Malvinas heroínas», es decir, sobre el hundimiento del buque destructor *Sheffield*, único hecho victorioso para los militares argentinos[14]. La trama gira en torno al dilema que le causa al protagonista tener que dedicarse por motivos económicos a un trabajo sobre una cuestión que considera desde un principio absurda. Para llevarlo a cabo se enredará en entrevistas con ex militares —algunos de existencia real—, lectura de los documentos de época y hasta un viaje a Londres. Las líneas finales del libro nos informan que el proyecto se va a pique, como en el 82 el barco, debido sin duda a presiones de arriba, como así también el matrimonio del narrador con Josefina, quien anuncia por medio de una carta la culminación del trámite de divorcio. Ante esta situación de doble derrota el narrador se aboca a otra nueva empresa, conseguida también por intermediación de su amiga María Teresa Colantonio: viajará a Nueva York con el fin de negociar contratos por encargo de otra editorial y crear dos colecciones: una serie de reportajes y una colección de historias de vida[15].

Este último proyecto coincide con lo que le es proporcionado al lector de *Guerra conyugal*: por una parte las entrevistas a esos siniestros militares que el narrador ha ido grabando y que, reproducidas, provocan la ilusión de poder revelar qué se esconde detrás del hundimiento del *Sheffield* y en consecuencia saber la verdad sobre Malvinas y, por otra parte, el desfile de personajes, episodios y datos que un lector coetáneo y a su vez proveniente de un medio literario-académico afín al de Russo puede reconocer como claros guiños autobiográficos y creer estar leyendo la historia de vida del autor. Sin embargo, como bien lo defi-

---

[13] Como ya dijimos, Russo trabajó en Centro de Publicaciones de la Universidad del Litoral; más tarde desempeñó tareas editoriales en Espasa-Calpe, El Ateneo, Adriana Hidalgo —casa en donde se publica *Guerra conyugal*—, Interzona y, actualmente, es el director editorial de El Cuenco de Plata.

[14] Todavía en la actualidad existe una polémica con respecto a qué argentinos hundieron el buque destructor *Sheffield* y si este acontecimiento tuvo lugar antes o después del ataque al *Belgrano*. Para el estado actual de la cuestión consúltese, por ejemplo, el diario *Clarín* del 4 de mayo de 2008.

[15] «Hablé de una colección de historias de vida, *género que no había sido explotado todavía por las editoriales argentinas*, etcétera …*ni abordado desde una perspectiva popular y al mismo tiempo profunda en el enfoque*, etcétera… *y que podía incluir desde arqueros de fútbol hasta artistas* (reprimí *coristas*) *pasando por cantantes de renombre* etcétera… la segunda colección podría basarse en reportajes, *otro género de indudable atractivo para los lectores*, etcétera… *que tampoco había sido explotado como corresponde por las editoriales argentinas*, etcétera» (Russo 2000: 172-173; las cursivas son de Russo).

nió Jorge Monteleone (2000), todo esto se muestra tamizado por un «autobiografismo jocoso» que, por ejemplo, hace de Alberto Laiseca —autor de existencia real, también rosarino y de la generación de Russo— uno de los últimos ex amantes de Josefina, y víctima de la ira de ésta, que despechada le quema sus libros en el asador, o de Francine Masielo[16], destacada crítica literaria y directora —como en la realidad extraficcional— del Departamento de Español y Portugués de la Universidad de Berkeley, la creadora de la frase «a veces nos gusta vivir con el culo sobre el hormiguero» o «en ocasión de un asado latino-argentino donde no faltaron las mollejas» (Russo 2000: 15), y que —repetida varias veces en el texto— contribuye a reforzar la dificultad de la disyuntiva laboral en la que se encuentra el protagonista. Estas variaciones humorísticas de lo autobiográfico sirven además para poner coto a cualquier intento de construcción de grandes relatos nacionales sobre el tema Malvinas al transmitirnos, y cito nuevamente a Monteleone (2000):

> la certeza de que la vida y el mundo ficcional se comunican para alcanzar una dimensión más abarcativa que se transforma en el horizonte verdadero de esta novela: la contigüidad entre la historia, el sujeto y el espacio propio de la experiencia. «Todo es contiguo —leemos en el texto de Russo— [...] como si la totalidad de la Historia se desplegara en una docena de manzanas del Bajo porteño».

Terminaré mi recorrido por las ficciones de Malvinas, haciendo referencia a dos novelas, *Una puta mierda* de Patricio Pron y *Ciencias Morales* de Martín Kohan, teniendo en cuenta el hecho de que su publicación coincide con el momento en que en la literatura argentina los críticos constatan claramente un «giro autobiográfico», el asentamiento de una «era de la intimidad» y la producción en su mayoría de «literaturas postautónomas», cuestiones todas que de alguna manera se relacionan estrechamente con la autoficción[17].

En *Una puta mierda*, publicada en la editorial Cuenco de Plata, dirigida por Edgardo Russo, se narra en primera persona las situaciones vividas por un gru-

---

[16] El personaje del libro tiene sólo un leve cambio en la escritura del apellido de la crítica que en realidad se escribe «Masiello».

[17] Para más detalles sobre esta cuestión, véanse directamente los libros de Nora Catelli (2007): *En la era de la intimidad*. Buenos Aires: Beatriz Viterbo; Alberto Giordano (2008): *El giro autobiográfico de la literatura argentina actual*. Buenos Aires: Mansalva, y los artículos «Literaturas postautónomas» y «Literaturas postautónomas 2.0» de Josefina Ludmer (publicados en diciembre de 2006 y mayo de 2007 en *Ciberletras: Revista de crítica literaria y cultura*) que circulan en Internet.

po de soldados que llevan nombres muy curiosos —Sorgenfrei, Hodenthaler, O'Brien, Moreira, Copi, Madame Pignou, Cornudo, Mirabeaux— y que se tratan de «tú» y de «vosotros», durante una guerra que asemeja mucho a la de islas Malvinas aunque a veces se las denomine «Maldivas». Estas situaciones están vistas como a través de una lupa gigante que todo lo agiganta, lo exagera y lo deforma, pero que a su vez pone aún más en evidencia el carácter delirante y también dramático de este conflicto[18]. Aunque absolutamente inverosímil para el lector, lo que ocurre en ese lugar no genera en los personajes ningún tipo de sospecha: por el contrario, lo absurdo —a la manera de Becket— domina las acciones de todos ellos y llega así a apoderarse de la narración que se torna incontrolablemente desopilante, desautorizando, muchas veces a través de la risa, todo posible relato que se pretenda serio o «verdadero» acerca de la guerra de Malvinas. Al operar de esta forma, es decir, al arremeter contra el «efecto de realidad», la novela *Una puta mierda*, se ubica justamente en el lado opuesto del autobiografismo, cumpliendo de sobra con el objetivo que se había propuesto su autor: escribir un libro sobre Malvinas que «no pudiera ser justificado diciendo que era el relato de un testigo o de un contemporáneo a los hechos» (Pron 2009).

Escribir «mintiendo» y poniendo en evidencia constantemente que se es «ficticio» refuerza la sospecha y la incertidumbre, herramientas, según Pron, que este conflicto armado proporcionó a los escritores de su generación como una «victoria secreta» (Pron 2007: contratapa). Así, con su novela, el autor parece querer revertir no sólo el orden de las palabras, sino también la perspectiva, la forma de hacer ficción sobre Malvinas simbolizada en aquella «secreta victoria» de la «Milonga del muerto» escrita por Borges en donde el yo lírico va pidiendo que «nadie se asombre que me dé envidia y pena el destino de aquel hombre» (1982) (el hombre es un soldado muerto en combate en Malvinas). Borges hace del caído una víctima pero también un héroe, contribuyendo así doblemente —desde este típico tópico suyo— a la construcción de grandes relatos de la identidad nacional[19].

---

[18] Este carácter se podría ver simbolizado en una bomba que no termina de caer pero que durante todo el relato se encuentra suspendida sobre los personajes.

[19] La «Milonga del muerto» fue publicada por primera vez el 30 de diciembre de 1982 en el suplemento «Cultura y Nación» del diario argentino *Clarín* con el título «Milonga del soldado». Borges la recogió después en el volumen *Los conjurados* (1985) con el nombre con el que se la conoce actualmente. La cita del poema a la cual nos referimos es: «Su muerte fue una secreta victoria. / Nadie se asombre / de que me dé envidia y pena / el destino de aquel hombre».

La novela de Martín Kohan, *Ciencias morales*, también de 2007, tuvo mucha repercusión (ya va por la tercera edición en español) y fue ganadora del Premio Herralde. La acción transcurre en el Colegio Nacional Buenos Aires en el otoño de 1982, durante la guerra de Malvinas. La tentación de leer la novela a partir de lo autobiográfico se debe no sólo al hecho de estar armada abiertamente sobre el modelo de *Juvenilia*, sino, especialmente, debido a la coincidencia de fechas y lugares con la biografía del autor, que nació en 1967 y estudió asimismo en esa institución[20]. Con respecto a esta tentación —en la que, según lo que hemos observado, caen sobre todo los medios de comunicación masivos— Kohan señala que:

> Lo autobiográfico opera y no opera en la novela. Hay una serie de materiales y de lugares, hay una atmósfera en la novela que conozco y que viví; pero yo mismo me aparté de la historia. Suprimí todo lo que podría estar directamente vinculado conmigo o con mi experiencia personal. Me interesó inventarles una subjetividad a otros: a las autoridades del Colegio, que parecían ser sujetos planos (Kohan 2007b).

Este claro apartamiento de lo autobiográfico se ve en el hecho de que el narrador de *Ciencias morales* es un narrador extra-heterodiegético cuya mirada recae principalmente sobre María Teresa, la preceptora de tercero décima, que es el personaje central de la historia. A la guerra no se la nombra sino recién en la última página, lugar en donde aparece, y cito a Kohan: «brutalmente referencial» para «lograr que la realidad irrump(a) bruscamente. La presurización con que está armado el mundo del colegio explota: después de doscientas páginas de connotación, la denotación pura» (Kohan 2007c).

Sin la experiencia directa de la guerra, lo autobiográfico no tiene cabida y se reduce en lo que en realidad fue para la mayoría: un comunicado oficial transmitido por los medios:

> El lunes 14 de junio de 1982 cae Puerto Argentino. El general argentino Mario Benjamín Menéndez, gobernador de las islas, firma la capitulación ante el general británico Jeremy Moore, comandante de las fuerzas victoriosas. Concluye así el conflicto armado 74 días después de producirse la invasión argentina... (Kohan 2007a: 217-218).

---

[20] Recordemos que *Juvenilia* es uno de los anecdotarios más presentes en la cultura argentina. Allí, su autor, Miguel Cané, narra sus andanzas también en el Colegio Nacional de Buenos Aires, sólo que cien años antes, es decir, en 1880.

Según Kohan, al igual que en una de las canciones más difundidas en aquellos días, «No bombardeen Buenos Aires», del músico argentino Charly García, «ahí hay una definición parcial, pero genuina, de esa experiencia» (Kohan 2007c).

Huelga decir que en este recorrido por las versiones literarias de Malvinas no he presentado ninguna obra que pueda calificarse de netamente autoficcional. Lo que sí espero haber puesto de manifiesto es que en algunas de las obras podemos encontrar momentos autoficcionales particulares tales como el desdoblamiento del yo en la novela de Fogwill, la autoficción que se esconde en el episodio del hundimiento del Belgrano de *La flor azteca* y que nos es revelada recién años después en el *blog* del autor, el autobiografismo jocoso en la novela de Russo.

Espero también haber llamado la atención acerca del hecho de que por un lado a los textos sobre Malvinas se les reclama, si no una verdad total, al menos un contacto con la vida del autor —esto se ve claramente en las preguntas de los periodistas a los escritores: no hay autor de alguna ficción de Malvinas al que no se le pregunte sobre esta cuestión—, y, por el otro, que muchos de los escritores, a pesar de borrar en sus creaciones toda marca personal, reconocen extratextualmente haber partido de una motivación biográfica, como ocurre particularmente con los que se salvaron de ir la guerra a pesar de ser clase 62, como es el caso de Gamerro con su «autobiografía negativa» o de Vieytes con su «sistema de fuga».

A mi modo de ver estas ficciones narrativas a pesar de estar basadas no sólo en un acontecimiento en común, la guerra de Malvinas, sino además en una experiencia compartida por los autores, el hecho de poseer justamente la experiencia de no haber estado en el frente de batalla, muestran, sin embargo, cuán múltiples pueden ser las escrituras del yo, cuán regulable, graduable y variable es la forma en que se puede dar «el paso de la vida a través de las palabras» (Giordano 2007)[21]. Este hecho, como intentamos mostrar, hace que el yo de estos textos sea a la vez un yo basado en la desconfianza de la primera persona; así las ficciones analizadas parecen querer diferenciarse del género malvinesco por excelencia: el testimonio, sujeto siempre a una petición de verdad, y propenso —especialmente en el caso de los testimonios sobre acontecimientos bélicos— a ser utilizado para otros fines tales como el nacionalismo, la incitación a la guerra, la victimización, etcétera. Lo que ponen de manifiesto los textos narrativos citados en este trabajo es la necesidad de pensar el pasado más que de recordarlo. En este punto convalidan la particularidad de la literatura en donde, cito nuevamente a Sarlo «un narrador siem-

---

[21] Tomado del artículo de Alberto Giordano «Cultura de la intimidad y giro autobiográfico en la literatura argentina actual» aparecido en Pensamiento de los confines, número 21, diciembre de 2007.

pre piensa *desde afuera* de la experiencia, como si los humanos pudieran apoderarse de la pesadilla y no sólo padecerla» (Sarlo 2005: 166), a la vez que nos reiteran que los autores, como nosotros mismos, estamos atravesados por la historia, pero que ésta está compuesta por cada uno de los sujetos.

BIBLIOGRAFÍA

I. *Textos*

FOGWILL (1983): *Los pichiciegos*. Buenos Aires: Mondadori, 1998.
FORN, Juan (1991): «Memorandum Almazán», en *Nadar de noche*. Buenos Aires: Planeta.
FRESÁN, Rodrigo (1991a): «Soberanía Nacional», en *Historia Argentina*. Buenos Aires: Planeta.
— (1991b): «El aprendiz de brujo», en *Historia Argentina*. Buenos Aires: Planeta.
GAMERRO, Carlos (2007 [1998]): *Las islas*. Buenos Aires: Norma.
GUEBEL, Daniel (1992): «El amor de Inglaterra», en *El ser querido*. Buenos Aires: Sudamericana.
KOHAN, Martín (2008 [2007a]): *Ciencias morales*. Barcelona: Anagrama.
NIELSEN, Gustavo (1997): *La flor azteca*. Buenos Aires: Planeta.
PRON, Patricio (2007): *Una puta mierda*. Buenos Aires: El Cuenco de Plata.
RUSSO, Eduardo (2000): *Guerra conyugal*. Buenos Aires: Adriana Hidalgo editora.
SORIANO, Osvaldo (1986): *A sus plantas rendido un león*. Buenos Aires: Sudamericana.
VIEYTES, Raúl (1999): *Kelper*. Buenos Aires: Clarín/Aguilar.

II. *Estudios*

BUSTOS, Dalmiro (1982): *El otro frente de la guerra: los padres de Malvinas*. Buenos Aires: Ramos Americana.
CARDOSO, O./KIRSCHBAUM, R./VAN DER KOOY, E. (1983): *Malvinas: la trama secreta*. Buenos Aires: Sudamericana.
FRESÁN, Rodrigo (2006): «Me encantó que alguien se arriesgara a robar un libro mío», en <http://www.dosdoce.com/continguts/entrevistas/vistaSola_cas.php?ID=8>.
— (2008): «La función del escritor es de proveer historia», en <http://laperiodicarevisiondominical.wordpress.com/2008/12/>.
GAMERRO, Carlos (2006a): *El nacimiento de la literatura argentina*. Buenos Aires: Norma.
— (2006b): «La tradición, el oído y las palabras», en *La Nación*, Buenos Aires, 22 de abril.

— (2007): «No hay realismo en Malvinas porque fue una guerra de ficción», en *Clarín*, Buenos Aires, 22 de abril.

KOHAN, Martín (2007b): «Ganar un premio tiene una parte de orgullo pero trato de sosegarla», en *Clarín*, Buenos Aires, 24 de diciembre.

— (2007c): «Éxito y derrota, según Martín Kohan», en *El Mercurio*, Santiago de Chile, 16 de diciembre.

KON, Daniel (1982): *Los chicos de la guerra. Hablan los soldados que estuvieron en Malvinas*. Buenos Aires: Galerna.

MORA, Carmen de (2003): «El cuento argentino en los años noventa», en *Foro Hispánico* 24, pp. 65-83.

NIELSEN, Gustavo (2005): «Valiente Muchachada», en: <http://milanesaconpapas.blogspot.com/2005/08/valiente-muchachada.html>.

— (2006): «Una buena novela te destruye», en *Página 12*, Buenos Aires, 21 de octubre.

MONTELEONE, Jorge (2000): «Un destino de ficción. Primera novela de Edgardo Russo», en *Clarín*, Buenos Aires, 10 de abril.

PRON, Patricio (2009): «Entrevista a Patricio Pron», en <http://patriciopron.blogspot.com/2009/01/entrevista-de-marcelo-lpez-acerca-de.html>.

SARLO, Beatriz (2005): *Tiempo pasado. Cultura de la memoria y giro subjetivo. Una discusión*. Buenos Aires: Siglo XXI.

VIEYTES, Raúl (2009:) «El doble ¿de dónde?», en <http://www.librosycine.com.ar/3/index.php?option=content&task=view&id=99>.

Bolaño y yo. Las dos caras de la autoficción en la obra de Roberto Bolaño

Matei Chihaia

«Siempre me parecieron detestables las autobiografías». Esta afirmación rotunda con la que empieza una de sus reseñas, Bolaño la repite en el año de su muerte, cuando, varias veces, se le pregunta por el contenido autobiográfico de su obra. En particular el género de las memorias provoca su desprecio: le parece hecho de obras «grandilocuentes, a veces desde el título mismo […] escritas, en su mayoría, por gente bien ignorante o bien aburrida» (Pinto 2006: 85). Según Bolaño, las vidas de autores no merecen contarse. Prefiere escuchar o leer «a los aventureros sangrientos, a las actrices de cine porno, a los grandes detectives, a los traficantes de drogas, a los mendigos» (Pinto 2006: 85). Es decir, precisamente aquellas profesiones más o menos marginales —los detectives, los traficantes, los mendigos— que pueblan el universo de sus ficciones. Profesiones que sirven de punto de referencia para los poetas inconformistas en su novela más conocida, *Los detectives salvajes*. Además, esta obra de ficción compuesta de fragmentos narrados de manera autobiográfica, confirma la transformación del género de la autobiografía, que, para Bolaño, llega a ser una forma de ficción.

Sus últimas entrevistas rechazan toda forma de autobiografía real y realista. Le consta que la relación de obra y vida es meramente «casual». Cita como ejemplo las novelas de Balzac, que aunque su autor fuese partidario de la monarquía, expresan un punto de vista republicano. Cuanto más realista la obra, tanto más fácil es distinguir su universo de ficción de la vida real del autor. En cambio, Bolaño piensa encontrar la única forma válida de autobiografía en los cuentos fantásticos o los relatos que no afectan ningún realismo. En ellos se manifiesta la imaginación de un autor, la única parte de su persona que merece nuestra atención. Como ejemplo más destacado de esto, Bolaño cita a Borges. Aunque no nos digan nada sobre los acontecimientos de su biografía, los relatos de Jorge Luis Borges quedan marcados por su vida interior, teñidos por sus lecturas y sus sueños: en Latinoamérica, según Bolaño «el escritor más autobiográfico de todos es, contra lo que la gente suele creer, Borges» (Pinto 2006: 84).

Es autobiografía lo que no lo parece. La diferencia entre ficción y no-ficción, entre autor y narrador, tiende a borrarse cuando en los mundos imaginarios asoma una experiencia interior que está en la raíz de la obra. Vuelve Bolaño a afirmar la misma idea en otra entrevista, esta vez refiriéndose a Franz Kafka: «Incluso Kafka es autobiográfico, el más autobiográfico de todos» (Swinburn 2006: 76). Explica que el momento autobiográfico dentro de la ficción sirve para constituir un narrador individual, para evitar el peligro de perderse, de sumirse en el «nosotros» pantanoso de las novelas escritas al gusto del gran público. Por eso, Bolaño prefiere la literatura «teñida ligeramente de autobiografía, que es la literatura del individuo, la que distingue a un individuo de otro, que la literatura del nosotros, aquella que se apropia impunemente de tu yo, de tu historia, y que tiende a fundirse con la masa [...] el sitio donde todos los rostros se confunden» (Swinburn 2006: 76).

En resumidas cuentas, estas entrevistas explican el procedimiento de *Los detectives salvajes*: Fingir unas autobiografías múltiples, marginales y fragmentarias para validar la ficción debe implicar al autor con su propia autobiografía, lo que la novela realiza a través del personaje de Arturo Belano. A pesar de su rechazo a las memorias, Bolaño quiere implicarse en los textos que escribe. Le parece el único antídoto contra una literatura de consumo, escrita desde el punto de vista de un «nosotros». A esas ficciones conformistas opone una «literatura teñida ligeramente de autobiografía». Este compromiso produce, en palabras de Manuel Alberca, un «pacto ambiguo», un género mezclado de autobiografía y ficción; una ambigüedad que se expresa por ejemplo en el heterónimo «Arturo Belano», cuya resonancia fonética recuerda al nombre del autor sin coincidir llenamente con éste, pero que se manifiesta también en una focalización subjetiva y una voz narrativa muy peculiares (Alberca 2007: 245; Perera San Martín 2005: 92).

Merece preguntarse por qué vertientes se desliza el autor entre sus personajes y qué funciones desempeña el autorretrato en los textos de Bolaño. Cuando las entrevistas que he citado evocan la experiencia interior del escritor, la oponen a dos escollos que amenazan la escritura libre: hay que evitar los monumentos del narcisismo grandilocuente por un lado, la ficción de consumo, la ficción sin autor, por otro. A las memorias clásicas, que suelen erigir un monumento al autor, Bolaño opone la transgresión —simbolizada por las profesiones marginales, actrices porno y traficantes de droga— una «experiencia interior» como la que describe George Bataille en su libro *L'expérience intérieure* de 1943: una apertura de los límites que forman la identidad física del hombre, un exceso que se olvida de razón para buscar una ampliación radical de su ser (Bataille 1997)[1]. Desde luego, tal ampliación no puede satisfacerse con la identidad del autor, aun cuando sea la del autor comprometido.

Pero la autoficción tampoco puede quedarse dentro de una estética de la transgresión. Porque el fundirse con otros no permite delimitarse de la literatura de desgaste y afirmar un compromiso individual del autor. Por el contrario, la transgresión amenaza su identidad, su «yo» de artista comprometido, y el derroche celebrado como experiencia interior puede volverse una forma habitual de la sociedad de consumo. El afán de distinguirse de una ficción sin nombre y sin sujeto va en otra dirección que las teorías de Bataille. En la base del autorretrato del autor comprometido hay otra tradición, otro planteamiento de la cuestión. Este planteamiento se encuentra en un texto de Borges, «Borges y yo» (cuya semejanza con algunas ideas de Bolaño ya fue señalada por Catalán (2005: 66-67), en donde se exalta la identidad múltiple del autor. En «Borges y yo», el narrador plantea la cuestión de manera auto-referencial, así que al final ni siquiera se sabe si se trata de un ensayo o de una ficción. Este texto ambiguo construye una historia de dobles, a partir de la diferencia entre el nombre propio del autor y el «yo» que se refiere, a veces al sujeto que habla en el texto, y a veces a la persona que está escribiendo. Pero incluso en esta ambigüedad Borges no se olvida de su identidad de escritor y realza el marco de la escritura y del lenguaje[2]. Además de estos marcos, la conclusión del texto vincula la desaparición del autor a la existencia de un juicio estético más que subjetivo. Aunque el juicio sobre la identidad del narrador o del «hacedor» del texto queda pendiente, él confía en los lectores para que inserten lo «bueno» de sus textos en sus discursos. Según Borges, sólo este ideal clásico disuelve la identidad del autor: «lo bueno ya no es de nadie, ni siquiera del otro, sino del lenguaje o la tradición. Por lo demás, yo estoy destinado a perderme, definitivamente, y sólo algún instante de mí podrá sobrevivir en el otro» (Borges 1989: 186). Aunque el texto acaba constatando que no sabe quién de los dos, «Borges» o «yo», está escribiendo, esta ambigüedad se pronuncia claramente por medio de la escritura.

---

[1] En la historia de las ideas y de la novela de la segunda mitad del siglo XX no se puede sobreestimar la influencia de Bataille. Para comentarios acerca de la difusión de las ideas de transgresión en la obra de Julio Cortázar remito a Wolfram Nitsch (1997) y Dominic Moran (2007).

[2] Por eso Vincent Colonna comenta el texto en el apartado referido a la «mitología del escritor»; de acuerdo con Colonna, el texto de Borges pone en escena la experiencia de despojo y desdoblamiento en la cual desemboca dicha mitología (Colonna 2004: 98-99).

A continuación trataré de mostrar cómo esas dos caras de la autoficción se manifiestan en la obra de Bolaño. Pienso que mientras que la visión borgeana de la autoficción precisa el apellido del autor para constituir su identidad, los heterónimos o abreviaciones de su nombre pertenecen a la «experiencia interior» tal como la entiende Bataille. Por eso me centraré primero en la forma literal idéntica a «Bolaño», para dedicarme después a Arturo Belano, su heterónimo.

Se manifiesta el pacto ambiguo, la mezcla de autobiografía y ficción, sobre todo en el empleo del nombre propio del autor, presente dentro del universo ficcional, o como personaje o como narrador: según el «acuerdo de mínimos» establecido por Alberca, «una autoficción es una novela o relato que se presenta como ficticio, cuyo narrador y protagonista tienen el mismo nombre que el autor» (Alberca 2007: 158). Se trata de un caso particular de los «nombres históricos», que coinciden, al menos en parte, con los de personas existentes[3]. El empleo de tales nombres históricos en la ficción pertenece a una tradición antigua que comienza con las tragedias y epopeyas, y continúa con la novela histórica decimonónica y finalmente, durante la época en que Bolaño era joven y vivía en México, la narrativa revolucionaria y la novela testimonial mexicana. Asoma el género testimonial no sólo en *Los detectives salvajes*, que debe mucho a Elena Poniatowska, sino también en el capítulo final de *La literatura nazi en América*, dónde el narrador-historiador se convierte en narrador-testigo (Perera San Martín 2005: 96)[4]. En este contexto aparece el propio nombre de Bolaño, de modo que se produce un efecto final de sorpresa y se acaba el libro con un guiño. Los otros textos de *La literatura nazi* se sitúan fuera de las convenciones narrativas de la novela, así que la obra se presenta como un diccionario de escritores que se estructura por nombres de personas, todas comprometidas con las corrientes fascistas del siglo XX. Desde el comienzo no acata las convenciones narrativas de la ficción histórica, fragmentándola y sustituyéndola por la forma no-ficcional y discontinua del diccionario. A eso, el último capítulo, «Ramírez Hoffmann, el infame», narrado en primera persona, añade un experimento de autoficción. Aparece el nombre del autor en las palabras con las que se despide el detective chileno que había perseguido, encontrado y probablemente ejecutado a Ramírez Hoffmann: «Cuídate, Bolaño, dijo finalmente y se marchó» (Bolaño 1996:

---

[3] Para una tipología de las funciones semánticas que pueden desempeñar los nombres propios dentro de la ficción, véase Birus (1978: 31-53).

[4] En cuanto a Elena Poniatowska, me refiero a su libro *La noche de Tlatelolco*, cuyo recuerdo me parece presente en el relato de Auxilio Lacouture (Bolaño 1998: 190-199).

219). Son las últimas palabras del capítulo y de la novela. El apellido de Bolaño subraya, por un lado, la autenticidad de la historia narrada, que en algunos momentos incluye testimonios personales: la presencia final del autor funciona como una firma. Pero esta signatura forma parte de la ficción, se funde con la novela, se hace por la voz y desde el punto de vista de otra persona. Se necesita a este otro para convertir el «yo», la primera persona del narrador, en el nombre propio apto para identificar el autor[5]. La firma, por lo tanto, desempeña una función ambigua: sugiere, con ironía, una cierta autenticidad, pero realza, al mismo tiempo, el arte de la ficción. Aquella signatura es doblemente constitutiva para el sujeto del autor: primero, remite a la experiencia individual, inconfundible, de la persona Bolaño; segundo, realza la puesta en escena que une los capítulos que forman *La literatura nazi*, hace hincapié en la unidad estética de esta obra inusual que concursa para premios de «novela».

Cuando Bolaño amplía el capítulo sobre Ramírez Hoffmann de *La literatura nazi* bajo el título *Estrella distante*, ya no necesita este marco artístico, siendo *Estrella distante* una novela corta de molde bastante tradicional, comparable a *El perseguidor* de Julio Cortázar. Vuelve a citar la réplica del detective chileno para cerrar el relato, pero esta vez reemplaza el nombre propio por el nombre genérico «amigo» y el «tuteo» por una forma de tratamiento más opaco o distanciado: En vez de «Cuídate, Bolaño» pone «Cuídese, mi amigo, dijo finalmente, y se marchó» (Bolaño 1996: 157). Mientras que el marco de *La literatura nazi* se cimienta por el apellido del autor, el nuevo pacto de la ficción, que sigue siendo un pacto ambiguo, se establece por un paratexto, un prólogo, que comentaré después.

La signatura indirecta, integrada en la ficción, aparece también en el texto «Un paseo por la literatura», publicado en *Tres*, que lleva la fecha de 1994, o sea, de la época inmediatamente anterior a la escritura de *La literatura nazi* y *Estrella distante*. Efectivamente prefigura el diálogo con el detective que forma el final de estas novelas, y el efecto de sorpresa que causa el nombre del autor, su identidad descolocada: «Soñé que era un detective viejo y enfermo que buscaba a gente perdida hace tiempo. A veces me miraba casualmente en el espejo y reconocía a Roberto Bolaño» (Bolaño 2000b: 86)[6]. En otros fragmentos de ese «Paseo por

---

[5] Un procedimiento cuyo modelo puede ser la única ocurrencia, en *A la recherche du temps perdu* del nombre «Marcel», pronunciado por Albertine, y no por el narrador (Cohn 2005: 123).

[6] El concepto de «descolocación», propuesto por Julio Cortázar en su breve texto «Del sentimiento de no estar del todo» (Cortázar 1984: 32), fue comentado y ampliado por Fernando Aínsa (1973).

la literatura» se sueña el autor junto a otros escritores como, por ejemplo, Nicanor Parra o Enrique Lihn, que le recuerdan su condición de poeta exiliado y marginal[7]. El sueño y la lectura, el diálogo con otros poetas, se caracterizan así como formas de experiencia que borran los límites entre ficción y autobiografía, y exigen un compromiso personal del autor con sus textos. En el capítulo final de *Putas asesinas*, en «Encuentro con Enrique Lihn», amplía aquellos sueños de literatura comprometida: otra vez encuentra, en un contexto onírico, a algunos poetas chilenos como a Enrique Lihn o a Víctor Jara, mientras que toda la gente y él mismo saben que el que sueña es «Roberto Bolaño»: «una simulación onírica de una visita imposible, en los que la intensidad acumulada confunde al lector hasta el punto de hacerle creer encontrar, de forma ilusa, la conexión más directa con el narrador, confundido con el propio escritor» (Gras 2005: 68). Aunque el sueño exalta la presencia del autor en su obra, de «un Lihn que se parecía a sus poemas», el encuentro con los escritores insumisos refleja el dilema entre transgresión y compromiso político (Bolaño 2001: 220). Otra vez, el nombre propio se emplea para constituir una forma de ficción que logra conciliar experiencia interior y validez histórica (Espinosa 2003: 29).

Este dilema es una característica distintiva de sus autorretratos. En su reseña de *Soldados de Salamina*, Bolaño relaciona los apellidos reales que aparecen en esta novela con un tópico clásico de ficción. En la novela de Javier Cercas, dice, «aparece un tal Bolaño, que es escritor chileno y vive en Blanes pero que no soy yo, de la misma manera que el Cercas narrador no es Cercas, aunque ambos son posibles e incluso probables» (Bolaño 2006: 177)[8]. Los dos adjetivos se refieren, desde luego, a la *Poética* de Aristóteles (cap. 9, 1451b), que habla del «orden probable y posible de las cosas», el cual convierte la ficción, «aunque ésta fija nombres propios a los caracteres», en una realidad universal. La novela *Soldados de Salamina*, según Bolaño, cumple con esa condición. Por el elogio al colega, sin embargo, Bolaño no sólo rechaza una identidad de personaje de novela (la de un «Bolaño» creado por Cercas), sino que se afirma como un autor e incluso un crítico con su propia visión sobre las formas y los fines de la literatura. Pues en

---

[7] «Soñé que tenía quince años y que iba a la casa de Nicanor Parra a despedirme. Lo encontré de pie, apoyado en una pared negra. ¿Adónde vas, Bolaño?, decía. Lejos del hemisferio Sur, le contestaba» (Bolaño 2000b: 90). En otro pasaje de la misma obra, aparece Enrique Lihn «con una botella de vino, un paquete de comida y un cheque de la Universidad Desconocida» (Bolaño 2000b: 83).

[8] Cabe señalar la afinidad entre esta afirmación y algunos pasajes de Cercas, en los cuales el autor subraya que su parecido con los personajes no llega hasta la identidad (cf. Alberca 2007: 207).

su propia obra el apellido del autor por sugerir un compromiso político del escritor, raramente denota un «orden probable y posible de las cosas». Por el contrario: situado en el reino de las sombras, del sueño, de la imaginación, la presencia del autor oscila entre el autorretrato del artista comprometido y la experiencia interior, que es una experiencia de alienación. Esa experiencia interior lleva consigo el cambio del nombre, la creación del personaje heterónimo Arturo Belano. Este personaje añade otra faceta al espejo, transforma el binomio «Bolaño y yo» en el triángulo «Bolaño, Belano, y yo».

El triángulo se despliega por primera vez en el prólogo de *Estrella distante*, donde el nombre de «Arturo B.» aparece por primera vez en la obra de Bolaño (Gras 2005: 61). De acuerdo con el prólogo, Arturo, «compatriota» del autor, le había contado la historia de Ramírez Hoffmann y había vuelto a ampliar el tema, junto al autor, que atiende el «dictado de sus sueños y pesadillas» (Bolaño 1996: 11). Entre los numerosos comentarios de este texto, el de Celina Manzoni advierte de las afinidades que hay entre el desdoblamiento del autor y el concepto freudiano del «doble siniestro» (Manzoni 2002: 46). Nicasio Perrera San Martín añade explícitamente que el prólogo es «autoficción» (Perera San Martín 2005: 92) —basta juntar ambos comentarios para caracterizar la segunda vertiente de ésta—. El objetivo del nombre propio en los ejemplos que acabo de analizar es constituir la identidad artística y política del autor, su compromiso dentro de su ficción. El cambio en «Arturo Belano» no refuerza la identidad productiva, sino que deriva hacia una experiencia de sueño y transgresión. Esta experiencia interior caracteriza a Arturo Belano como heterónimo, persona que «adquiere una presencia plurifuncional» (Promis 2003: 50) —no solamente aparece como personaje de *Los detectives salvajes*, sino que, según un apunte del autor publicado por Ignacio Echevarría, parece ser también el narrador de *2666*[9]. Ese heterónimo, con perceptible referencia a Roberto Bolaño, se suma a otros apellidos levemente disfrazados, que denotan a otras personas reales. El ejemplo más destacado es quizá el héroe de *Nocturno de Chile*, que se llama Urrutia Lacroix y esconde al crítico chileno Ibáñez Langloix. El seudónimo que éste lleva en la novela, H. Ibacache, es como un crucigrama en el que el lector puede encontrar una sílaba del nombre original, «Ibáñez», además de palabras simbólicas que deben caracterizar al personaje como *croix* («cruz» en francés, como cabe para un sacerdote culto), «hache» o «cache», que en argentino significa «de mal

---

[9] «El narrador de *2666* es Arturo Belano»; «Y esto es todo, amigos, todo lo he hecho, todo lo he vivido. Si tuviera fuerza, me pondría a llorar. Se despide de ustedes, Arturo Belano» (Echevarría 2004: 1125).

gusto» (lo que caricaturiza su actividad crítico literario)[10]. Además de esta motivación implícita, el relato contiene un largo comentario que explica las dos vertientes personificadas por los distintos apellidos:

> Tomé la decisión, o tal vez lo decidí antes, todo en esta hora es vago y confuso, de que debía adquirir un seudónimo para mis labores críticas y mantener mi nombre verdadero para mis entregas poéticas. Y entonces adopté el nombre de H. Ibacache. Y poco a poco H. Ibacache fue siendo más conocido que Sebastián Urrutia Lacroix, para mi sorpresa y también mi satisfacción, pues Urrutia Lacroix planeaba una obra poética para el futuro, una obra de ambición canónica que iba a cristalizar únicamente con el paso de los años, en una métrica que ya nadie en Chile practicaba, ¡qué digo!, que nunca nadie jamás había practicado en Chile, mientras Ibacache leía y explicaba en voz alta sus lecturas como antes lo había hecho Farewell, en un esfuerzo dilucidador de nuestra literatura, en un esfuerzo razonable, en un esfuerzo civilizador, en un esfuerzo de tono comedido y conciliador, como un humilde faro en la costa de la muerte (Bolaño 2000a: 36-37).

De la misma manera, el nombre de Arturo Belano anuncia todo un programa estético. Arturo remite a Arthur Rimbaud, no solamente a su biografía de artista, «suicida en África», como dice el prólogo de *Estrella distante* (Bolaño 1996: 11; cf. Manzoni 2005: 36), sino también a sus escritos sobre la experiencia interior del poeta, y en particular a la frase clave de las «Lettres du voyant», que afirma: «je est un autre» (Rimbaud 1972: 250). Creo que a esta experiencia se refiere Bolaño cuando, en una entrevista, califica a Arturo Belano de «*alter ego* en el sentido que hay cosas que le pasan a él que a mí me han ocurrido. Pero en otros casos, no, por supuesto. Como cualquier *alter ego*» (Gras Miravet 2000: 62). La repetición de álter ego no es tan inocente como su afirmación propiamente dicha, dado que la fórmula «otro yo» trae a la memoria el lema pronunciado por otro Arturo. Bolaño amplía la forma de experiencia que sintetiza este nombre hasta formar todo un relato, «Detectives», que se publica en el volumen *Llamadas telefónicas*. Al autor parece además haberle ocurrido lo que cuenta el diálogo de los dos detectives: habiendo sido sus compañeros de clase, reconocen al joven

---

[10] Encontramos la comparación entre autobiografía y crucigrama en su afirmación de que «el policía y el detective parecen ajenos a esa mecánica [del mero respirar]. En sus biografías o autobiografías siempre hay otra cosa: una propuesto, un juego, un crucigrama que te dice acércate al espejo y mira» (Pasaje de la entrevista con Demian Orosz, publicada en *La Voz del Interior*, Córdoba, Argentina, 26 de diciembre de 2001, citado en Braithwaite 2006: 101).

Belano entre los presos políticos que tienen que custodiar. En cambio Belano, que atraviesa una crisis de identidad, no solamente no los recuerda, sino que tampoco se reconoce a sí mismo cuando pasa frente a un espejo: «Iba en la cola en dirección al baño y al pasar junto al espejo se miró de golpe la cara y vio a otra persona. [...] Y cuando volvieron del gimnasio otra vez se miró en el espejo y en efecto, me dijo, no era él, era otra persona [...]» (Bolaño 1997: 129-130). La experiencia siniestra del doble atrapa hasta al detective, cuando éste acompaña a Belano para que pueda mirarse otra vez en el espejo: «Vi un enjambre de jetas, como si el espejo estuviera roto» (Bolaño 1997: 132).

La máscara del heterónimo presenta al autor como un sujeto alienado, casi un fantasma. La intensidad de la experiencia interior, en este tipo de autoficción, no justifica una constitución del autor sino que favorece su desdoblamiento, su disociación. Aunque ambos, el apellido real del autor y su heterónimo, pertenecen al pacto ambiguo de la autoficción, representan dos tendencias antinómicas conjugadas en la obra de Roberto Bolaño: el nombre del autor evoca una forma de compromiso artístico o político; el heterónimo, al contrario, subvierte la identidad de la obra. Estas dos vertientes de su autoficción se manifiestan de forma prototípica en las dos novelas publicadas en 1996, *La literatura nazi* y *Estrella distante*.

El nombre «Bolaño», en la cubierta y la última página que enmarca *La literatura nazi*, forma un armazón literario de la obra. Además, el título «Ramírez Hoffmann, el infame» se refiere abiertamente a la *Historia universal de la infamia* de Jorge Luis Borges, que podemos considerar el maestro de un cierto tipo de autoficción, centrada en la identidad del narrador como autor. En la otra vertiente de la autoficción está la experiencia interior de la transgresión, de la otredad, del «otro yo», que conduce fuera de la literatura y cuyos maestros son Arthur Rimbaud y, desde luego, Georges Bataille. El prólogo de *Estrella distante*, aunque sea una forma más convencional, anuncia la llegada de «Arturo B.» como doble siniestro. La apertura y disociación del sujeto puede hasta reducir «Arturo B.», a la inicial «B.», que ya no es nombre sino símbolo de una visión kafkiana del mundo. Basta la referencia explícita al cuento «Pierre Menard» de Borges, verdadera «clave de lectura» (Perera San Martín 2005: 92), en el mismo prólogo, para llamar nuestra atención a la complementariedad de las dos vertientes en la obra de Bolaño: la autoficción significa un compromiso histórico del autor que coincide, de manera paradójica, con su experiencia interior, con la imaginación desatada, con la transgresión.

Para concluir y para ampliar la perspectiva de mi ponencia, quisiera sostener que estas dos caras de la autoficción marcan a todos los narradores que hablan en primera persona —incluso en las ficciones que parecen no representar al autor—. Como explican las entrevistas que he citado al comienzo, toda ficción válida se tiñe de autobiografía de una forma u otra, por las dos vertientes que acabo de presentar. Sólo quiero analizar brevemente un ejemplo: en *Nocturno de Chile*, su novela del año 2000, la primera persona del narrador remite a varias tradiciones no-ficcionales, a empezar por el Apocalipsis de Juan y las confesiones de San Agustín, que contribuyen a constituir un «yo» ambiguo, que abarca la gran tradición de la escritura occidental en primera persona (Moreno 2005: 203). Estos intertextos enmarcan el «yo» del sacerdote que confiesa sus acciones y omisiones y acaba por la visión apocalíptica de una tormenta. Sin embargo, aunque formen un pacto ambiguo, un pacto de autoficción, la confesión y el Apocalipsis no ponen en cuestión la identidad del narrador. Todo lo contrario ocurre en *Nocturno de Chile*, cuando el diálogo con el «joven envejecido» se revela como sueño, el mismo joven haciéndose un doble siniestro del narrador, un fantasma creado por su imaginación:

> Y a veces tiembla y todo queda detenido por un instante. Y entonces me pregunto: ¿dónde está el joven envejecido?, ¿por qué se ha ido?, y poco a poco la verdad empieza a ascender como un cadáver. Un cadáver que sube desde el fondo del mar o desde el fondo de un barranco. Veo su sombra que sube. Su sombra vacilante. Su sombra que sube como si ascendiera por la colina de un planeta fosilizado. Y entonces, en la penumbra de mi enfermedad, veo su rostro feroz, su dulce rostro, y me pregunto: ¿soy yo el joven envejecido? ¿Esto es el verdadero, el gran terror, ser yo el joven envejecido que grita sin que nadie lo escuche? ¿Y que el pobre joven envejecido sea yo? (Bolaño 2000a: 149-150).

En estas preguntas, el «yo» deja de ser la forma narrativa que constituye la identidad del sujeto y se convierte de verdad en lo que Alberca, con una bella fórmula referida a Cercas, llama «un haz de yos en movimiento» (Alberca 2007: 207). Muestra al narrador en un estado de disociación: «Je est un autre»[11]. El «yo» del sacerdote que había buscado un refugio en el lugar común del «puer senex», es decir del joven envejecido (Curtius 1993: 108-115), pierde el control retórico de sus tópicos, y se enreda en la experiencia interior, en la trans-

---

[11] Comenta, para el contexto sudamericano, Nicasio Perera San Martín este procedimiento del «asalto a la omnisciencia del narrador [...] creando el género *relato*» (Perera San Martín 2005: 96).

gresión que le hace enfrentar a un doble siniestro (Moreno 2005: 208). Como la autoficción propiamente dicha, la narración en primera persona muestra aquellas dos caras del autorretrato: constituir una forma individual de sentir y un compromiso del autor o perderse en una experiencia interior, una experiencia de alteridad y de transgresión. Las dos vertientes caracterizan la autoficción en las obras publicadas por Bolaño durante su vida. Con la publicación de cada vez más textos póstumos, en los cuales el «pacto ambiguo» revela los escritos de un autor difunto, se profundiza de manera dramática, como ya ha sido descrito en *Nocturno de Chile*, la oposición entre el autor que se afirma, y el autor que se pierde por la escritura[12].

BIBLIOGRAFÍA

1. *Textos*

BOLAÑO, Roberto (1996): *Estrella distante*. Barcelona: Anagrama.
— (1997): «Detectives», en *Llamadas telefónicas*. Barcelona: Anagrama, pp. 114-133.
— (2000a): *Nocturno de Chile*. Barcelona: Anagrama.
— (2000b [1994]): «Un paseo por la literatura», en *Tres*. Barcelona: El Acantilado, pp. 75-105.
— (2001): «Encuentro con Enrique Lihn», en *Putas Asesinas*. Barcelona: Anagrama, pp. 217-225.
— (2004 [1998]): *Los detectives salvajes*. Barcelona: Anagrama.
— (2005 [1996]): *La literatura nazi en América*. Barcelona: Seix Barral.
— (2006): «La última novela de Javier Cercas», en *Entre paréntesis*. Barcelona: Anagrama, pp. 176-178.
BORGES, Jorge Luis (1989 [1960]): «Borges y yo», en *El hacedor*, *Obras completas* vol. II. Barcelona: Emecé Editores, p. 186.
BRAITHWAITE, Andrés (ed.) (2006): *Bolaño por sí mismo. Entrevistas escogidas*. Santiago de Chile: Ediciones Universidad Diego Portales.
CORTÁZAR, Julio (1984 [1967]): «Del sentimiento de no estar del todo», en *La vuelta al día en ochenta mundos*, 2 vols. México: Siglo XXI, vol. I, pp. 32-38.
RIMBAUD, Arthur (1972): «Lettre à Paul Demeny, 15 mai 1871», en *Œuvres complètes*. Ed. de Antoine Adam. Paris: Gallimard, pp. 249-254.

---

[12] Después de todo, el autor de este ensayo y yo quisiéramos señalar la ayuda importante que nos aportó, por sus correcciones y sugerencias, nuestra colega Victoria Torres.

2. *Estudios*

Aínsa, Fernando (1973): «Las dos orillas de Julio Cortázar», en *Revista Iberoamericana*, 84-85, pp. 425-456.
Alberca, Manuel (2007): *El pacto ambiguo. De la novela autobiográfica a la autoficción*. Madrid: Biblioteca Nueva.
Bataille, Georges (1997 [1943]): *L'expérience intérieure*. Paris: Gallimard.
Birus, Hendrik (1978): *Poetische Namengebung. Zur Bedeutung der Namen in Lessings 'Nathan der Weise'*. Göttingen: Vandenhoeck & Ruprecht.
Catalán, Pablo (2005): «Roberto Bolaño: un laberinto narrativo», en Moreno, Fernando (ed.), *Roberto Bolaño, una literatura infinita*. Poitiers: CRLA-Archivos, pp. 53-67.
Cohn, Dorrit (2005): «Métalepse et mise en abyme», en Pier, John/Schaeffer, Jean-Marie (eds.): *Métalepses. Entorses au pacte de la représentation*. Paris: EHESS, pp. 121-130.
Colonna, Vincent (2004): *Autofiction et autres mythomanies littéraires*. Paris: Tristram.
Curtius, Ernst Robert (1993 [1948]): *Europäische Literatur und lateinisches Mittelalter*. Tübingen-Basel: Francke.
Echevarría, Ignacio (2004): «Nota a la primera edición», en Bolaño, Roberto, *2666*. Barcelona: Anagrama, pp. 1121-1125.
Espinosa, Patricia (2003): «Estudio preliminar», en Espinosa, Patricia (ed.), *Territorios en fuga. Estudios críticos sobre la obra de Roberto Bolaño*. Providencia: Frasis, pp. 13-32.
Gras, Dunia (2005): «Roberto Bolaño y la obra total», en *Jornadas Homenaje Roberto Bolaño (1953-2003)*. Barcelona: ICCI, pp. 51-73.
Gras Miravet, Dunia (2000): «Entrevista con Roberto Bolaño», en *Cuadernos Hispanoamericanos* 604, pp. 53-65.
Manzoni, Celina (2002): «Narrar lo inefable. El juego del doble y los desplazamientos en 'Estrella distante'», en Manzoni, Celina (ed.), *Roberto Bolaño: La literatura como tauromaquia*. Buenos Aires: Corregidor, pp. 39-50.
Manzoni, Celina (2005): «Ficción de futuro y lucha por el canon en la narrativa de Roberto Bolaño», en *Jornadas Homenaje Roberto Bolaño (1953-2003)*. Barcelona: ICCI, pp. 27-47.
Moran, Dominic (2000): *Questions of the Liminal in Julio Cortázar*. Oxford: Legenda.
Moreno, Fernando (2005): «Sombras… y algo más. En torno a 'Nocturno de Chile'», en Íd. (ed.), *Roberto Bolaño, una literatura infinita*. Poitiers: CRLA-Archivos, pp. 199-210.
Nitsch, Wolfram (1997): «Die lockere und die feste Schraube. Spiel und Terror in Cortázars 'Rayuela'», en Schulz-Buschhaus, Ulrich/Stierle, Karlheinz (eds.), *Projekte des Romans nach der Moderne*. München: W. Fink, pp. 263-287.
Perera San Martín, Nicasio (2005): «Los narradores felisbertianos de Roberto Bolaño», en Moreno, Fernando (ed.): *Roberto Bolaño, una literatura infinita*. Poitiers: CRLA-Archivos, pp. 87-100.

PINTO, Rodrigo (2006): «Nunca creí que llegaría a ser tan viejo», en *El Mercurio*, Santiago de Chile, 18 de abril de 2003. Reproducido en Braithwaite, Andrés (ed.), *Bolaño por sí mismo. Entrevistas escogidas.* Santiago de Chile: Ediciones Universidad Diego Portales, pp. 82-86.

PROMIS, José (2003): «Poética de Roberto Bolaño», en Espinosa, Patricia (ed.), *Territorios en fuga. Estudios críticos sobre la obra de Roberto Bolaño.* Providencia: Frasis, pp. 47-63.

SWINBURN, Daniel (2006): «La novela y el cuento son dos hermanos siameses», en *El Mercurio*, Santiago de Chile, 2 de marzo de 2003. Reproducido en Braithwaite, Andrés (ed.), *Bolaño por sí mismo. Entrevistas escogidas.* Santiago de Chile: Ediciones Universidad Diego Portales, pp. 73-78.

El autor y sus «figuras» en la obra del escritor uruguayo Carlos Denis Molina

Cécile Chantraine

Carlos Denis Molina, nacido en 1916 y fallecido en 1983 en Montevideo, es el autor de una extensa obra literaria que se inscribe en todas las principales categorías genéricas: el relato, con dos cuentos y una novela, *Lloverá siempre*; la poesía, con dos libros de poemas y poemas sueltos; por fin, el teatro, al cual dedicó lo esencial de su vida artística y profesional, puesto que escribió alrededor de treinta obras, de las cuales once fueron representadas por compañías tan prestigiosas como la Comedia Nacional[1] de Montevideo. Así, Carlos Denis Molina se convirtió en su tiempo y, sobre todo, en la época de su mayor producción literaria, entre los años cuarenta y cincuenta, en una persona reconocida dentro del mundo de las letras uruguayas, trabajando con los grandes nombres del teatro, como la actriz y directora catalana Margarita Xirgu, exiliada entonces en América Latina. En 1971 fue nombrado director artístico de la Comedia Nacional de Montevideo por unos diez años antes de jubilarse de manera anticipada por culpa de una enfermedad. Varias influencias vanguardistas caracterizan su creación literaria, comenzando por el ultraísmo y el surrealismo, que llevaron su escritura a explorar y proponer nuevas formas poéticas, pasando por el teatro realista anglosajón y absurdo que fue completando la estética y la dimensión filosófica de sus obras.

Pese a esta trayectoria ejemplar y una obra dotada de indudables cualidades literarias, su nombre y la mayor parte de su obra literaria resultan hoy relativamente desconocidos dentro del mundo de las Letras hispanoamericanas. Varias razones pueden explicar este olvido del autor, entre las cuales destacan dos principales: por una parte, muchas de sus obras quedan inéditas por ser obras de teatro, las cuales se beneficiaron, como modo de difusión en la época, de una representación; por otra parte, la inestabilidad política y económica del país, Uruguay, no facilitó en absoluto el

---

[1] Cinco de sus obras de teatro fueron representadas por la compañía de la Comedia Nacional: *Orfeo* bajo la dirección de Margarita Xirgu en 1951, *Morir, tal vez soñar* en 1953, *Un domingo extraordinario* en 1958, *La boa* en 1973 y *Soñar con Ceci trae cola* en 1983.

archivo esmerado de su producción literaria que el propio Denis Molina dejó bajo la custodia de dos depósitos privados en Montevideo[2]. Rehabilitar su persona y obra literaria no parece ser, por lo tanto, una tarea fácil: algunas obras se han perdido; otras aparecen incompletas; se dispone de varias versiones de las obras de teatro sin saber con certidumbre cuál se representó; las obras publicadas no se reeditan. Escasos son, entonces, los ejemplares disponibles y localizables para los lectores actuales[3]. Por fin, la variedad de las estéticas escogidas y de los temas evocados en sus obras, pone en tela de juicio a veces la idea de una paternidad común entre ellas.

La obra de Denis Molina es, sin embargo, una obra que curiosamente aboga por ser rescatada reivindicando una única autoridad demiúrgica, de manera discreta, pero eficiente. A través de la dimensión autoficcional de sus obras, que mantienen relaciones lejanas o cercanas con la biografía del autor, Carlos Denis Molina ha sabido dotarlas de un tinte común que las interrelaciona entre sí a pesar de su apariencia ecléctica. Así podría decirse que introdujo en cada una de ellas *figuras del autor*, noción forjada por el teórico francés Maurice Couturier (1995), que asemejó la atracción generada por la huella dejada por un escritor en su texto al efecto producido por los autorretratos que los artistas, a partir del Renacimiento, incluían adrede en sus pinturas. Estrategia compleja del escritor latinoamericano para rescatar su obra en un contexto que le es poco favorable y/o auténtica reflexión práctica y teórica de un autor sobre la autoficción, tales son algunas de las pistas que nos proponemos explorar y analizar en este trabajo.

La dimensión autoficcional de la obra de Carlos Denis Molina

En el caso de la obra de Denis Molina, se ha de hablar de un verdadero desfile de «figuras» que evocan al autor dando a todos sus escritos una patente dimensión autoficcional. Lo más curioso es que esta propensión a la autoficción se distribuye, además, en todos los géneros: no sólo en el narrativo, que se considera como el género de la autoficción por excelencia, sino también en la poesía

---

[2] Un primer depósito, incompleto, se halla en Montevideo, en AGADU (Asociación General de Autores de Uruguay). Existe un segundo depósito, más exhaustivo pero también incompleto, que hasta junio de 2009 se encontraba en Montevideo bajo la custodia exclusiva de la familia Giraldi, heredera de Carlos Denis Molina. Para facilitar su conservación y valorización fue transferido a Francia, a la biblioteca universitaria de Lille 3, mediante una convención entre la familia heredera y dicha universidad.

[3] La última reedición de su novela *Lloverá siempre* es de 1993 (Editorial Banda Oriental).

y en el teatro. Este recurso a la historia personal en otros géneros sugiere, por una parte, que Denis Molina no establecía una verdadera clasificación genérica entre sus producciones literarias que, según él, emanarían de un mismo impulso artístico. Pero, por otra parte, pone en evidencia lo que el teórico Philippe Gasparini destacaba en las primeras páginas de su ensayo *Est-il je?*, publicado en 2004, o sea, que el concepto de autoficción definido por Serge Doubrovsky apareció sin que se tomara en cuenta la larga tradición que le precedía[4], como la de la novela autobiográfica. La obra de Carlos Denis Molina sugiere además que, para los escritores de las primeras vanguardias del siglo XX, la problemática autoficcional no se plantea desde un punto de vista genérico, y evidenciaría finalmente que el «qué escribir» precede sin duda al «cómo escribir».

El relato más conectado con la biografía personal de Carlos Denis Molina es su única novela, *Lloverá siempre*, publicada en 1953 por las Ediciones Asir. En él se cuenta su infancia en su pueblo natal, San José de Mayo, marcada primero por la muerte de su madre y luego por su colocación en una familia local de notables que lo empleó de doméstico. Sus dos cuentos resultan también influenciados por la experiencia personal del autor: «¿En qué estará?» publicado en *Marcha* en 1948, se refiere a la efímera relación amorosa que mantuvo con la poetisa, uruguaya también, Orfila Bardesio durante el año 1947; en cuanto a «El Herido», publicado un año después en la revista *Asir*, narra la vida rural de su padre y hermanos después de la muerte de la madre y de su propia colocación en la familia de notables. Si la crítica de la época reconoce la dimensión autobiográfica de estos textos[5], se centra principalmente en la calidad literaria de la escritura de Denis Molina, como para comentar «El Herido»:

---

[4] «L'engouement suscité par ce mot a éveillé l'intérêt de la recherche pour une catégorie autrefois ignorée ou méprisée. On s'est mis à étudier les textes contemporains à travers la problématique de l'autofiction. Mais à l'instar de Doubrovsky, les zélateurs de ce nouveau genre le présentent généralement comme une forme d'expression inédite, postmoderne, sans antécédent, sans généalogie, sans histoire. Ce faisant, ils coupent leurs œuvres qu'ils étudient de leurs racines génériques, ils escamotent leur filiation avec le roman autobiographique traditionnel auquel elles empruntent pourtant la plupart de leurs procédés» (Gasparini 2004: 12).

[5] La recepción de los relatos de Denis Molina no resulta muy abundante. Para la novela, se conoce el prefacio de Arturo Sergio Visca en la primera edición de *Lloverá siempre*, el de Juan Carlos Onetti para la segunda (1967), el artículo de Emir Rodríguez Monegal en *Marcha* y el de Mario Benedetti en *Número* en 1953 entre otros, y para el cuento «El Herido», la recepción se limitaría a un párrafo introductorio del crítico Domingo Luis Bordoli. En cambio, no se ha encontrado ninguna crítica para el cuento «¿En qué estará?», ni en la prensa ni en las revistas de la época.

Asir tiene el placer de presentar a sus lectores uno de los cuentos más perfectos de nuestra narrativa, realizado mediante los procedimientos más honestos. Con una trama simple, lejos de esos habituales argumentos de crimen, abigeato, contrabando, injusticia social, adulterio, etc., a que nos tiene acostumbrado el cuento vernáculo, Denis descubre auténticos personajes campesinos, almas indefensas y simples, a las que baña un reconcentrado sentimiento de orfandad (Bordoli 1949: 23).

Y subraya la fuerza lírica de su pluma en *Lloverá siempre*:

Su *Lloverá siempre* está escrita desde una visión sustancialmente lírica de la realidad. Y sin dejar de ser novela, ¡y muy novela!, es al mismo tiempo poemática. Pero la poesía es una pura luz ubicua, que estando al mismo en todas partes y sin dejar de ser siempre la misma, se muestra sin embargo, con formas diferentes. ¿Qué forma en estas páginas de Denis? Actitud lírica ante la realidad (Visca 1953: II).

Además, cabe señalar que la carátula de la primera edición clasifica la obra como «novela», recalcando así su dimensión «literaria» antes que autobiográfica. En cuanto al cuento «¿En qué estará?», que no encontró ninguna recepción, puede decirse que domina en él el quehacer experimental y formal, o sea, el intento de transcribir el ensueño, a través de un largo monólogo único. Para cualquier lector, destaca más el trabajo literario sobre el ritmo, los silencios y el funcionamiento asociativo del pensamiento que el aspecto referencial del cuento, que parece relegado a segundo plano.

Así, el interés evidente de Carlos Denis Molina por la dimensión estética y poética de la escritura viene a explicar con toda lógica que se encuentren características autoficcionales en otros géneros que la narrativa, en particular en su poesía. Se trata siempre de poner en palabras y estetizar una misma preocupación, sin detenerse en la cuestión genérica: experimentar varias maneras de hablar de uno mismo, tal vez para encontrar la más adecuada. Varios poemas aluden entonces a la historia de la vida de Carlos Denis Molina. Por ejemplo, los que clausuran los libros *Liga de las escobas* y *Tiempo al sueño* remiten a su pasado en el campo, con cierta nostalgia a pesar de los tristes recuerdos que acompañan su evocación:

> Ahora es él quien te pide que lo lleves:
> tierra, pueblo humilde;
> ahora es él el cautivo de tus campanarios:
> plaza, infancia descalza (Denis Molina 1947: 50).

De hecho en *Liga de las escobas*, los cuatro poemas del último capítulo están dedicados a la temática vernácula y rural. Se titulan «crepúsculos de los campos», «campos», «campos» nuevamente y «remate»[6], y evocan con melancolía el mundo campesino y la familia a la que Carlos Denis Molina abandonó para ir a vivir en la ciudad:

> ¿Quién puso este cuchillo
> entre ellos y yo?
>
> Quién, quién sino el campo.
>
> ¿Cabe todo el grito de este corazón
> en mis manos,
> en mis ojos llenos de árboles,
> y de arados,
> y de azadas,
> y de pastos,
> y de balidos,
> y de lágrimas y lágrimas de sol a sol
> sobre el arco del cielo?
>
> Tu esperanza está muerta, padre,
> y es un sacrificio recordarla.
>
> ¡Ah! No me escribas, padre
> que cada letra es un ¡ay! repetido;
> Que cada letra es el rancho
> en donde yo soy un desconocido
>   (Denis Molina 1937: 64).

Entre sus poemas se encuentran algunos que evocan a la «figura» de Carlos Denis Molina escritor: por ejemplo, *Manifiesto Poético*, que se centra en una polémica entre él y otros poetas, acerca del compromiso de los artistas a favor del bando republicano español. Poema cuya versión publicada aparece fotocopiada y sin referencias en el fondo privado del autor[7], *Manifiesto Poético* habrá sido es-

---

[6] El uso de la minúscula inicial es intención explícita del autor.
[7] Poema publicado, pero sin referencias hasta hoy. Aparece fotocopiado en el archivo Giraldi (Lille).

crito entonces durante la Guerra Civil española y pone en evidencia hasta qué punto los artistas latinoamericanos se sentían involucrados en esta contienda y en las luchas contra los fascismos, al contrario de lo que ocurrió durante las primeras vanguardias. Carlos Denis Molina defiende con fervor su arte, que considera como militante a pesar de sus temas sencillos:

> Yo también con Neruda, Alberti y Lorca,
> pero muy orgulloso,
> si acaso de alpargatas y serio compromiso,
> muy serio con las vacas
> me he puesto como vosotros de hoy
> a cantar (Denis Molina ¿1936-1939?).

Entre las obras de teatro, desfilan algunos personajes dramaturgos, como en *Morir, tal vez soñar* (1953) y *Un domingo extraordinario* (1958), dos dramas representados por la Comedia Nacional de Montevideo que habían de componer una trilogía cuya tercera parte nunca fue representada y cuyo texto se perdió[8]. En ambas aparece el personaje de un dramaturgo nombrado Carlos, como Denis Molina, que sólo hace algunas apariciones. Sin embargo, su presencia parece establecer una relación concreta y evidente entre los dos dramas cuyos temas resultan bastante diferentes: el primero trata de la vida precaria de unos jóvenes actores que residen en colocación, mientras que la segunda pinta la existencia dorada de unos hijos e hijas de ricos uruguayos en el barrio acomodado de Carrasco. La repetición de la «figura» de Carlos parecería demostrar que la trilogía, aunque truncada, pretendía proponer al público un panorama en tríptico de la juventud uruguaya del momento según un dramaturgo prometedor que de hecho la conocía perfectamente.

Gracias a este breve recorrido por algunas obras de Denis Molina que se inspiran en su biografía, se define una tipología evidente de los recursos autobiográficos y autoficcionales que caracterizan su escritura y que son tres: los recursos fuertemente vinculados con su vida que tienen cierto eco referencial en su historia personal, las numerosas referencias a la actividad de escritor (poeta, novelista o dramaturgo) que ha sido la suya a lo largo de su vida, y por fin la omnipresencia del «yo» en su producción literaria que sobreentiende una fuerte preocupación existencial, sin duda vinculada a la escritura como ya se confirmará a continuación.

---

[8] En los dos fondos privados de la obra de Carlos Denis Molina no aparece este tercer drama que llevaba el título *El pan sobre la mesa*.

En su obra se percibe una dimensión autobiográfica por un eco referencial fuerte que, en el caso de *Lloverá siempre*, se puede confirmar nada más que por el epitexto: de hecho, los críticos no ocultaron el vínculo del relato con la historia personal de Denis Molina y apuntaron, por ejemplo, la presencia de «experiencias vividas realmente», como Emir Rodríguez Monegal, o «un reconcentrado sentimiento de orfandad» que baña la atmósfera de la novela, según Domingo Luis Bordoli, aludiendo a la muerte de la madre entre otras cosas. Estos recursos de fuerte impacto referencial se pueden contemplar a la luz de los acontecimientos de la vida de Carlos Denis Molina gracias a las entrevistas que otorgó a periodistas, escasas pero abundantes en detalles anecdóticos, ciertos testimonios de amigos o parientes y algunas fotos conservadas en uno de los dos archivos privados[9]. Es el caso, por ejemplo, de las dos obras de teatro, *Morir, tal vez soñar* y *Un domingo extraordinario* que, según dice en una entrevista realizada por una radio montevideana, evocan sin duda en el primer caso sus tiempos precarios en la capital en colocación con otros jóvenes[10], y, en el segundo, su acceso a una vida mejor a partir de 1957 con su nombramiento como gerente del Teatro Solís (Marichal 1981: s. r.). De la misma manera, el conocimiento de la biografía de Carlos Denis Molina permite establecer vínculos evidentes con la intriga y los personajes de ciertas obras, como se hizo por ejemplo con el cuento «¿En qué estará?». Y ciertas obras que pudieran parecer a primera vista bastante alegóricas y desprovistas de contenido anecdótico, cobran también una dimensión autobiográfica en cuanto se relacionan sus temas, personajes, y también su contexto de producción, con los acontecimientos de la vida del autor: ¿por qué no leer los dramas *Orfeo* (1951) y *El Regreso de Ulises* (1948) como una metáfora de su relación amorosa compleja e insoluble con la poetisa Orfila Bardesio, sabiendo además que se escribieron en esos mismos años? En cuanto a *Si el asesino fuera inocente* (1956), el lugar de la acción situada en París y los nombres de los personajes inspirados en los de actores franceses de la época no pueden sino ser un guiño a la estancia de Denis Molina en la capital francesa al principio de los años cincuenta[11].

Aunque no baste para inscribirla en un registro referencial, la presencia de personajes escritores reenvía de modo automático al lector o al público a la ima-

---

[9] El fondo privado Giraldi (Lille).
[10] Entrevista de Carlos Denis Molina para el programa radiofónico *Nací en este barrio* (radio CX12, 1982).
[11] Carlos Denis Molina estuvo en Francia entre octubre de 1950 y el fin del año 1953.

gen de su autor (Gasparini 2004: 53). Así, son numerosas las obras de Denis Molina, en una proporción aproximadamente de la mitad, en que desfilan personajes escritores, protagonistas o no: por ejemplo, hay un poeta novelista en «¿En qué estará?», un poeta en el poema *Manifiesto poético* y en los dramas *Golpe de amanecer* y *Orfeo*, un dramaturgo en las obras de teatro *Morir, tal vez soñar*, *Un domingo extraordinario* y *Si el asesino fuera inocente*, etc. Esta diversidad de autores de géneros diferentes, así como la presencia de un autor de otro género que el de la obra en que aparece, bien demuestra otra vez la indiferencia genérica que caracteriza, al menos, los principios de la actividad literaria de Denis Molina. Además, en ciertos textos se encuentra un metadiscurso a través de alusiones al acto mismo de escritura, lo cual sugiere de manera reflexiva su propia génesis. En el libro *Tiempo al sueño*, uno de los poemas empieza con estos versos:

> Avanzo
> por la distancia
> de mi mano al sueño
> (Denis Molina 1947: 15).

La voz poemática cita su mano como sinécdoque de la escritura, lo que sobreentiende al lector que por la práctica poética, el poeta podía acceder a su mundo imaginario a la manera de un viaje iniciático. Por fin, a través de ciertas obras, Denis Molina recuerda que no sólo fue escritor sino también director de obras de teatro: en *La Boa* (1973), obra eminentemente metateatral, un director de compañía dirige a otros actores en su actuación. Este personaje curiosamente llamado Actor D sobreentiende la propia polivalencia de Carlos Denis Molina y su recorrido de auténtico hombre de teatro, ya que desde sus principios teatrales se había comprometido en los tres ámbitos: fue a la vez director, dramaturgo y actor (Marichal 1981).

En última instancia, cabe evocar la omnipresencia del «yo» en su obra literaria. Si el uso de la primera persona del singular no puede en absoluto ser una prueba por sí solo del carácter referencial o autoficcional de una obra: es como si el «yo» empleado por Denis Molina se empeñara en probar lo contrario. Uno de los parámetros, según Serge Doubrovsky (1988: 61-79), para definir la autoficción es la importancia de la dimensión psicoanalítica de la escritura y es justamente lo que crea el efecto referencial en ciertas obras de Denis Molina. En «El mar secreto» por ejemplo, como en otros poemas, es como si el poeta se considerara a sí mismo como primer objeto de estudio, se escudriñara e intentara analizarse:

> Una sola ola, ya sin el mar,
> puede más que la Tierra.
>
> Tengo desamparado miedo a esta ola
> que podría despertarme en su propio sueño
>
> De ser el cielo hecho añicos
> en la ola el mar se abisma.
>
> Tengo oscuro miedo a la lámpara
> que la ilumina en mis venas.
>
> No sé dónde ponerla, en qué vaso
> (Denis Molina 1949: 15).

Se trata aquí de la manifestación poética de una verdadera preocupación existencial en cuanto a todos los sentimientos y pulsiones reprimidos, que si bien puede atribuirse a cualquier otra persona, no deja de revelar una personalidad inquieta y reflexiva que se observa a sí misma en sus elucubraciones.

El autor y su obra: una relación hiperreflexiva en práctica

Como lo acabamos de ver, la tipología establecida aumenta de modo considerable el número de las obras de Denis Molina que se pueden definir como autoficcionales. Pero resulta que Carlos Denis Molina nunca teorizó sobre su producción literaria: aun en entrevistas, sólo evoca su recorrido autobiográfico y literario, pero en pocas ocasiones alude a su manera de escribir, a su concepción del arte y de la escritura, o a sus preferencias estéticas[12]. Es más bien en su obra misma donde se evidencia una reflexión teórica sobre la creación literaria, y en particular sobre su posición en cuanto a la dimensión autoficcional de sus obras.

El ejemplo más patente de ello se encuentra en el cuento «¿En qué estará?», en que el protagonista Omar es un poeta, en el sentido amplio del término. En

---

[12] En la entrevista realizada por Yamandú Marichal en el periódico *El Día*, Carlos Denis Molina se refiere a su manera de ver el mundo, que es como trata de reproducirlo en sus obras. Dice que cada uno se representa la realidad a la manera de los surrealistas según una visión poética, de ahí el título del artículo «Todos somos surrealistas».

su monólogo interior, refiere sus pensamientos sobre la carta que sus antiguos amigos del pueblo natal, Danilo y Santiago, le han enviado para hablarle del éxito de una novela suya, recientemente coronada por un premio:

> eso es todo, no me cabe duda, Danilo y Santiago se encontraron en la plaza del centro y comentaron la noticia que leyeron en el diario por la mañana y ¡zaz!: se pusieron de acuerdo para hacerme estas líneas llenas de mediocridad, sin ningún sentido de la vida, pensando que yo soy el mismo que ellos conocieron, sin siquiera desconfiar que en estos doce años yo he aprendido muchas cosas, ¡bah! ¿qué me importa a mí sus opiniones o sus alegrías?, o ¿es que yo estoy más unido a ellos que a los demás habitantes del mundo? no, no, claro está que no, que no iré, que ni siquiera les contestaré la carta; Danilo está en la novela, pero no es el Danilo que él se piensa, es otro que yo vi, es un Danilo inteligente, un amigo que yo tuve con las formas de este otro Danilo que me escribe, que no me debiera nunca haber escrito, que si fuese el Danilo que yo puse en la novela hubiera puesto punto en boca y temblor en todo el cuerpo al leer la noticia del premio que me tocó por esas cualidades enormes, asustantes (Denis Molina 1948: 14).

Si Omar, a primera vista, parece ser el álter ego de Denis Molina en la ficción, la biografía de éste parece decirnos lo contrario, ya que su novela única *Lloverá siempre* no obtuvo ningún premio. Sólo fue seleccionada para participar en un concurso organizado por las ediciones estadounidenses Farell, para el que su candidatura llegó demasiado tarde: fue Ciro Alegría quien consiguió entonces el premio con su novela *El mundo es ancho y ajeno*. Su drama *El regreso de Ulises* sí fue premiado por el Ministerio de Instrucción Pública uruguayo en 1942[13], pero el cuento nunca se refiere a dramaturgia. Sin embargo, no podemos concluir aquí nuestra reflexión ya que estas líneas constituyen una auténtica puesta en abismo de la situación de enunciación en que el narrador-escritor propone, en cierta manera, un comentario sobre la obra que estamos leyendo. Comentario obviamente problemático, «espejo que deforma», como dice Philippe Gasparini (2004: 123), pues nos ofrece la imagen de un autor detestable y presuntuoso. Pero si nos aferramos a lo que dice el narrador-escritor en el cuento, debemos deducir que el que aparece en la ficción, no es el de la realidad: es otro. Hasta podría decirse que es su imagen «en negativo»: un autor humilde cuya novela no fue coronada por ningún premio, o sea, Carlos Denis Molina. Si éste no teorizó su obra, eligió en-

---

[13] Referencia al premio en la carátula del tapuscrito del drama *El regreso de Ulises* conservado en el archivo Giraldi.

tonces que no sólo la obra misma expusiera la teoría en su intriga, sino que también la probara a la vez a través de la experiencia de la lectura. Pues es el lector, en una operación reflexiva, el que deduce por sí solo que este Omar presuntuoso es la imagen invertida de Denis Molina en la ficción.

«Figuras en contratipo» del autor también se encuentran en obras de teatro como *Si el asesino fuera inocente* en que aparece un dramaturgo, Claude Grenier, indiferente a la calidad de su dramaturgia y únicamente preocupado por su gloria personal. Pero sólo en el cuento «El Herido» se produce una experiencia de lectura parecida a la de «¿En qué estará?», a partir de uno de los personajes que se puede identificar como un doble ficticio de Denis Molina. Se trata del último evocado, Mauricio, el hermano que fue a vivir al pueblo y al que el protagonista Julián recuerda antes de morir. «Si estuviera en el pueblo sabría leer y sacar cuentas; sí, estaría bien empleado como Mauricio (su otro hermano) porque mire que es triste morirse sin saber nada, irse de aquí sin haber estado... Mesmo: es triste... muy triste...» (Denis Molina 1949: 31).

En su agonía, éste envidia a Mauricio porque, «empleado» y todo, disfruta de la instrucción salvadora que no han podido tener ni él ni sus otros hermanos que permanecieron en el campo para trabajar con el padre carbonero. Recordemos que después de la muerte de la madre, Carlos Denis Molina fue el único en ser colocado en una familia de notables de San José de Mayo para trabajar de doméstico a cambio de que lo enviaran a la escuela. Mauricio sería en cierta manera el anti-Julián, y ambos hermanos encarnarían los últimos sobresaltos en el siglo XX del antagonismo sarmentino, entre el mundo urbano, lugar de modernidad cargado de energía vital, y el campo atrasado, símbolo de un pasado condenado a una muerte próxima. Pero, a la vez, este Mauricio alejado y casi indiferente, que está ausente de la familia así como de la casi totalidad de la intriga ya que su «figura» sólo se perfila en las últimas líneas del cuento, parece ser envidiado en la ficción porque posiblemente fuera quien, en la realidad —o sea, Carlos Denis Molina— sentía celos de sus hermanos, que tenían la felicidad de vivir no sólo juntos sino también con el padre. Era más bien Denis Molina el que echaba de menos a su familia e imaginar que un hermano suyo pensara en él antes de morir podría ser un modo de asegurarse de que sus familiares no lo olvidaban a pesar de su lejanía. En «El Herido», se operan así dos inversiones sucesivas para dibujar la imagen de su autor: una primera en la intriga en que se opone al destino miserable de Julián y una segunda a posteriori en que simpatiza de nuevo con sus familiares exorcizando así años de separación irrecuperables. Esta retorcida construcción de la imagen autorial bien demuestra, en el caso de

Carlos Denis Molina y en la continuidad de otros autores como Marcel Proust, la dificultad de escribirse. Es como si decirse y recuperar así el sabor de los hechos pasados fuera utópico y que cualquier intento expresara este deseo de gustar nuevamente lo perdido.

La novela *Lloverá siempre* confiesa de manera patente esta incapacidad de representarse a sí mismo así como lo pasado: aunque se define como el relato más fiel a la biografía de Denis Molina, *Lloverá siempre* impone una distancia ficticia al lector desde el mismo nombre del protagonista llamado Dionisio en lugar de Carlos. Lo significativo es que es el único en no llevar su nombre real mientras que, al parecer, los otros personajes, al menos los hermanos, sí se llamaban como en la novela. La representación del yo y de su percepción de los hechos es entonces el enigma, lo que le plantea más problemas al autor y de cuyo posible fracaso prefiere avisar al lector de antemano. En primer lugar, elegir el nombre de Dionisio hace que el relato caiga del lado de la imaginación y de la fantasía, siendo el del dios griego de la fiesta y de los regocijos. Por lo tanto, su evocación implícita combinada con el relato de la niñez vincula la novela con otros relatos de la infancia de la misma época como *Les enfants terribles* de Jean Cocteau (1929), *Le Petit Prince* de Antoine de Saint-Exupéry (1943), *Industrias y andanzas de Alfanhuí* de Rafael Sánchez Ferlosio (1951) o el cuento «Macario» de Juan Rulfo en *El Llano en llamas* (1953). Recordemos que la escritura poética de estos relatos trata de devolver la imagen del mundo a través de los ojos del niño. Tal enfoque infantil y lúdico sobre los hechos marca también todo el relato de *Lloverá siempre* como cuando el padre de Dionisio está enfermo:

> Y todo el día, con las alas rotas también pasa. Pasa alguien gimiendo. Dionisio lo oye; mira hacia todos los lados, pero no puede ver su cuerpo; en cambio, afuera las cosas estaban inquietas, y él las veía moverse. Veía el sol en la otra orilla de una mancha de humedad, donde una tarde había imaginado arroyos, torres y calles llenas de gentes. Veía el hueco donde para él un grillo había cantado toda la noche (Denis Molina 1953: 32-33).

Más que recordar, el autor intenta ponerse de nuevo en la piel del niño, lo que supone una inevitable metamórfosis, un recurso a la imaginación y un desvío a la realidad que Denis Molina no parece negar en absoluto: se trata de una verdadera «auto-ficción» según el sentido producido por la construcción del neologismo inventado por Serge Doubrovsky. Se trataría también de volver a actuar, como los niños lo hacen, escenas del pasado para aprehenderlo mejor, más en su esencia que en la precisión de los hechos, lo que finalmente no le daría ninguna especificidad a la autoficción: pues se aproximaría así a la definición de la literatura que propone Sigmund Freud en su conferencia «El creador literario y el fantaseo» cuando dice que el escritor hace lo mismo que el niño que juega creando un mundo de fantasía que se toma muy en serio, pero que lo distingue claramente de la realidad (Freud 1985: 34). Habría entonces que preguntarse si tal concepción autoficcional de la escritura del yo no va más allá y si no cobra una dimensión metafísica, además de estética. Ver de nuevo el mundo a través de los ojos de la infancia equivale, de hecho, para el autor a resucitar al niño, a operar una íntima ceremonia macabra que rompe el orden de las cosas y el correr del tiempo. La obra de Carlos Denis Molina resulta muy marcada por esta idea de que el pasado renace y se reconstruye mediante la escritura. El libro de poemas *Tiempo al sueño* evidencia claramente este proceso estructurándose en tres partes respectivamente tituladas a la manera barroca «Tiempo de vivir», «Tiempo de morir» y «Tiempo de renacer»: en la última aparecen efectivamente los poemas más autobiográficos, o sea, los que evocan el pasado campesino del poeta. También elegir el nombre de Dionisio, como seudónimo ficticio en *Lloverá siempre*, da lugar a pensar que el autor, detrás de esta máscara discursiva, se propone evocar todo lo olvidado, lo borrado por los años y por la madurez, y en cierta manera, todo lo reprimido: aludir al dios griego de la fiesta y de la ebriedad a través del nombre del protagonista mostraría que la escritura puede romper las barreras de la razón y de las inhibiciones que acompañan la construcción de la personalidad del individuo sano. Escribir permite volver a encontrar al yo puro, sin complejos, que veía el mundo con ojos ingenuos, libre de frustraciones y limitaciones. Por eso, en los relatos de la infancia de esa época marcada por las teorías freudianas como *Lloverá siempre*, no se trata tanto de narrar la niñez, sino de ir a la búsqueda del ser a través de la escritura, búsqueda cuya alegoría es «el Niño». El eje ficción vs. referencialidad ya no es por lo tanto pertinente y el recurso a la imaginación se justifica plenamente: ya que se resucita a un ser abierto a sus aspiraciones y deseos, es obvio que se atreve a realizar en el papel algunos de sus sueños reprimidos.

El rescate del yo y de la obra

La búsqueda del ser mediante la escritura implica, en el proceso mismo de creación, un fuerte desdoblamiento de la «figura» autorial que es quien escribe y, a la vez, quien era en el pasado. En *Lloverá siempre* se pone a veces en escena este vaivén entre las dos identidades del autor cuando se evocan, por ejemplo, las escenas de juego del niño dentro del ropero de la casa:

> Gritó muy fuerte Dionisio; después, frunciendo los labios, imitó, para él, el silbido de la locomotora. El ferrocarril se precipitó echando humo en la vía, y llegó a la barrera (una escoba sostenida entre dos sillas sin respaldo). El guardabarrera (Dionisio mismo) escuchó el silbido cada vez más fuerte de la locomotora, prolongado y distante, que salía de adentro del ropero (Denis Molina 1953: 4).

Las repetidas intervenciones entre paréntesis del narrador omnisciente sirven menos para aclarar al lector el sentido del juego de Dionisio que para mostrar la distancia que separa la visión imaginaria del niño del afán explicativo del adulto. Una distancia que se asemeja a una suerte de vacío, un lugar inexistente, una utopía donde residiría la «figura» inasequible del autor, siempre «huyendo» según Maurice Couturier (1995: 73). En el cuento «¿En qué estará?», el vaivén es permanente:

> él como mudo dejándose intervenir en el silencio de ella por la mesa y el ropero y la ropa sobre la silla donde el vestido cae al círculo de preguntarse qué está pensando Elisa aquí a mi lado con los ojos cerrados como para siempre a esta situación que estoy seguro no se repetirá (Denis Molina 1948: 14).

La alternancia entre la tercera persona y la primera que se conjuga con la del estilo indirecto y del directo confunden al lector naturalmente curioso que pretende asir al autor en este relato: a veces lo percibe como un observador de sí mismo y en otras ocasiones es como si oyera su voz. Tiene entonces una imagen prismática y descompuesta de él ya que éste no logra manifestarse con unidad. «¿En qué estará?» plantea la condición posible de este fracaso siendo una pregunta el propio título del cuento; sus términos son además problemáticos ya que no se sabe a quién se refiere por el verbo, el cual expresa también una hipótesis mediante el futuro, ni si exige una respuesta en cuanto a un lugar o un momento. Después de la lectura del cuento, se puede pensar con legitimidad que la pregunta alude al protagonista Omar, doble ficticio del autor, aunque bien pudiera evocar a Elisa, su compañera, lo cual sugiere que la proyección de sí en la ficción conduce a su ineluctable transformación en personaje. Al terminarse el cuento por «¿En qué estará» que son las últimas palabras de Omar antes de dormirse, lo seguro es que la respuesta a la pregunta iniciada por el título es la misma pregunta. El yo no deja de ser un enigma incluso terminado el proceso de la creación porque es su propia esencia de ser versátil e irreductible a una unidad: sólo «está» y nunca «es».

En *Lloverá siempre*, sólo se recurre una vez a la primera persona del singular cuando Dionisio evoca la muerte posible de un hijo de notables enfermo, de la misma edad que él, a quien era pagado para cuidar:

> Y voy a estar allí, adentro de la casa, junto a la madre y al niño, deseando tirarme al pozo, sintiendo más que nadie la desgracia, pidiéndole a Dios que alguien me empuje con fuerza hacia la muerte, y que uno cualquiera tenga que sostenerme; que para sostenerme tenga que pedir ayuda, que sea necesario llamar al médico, para mí — que me dé un ataque de locura por esa mañana, que se enteren todos que yo tuve en mis manos la muerte del niño (fue él quien lo vio morir tan niño como él, que su muerte se la pagaron a tres pesos por mes), que yo lo cuidé hasta el último día (Denis Molina 1953: 64).

A continuación, nos enteramos de que Dionisio sólo deseó con fuerza la muerte del niño, que en realidad no falleció. Pero resulta particularmente significativo que el «yo», que mantiene una relación de inmediatez entre el narrador y el personaje reenviando en este caso a la «figura» del autor, se manifieste en la evocación de una pulsión de muerte. El deseo de ver la muerte del niño, así como de aproximarse a la suya tirándose al pozo, sería entonces finalmente la esencia profunda del ser que anhela contemplar su propio vacío y su ausencia de identidad formal. Ectoplasma o más bien verdadero fantasma, en el sentido doble de la palabra española, a la vez deseo de algo inasequible y manifestación inmaterial de lo muerto, cuyas extrañas «figuras» pueblan además diversas obras de teatro de Denis Molina, a la vez como encarnación del deseo sin alcanzar de un personaje[14].

La búsqueda de sí a través de la escritura no sería entonces un fracaso sino la constatación escrita y perdurable de su esencia irresoluble. En su texto, el autor se rechaza a sí mismo y al lector que pretende asirlo en una unidad fija y estable, pero no deja de estar en todas las partes de la página. En este sentido, podría decirse que Denis Molina se inscribe de una manera peculiar y original en la preocupación crítica que rodea la «figura» del autor en su época: es decir, en el postulado de su posible «muerte» o inutilidad en la recepción del texto. Bien se sabe

---

[14] El ejemplo más patente de esta dimensión del personaje fantasmal aparece en la última obra de teatro de Carlos Denis Molina, *Soñar con Ceci trae cola* (1983) en que el fantasma de su hija muerta, Cecilia, se le aparece a la protagonista.

que, antes de que el estructuralismo lo teorizara a partir de los años sesenta (Barthes 1970: 69), muchos autores se afanaron, no sin cierta picardía, como Jorge Luis Borges en *El jardín de los senderos que se bifurcan*, en borrar sus huellas en las ficciones que creaban para postular que el lector era el único demiurgo del texto. La crítica ha demostrado que una de las intenciones literarias del autor irlandés James Joyce en la redacción de la laberíntica novela *Ulises* (1922) era justamente la denegación auctorial, es decir, borrar todas las huellas que dejó como autor en sus relatos, como para crear la ilusión de que éstos se escribieron por sí solos a través de la voz de sus personajes (Couturier 1995: 157-195). La novela se acaba así con un monólogo interior similar al del cuento de Denis Molina «¿En qué estará?», cuyo título es también una pregunta —«¿Dónde?»—, como para señalar la imposibilidad de encontrar al autor entre estas líneas. A través de este guiño a Joyce en «¿En qué estará?», creemos que la obra de Denis Molina ponía en tela de juicio modestamente este punto de vista para reivindicar claramente las huellas del autor exhibiéndolas mediante una relación hiperreflexiva con él, puestas en abismo de su «figura» y una afirmada dimensión ficcional en la escritura de sí. No niega en absoluto la participación activa y efectiva del lector en el acto de creación, pero la concibe más bien como una colaboración y bastante dirigida por el deseo del autor. La obra literaria de Denis Molina rebosa entonces de la presencia del autor para el cual el texto se vuelve la última prueba y huella de su existencia.

Esta reflexión que inició a través de sus obras lo llevaría a considerar de manera práctica la eventual dispersión de sus obras después o incluso antes de su muerte que hemos evocado en la introducción. Es obvio que era consciente de que el texto de ciertas obras suyas podía perderse, sobre todo el de los dramas sin publicar que sólo se estrenaron en compañías independientes y precarias. El archivo privado depositado en el domicilio de una familia montevideana justo antes de su muerte[15] revela un esfuerzo de conservación de su parte, esfuerzo iniciado quizá en los primeros momentos de su actividad literaria en los años treinta[16]. Sin embargo, en la época se trataría simplemente de poseer ejemplares de lo creado sin verdadero afán de rescate; pues no se puede sino constatar la ausencia de algunas obras en este fondo privado que permanecen sin encontrarse

---

[15] Archivo Giraldi (Lille).

[16] Carlos Denis Molina legó sus obras a la familia Giraldi. En 1984, Eneída Sansone de Martínez, profesora e investigadora de la Universidad de la República de Montevideo (Facultad de Letras y Humanidades), se dedicó a clasificar de manera genérica las obras que forman parte de este archivo (relato, poesía, teatro).

hasta hoy[17]. A partir de los años cincuenta, Carlos Denis Molina empezó a registrar casi sistemáticamente sus obras en una institución especializada en la protección de los derechos de autores, AGADU, creada en 1929, lo cual muestra cierta preocupación en cuanto al porvenir de su creación y su voluntad de mantenerla en un lugar seguro. Además, las críticas le fueron reprochando el eclecticismo de sus obras, diciendo que se limitaban a una fracasada transposición de modelos literarios europeos o norteamericanos de moda a la realidad uruguaya. No es inocente entonces que esta preocupación por el devenir de su obra se conjugue con un incremento de las «figuras» del autor diseminadas en sus obras teatrales —ya que había abandonado el relato y la poesía— como si éstas reivindicaran su filiación con un demiurgo único: se percibe entonces en Denis Molina una clara ambición de imponerse como el padre de los textos. Esta pretensión se manifiesta de manera más discreta por un fenómeno de ecos entre las obras: por ejemplo, en *Un domingo extraordinario*, dos de los personajes, se divierten imitando una de las escenas de un drama anterior de Denis Molina representado dos años antes, *Si el asesino fuera inocente*, a cuyo estreno acaba de asistir uno de los dos. También se pueden reparar repeticiones de escenas entre dos obras como entre el drama *Soñar con Ceci trae cola* y la novela *Lloverá siempre* en que dos veces aparece un personaje que mata a un perro en condiciones y maneras similares.

En general, estos guiños que se hacen sus obras entre sí les otorgan una dimensión eminentemente metadiscursiva y hasta metafísica que acabaría siendo la marca de fábrica de la obra literaria de Carlos Denis Molina, y quizá una huella perenne de su autoridad en los textos.

BIBLIOGRAFÍA

Obras de Carlos Denis Molina
Obras publicadas en editoriales

DENIS MOLINA, Carlos (1937): *Liga de las escobas*. Montevideo: La industrial.
— (1947): *Tiempo al sueño*. Montevideo: Ed. Independencia.
— (1953): *Lloverá siempre*. Montevideo: Asir.

---

[17] Entre ellas, citaremos obras de teatro evocadas por la crítica como *Por el pulmón del retrato respiran los ángeles* (1939-1940) o *Hasta en las mejores familias* (1962).

Obras publicadas en revistas

— (1936-1939?): *Manifiesto Poético*. Sin referencias. Lille: Archivo Giraldi.
— (1948): *¿En qué estará?*, en *Marcha*, Montevideo, n.° 421, pp. 14-15
— (1949): *El herido*, en *Asir*, Montevideo, n.° 9, junio, pp. 24-31.
— (1949): *El mar secreto*, en *Marginalia*, Montevideo, n.° 4, marzo, p. 15.

Obras inéditas

— (1939): *Golpe de amanecer*. Lille: Archivo Giraldi.
— (1948): *El regreso de Ulises*. Lille: Archivo Giraldi.
— (1951): *Orfeo*. Lille: Archivo Giraldi.
— (1953): *Morir, tal vez soñar*. Lille: Archivo Giraldi.
— (1956): *Si el asesino fuera inocente*. Lille: Archivo Giraldi.
— (1958): *Un domingo extraordinario*. Lille: Archivo Giraldi.
— (1973): *La boa*. Lille: Archivo Giraldi.
— (1983): *Soñar con Ceci trae cola*. Lille: Archivo Giraldi.

Estudios

BARTHES, Roland (1970): *Le bruissement de la langue*. Paris: Seuil.
BORDOLI, Domingo Luis (1949): Introducción al cuento «El Herido», en *Asir*, Montevideo, n.° 9, p. 23.
COUTURIER, Maurice (1995): *La figure de l'auteur*. Paris: Seuil.
DOUBROVSKY, Serge (1988): *Autobiographiques*. Paris: Presses Universitaires de France.
GASPARINI, Philippe (2008): *Autofiction. Une aventure du langage*. Paris: Seuil.
— (2004): *Est-il je? Roman autobiographique et autofiction*. Paris: Seuil.
FREUD, Sigmund (1985): *L'inquiétante étrangeté et autres essais*. Paris: Gallimard.
MARICHAL, Yamandú (1981?): «Carlos Denis Molina, todos somos surrealistas», en *El Día*, sin referencias, Lille, Archivo Giraldi.
VISCA, Arturo Sergio (1953): Prefacio de la primera edición de *Lloverá siempre*, en Denis Molina Carlos, *Lloverá siempre*. Montevideo: Ed. Asir, p. II.

Programa radiofónico

Entrevista de Carlos Denis Molina, Programa *Nací en este barrio* (1982), Radio CX12. Lille, Archivo Giraldi.

Soy yo y soy otro, autoficciones en los cuentos de *Feliz Ano Novo* y otros textos de Rubem Fonseca

Ute Hermanns

La búsqueda del autor

Berlín, 12 de noviembre de 1989. Cuando cayó el Muro en la Potsdamer Platz, Rubem Fonseca y yo fuimos allá a ver los primeros «Trabis»[1] que traspasaban la frontera. Los recién llegados recibían flores, bolsas de galletas, vino caliente acompañado por lágrimas, abrazos y bocinazos de los autos. La gente del oeste esperaba a los visitantes del este de la ciudad.

De repente, se presentó Luíz Carlos Azenha como periodista del canal brasileño de televisión Manchete y preguntó si queríamos hacer, en portugués, un comentario sobre la caída del Muro para el público brasileño.

De ordinario, Rubem Fonseca no concede nunca entrevistas. Pero ese mediodía se ajustó la boina en la frente y murmuró en el micrófono: «Meu nome é José Rubem Fonseca, sou do Rio de Janeiro». Comentó la caída del Muro como un suceso que cambiaría completamente el mundo y renovaría totalmente las relaciones entre este y oeste. Sin duda alguna, todos nosotros éramos testigos de un acontecimiento histórico.

Luíz Carlos Azenha llamó por teléfono excitado al día siguiente diciendo: «El señor que entrevisté es el famoso autor Rubem Fonseca. ¿Sabe usted dónde vive él en Berlín?». Tuve que mentir porque, inmediatamente después de la entrevista, Rubem Fonseca quiso borrar sus huellas diciéndome que si el periodista preguntaba por él, yo debía decirle que lo había visto por primera y última vez junto al Muro, y que su domicilio en Berlín me era totalmente desconocido.

---

[1] «Trabi» es el apodo para Trabant. Desde 1957 la RDA construyó coches con el siguiente patrón: el peso máximo no pasaba de 600 kg, el uso de la gasolina no pasaba de 5,5 litros/100 km y la carrocería era de plástico. Al inicio se pensaba que el coche era robusto y económico, lo que más tarde resultaría falso. Era el coche más popular en la RDA.

Relato esta historia porque es característico de la obra y del escritor Rubem Fonseca saber borrar sus huellas, un proceder que, como voy a mostrar, utiliza también en sus textos. Entonces, la pregunta es ahora: ¿qué conclusiones podemos sacar al respecto de un autor que construye una imagen ficcionalizada de sí mismo y que rechaza la autobiografía, y que dice que todo lo que un autor tiene que decir está contenido en su obra, sobre todo cuando es hábil en borrar sus huellas? ¿Puede él realmente sustraerse de la atención del lector?

La primera conclusión sería que el autor construye un tipo de imagen ficcionalizada de sí mismo, o sea, una autoficción dentro de sus textos ficcionales. ¿Está ya de antemano condenada a fracasar esta audaz empresa?

En su ensayo «Qu'est-ce qu'un auteur?» escribe Michel Foucault que, desde finales del siglo XVIII y comienzos del XIX, tenemos derechos de propiedad de textos, leyes sobre los derechos de autor y sobre las relaciones entre autor y editor. «De la posibilidad de transgredir que era propia del acto de escribir se desarrolló cada vez más un imperativo propio de la literatura» (1988: 19). Foucault agrega que, sin embargo, no siempre fue así, ya que muchos textos menores y ficcionales —informes, relatos, epopeyas, tragedias y comedias— eran simplemente recibidos, divulgados y utilizados sin tener tanto en cuenta al autor. Pero que los textos científicos sí requerían el nombre de un autor:

> Et lorsqu'on a instauré un régime de propriété pour les textes, lorsqu'on a édicté des règles strictes sur les droits d'auteur, sur les rapports auteurs-éditeurs, sur les droits de reproduction, etc. — c'est-à-dire à la fin du XVIII siècle et au début du XIX siècle — c'est à ce moment-là que la possibilité de transgression qui appartenait à l'acte d'écrire a pris de plus en plus l'allure d'un impératif propre à la littérature (Foucault 1994: 799).

Según Foucault, un gran cambio se produjo en el siglo XVII o XVIII, pues

> les discours «littéraires» ne peuvent plus être reçus que dotés de la fonction d'auteur: à tout texte de poésie ou de fiction on demandera d'où il vient, qui l'a écrit, à quelle date, en quelles circonstances ou à partir de quel projet. Le sens qu'on lui accorde, le statut ou la valeur qu'on lui reconnaît dépendent de la manière dont on répond à ces questions (Foucault 1994: 800).

Foucault habla también de una constante en las reglas de construcción del autor, que tienen validez hasta en la crítica literaria moderna.

Or la critique littéraire moderne, même lorsqu'elle n'a pas de souci d'authentification (ce qui est la règle générale), ne définit guère l'auteur autrement: l'auteur, c'est ce qui permet d'expliquer aussi bien la présence de certains événements dans une œuvre que leurs transformations, leurs déformations, leurs modifications diverses (et cela par la biographie de l'auteur, le repérage de sa perspective individuelle, l'analyse de son appartenance sociale ou de sa position de classe, la mise au jour de son projet fondamental) (1994: 802).

Al respecto de Rubem Fonseca[2], esto significa que en su obra se hallan tanto un bosquejo básico, sucesos, temas, transformaciones y deformaciones, como un modo peculiar de ver que están entretejidos de modo caleidoscópico y que forman siempre nuevas formas de composición y de mensaje.

PROCESO DE ESCRITURA Y ACONTECIMIENTOS: EX POLICÍA SE ENCUENTRA CON BANDIDO

En su primera novela, *O Caso Morel* (1973), Fonseca cuestiona la escritura cuando el protagonista, Paulo Morel, un artista y fotógrafo, está en la cárcel cono sospechoso de cometer un asesinato e intenta escribir una autobiografía ficcional. Para ello pide ayuda al escritor Vilela, un antiguo policía. Dos hilos narrativos están entrelazados: la acusación de asesinato y la escritura de un libro en la cárcel. Se trata del esclarecimiento de la verdad:

Aqui a linguagem mostra-se como campo de batalha: cria discursos que pretendem dizer a verdade ou melhor que intentam fazer de sua «verdade» a verdade, mas essas verdades em conflito são instituídas por discursos parciais (pois aquele que articula o discurso não é isento: sempre fala a partir de um lugar preciso, e de uma posição concreta). Cujo caráter interessado cabe ao leitor identificar. «A verdade para quem?» — essa talvez seja a pergunta para se pensar o lugar da «verdade» no romance de Fonseca (Otsuka 2001: 68).

---

[2] El autor Rubem Fonseca nació en 1925 en Juiz de Fora, Minas Gerais, Brasil. Estudió leyes en la Universidad de Harvard, participó en la unidad de elite CPOR del ejército brasileño, trabajó de comisario de policía y de abogado, fue director de la sociedad de electricidad LIGHT, condujo el Departamento de Cultura de la ciudad de Río de Janeiro, es viudo y padre de tres hijos adultos. ¿Qué significa eso? El autor tiene gran afán de saber y formación y una carrera profesional muy completa.

Fonseca se ocupa siempre de la función del autor en el trabajo de escritor, postula un cambio de identidad y se aleja de un autor que lo domina y determina todo. Sus protagonistas están en estrecho contacto con sus interlocutores y por eso él da preferencia al diálogo. El narrador homodiegético, el autor-protagonista en «Intestino Grosso», relato de la antología *Feliz Ano Novo*, declara en respuesta a la pregunta de por qué se ha hecho escritor: «Gente como nós ou vira santo ou maluco, ou revolucionário ou bandido. Como não havia verdade no êxtase nem no poder, fiquei entre escritor e bandido» (Fonseca 2006: 164). Recurriendo a este portavoz, el autor implícito Fonseca se da a conocer como un peregrino entre identidades y también, veladamente, como un marginado.

Rubem Fonseca es el único autor que, debido a la prohibición de sus textos literarios, entabló un juicio contra el Estado[3]. *Feliz Ano Nuovo* ha sido la primera antología que en su totalidad se originó en los años de la gran represión durante el gobierno militar en Brasil.

En las narraciones hablan protagonistas de los más diferentes estratos sociales. La mayoría son narradores homodiegéticos en diálogo con otros. En relación con la búsqueda del autor (ficcionalizado) me parecen especialmente interesantes dos narraciones en las que el acto de escribir es problematizado como procedimiento intertextual: primero, el cuento «Intestino Grosso» —una entrevista ficticia con un autor-protagonista que presenta un programa literario para el escritor de Fonseca— y segundo, el cuento «Corações solitários», en el que, con procedimientos intertextuales como diálogo, ironía, plagio y copia, se comenta la producción artificial de una revista femenina para mujeres de clase C. Ya sólo la referencia a mujeres de clase C y de clase A muestra que Fonseca puede tocar la tecla del discurso seductor a través de todos los estratos. La clase C se refiere a mujeres poco elegantes, con pocos recursos, mientras que la clase A re-

---

[3] El 15 de diciembre de 1976 fue prohibida por las autoridades censoras por decreto del ministro de Justicia, Armando Falcao, la antología *Feliz Ano Novo* (1975) debido a los cuentos «Feliz Ano Novo» (que le da título) y a otros cuatro: «Passeio Noturno I», «Passeio Noturno II», «Nau Catarineta» y «74 degraus». Se prohibió la publicación y la circulación en todo el país. El motivo fue la infracción contra la moral y las buenas costumbres. La antología estaba en ese momento en la tercera edición, con 10.000 ejemplares cada una, y se habían vendido más de 12.000 ejemplares. Todos los ejemplares que se encontraron en las librerías fueron confiscados. El autor y la editorial se enteraron de la medida a través de la prensa. Fonseca presentó una demanda judicial el 2 de mayo de 1977 contra la ilegitimidad de la prohibición. La demanda no fue admitida, pero el 25 de abril de 1980 Fonseca presentó otra demanda de contradicción ante el Tribunal Federal de Recursos. Finalmente ganó el proceso en 1988, bajo la presidencia democrática de José Sarney.

mite a mujeres con muchos recursos financeros; las clases pueden ser entendidas, pues, como sociales, pero son diferentes de la clasificación «hombres de clase B» que no remite a varones, sino a homosexuales.

«Intestino Grosso», el autor comprometido

Rubem Fonseca, que a conceder entrevistas, tiene en este cuento la oportunidad, de manera encubierta, de delinear el autor ficcional que siempre vuelve a aparecer en sus textos. Deonisio da Silva comenta:

> Nesse conto, não é difícil estabelecer o palimpsesto de Rubem Fonseca, deslindando os contornos do que suponho compor forte vertente do pensamento do cidadão Rubem Fonseca, aliado à concepção muito peculiar que ele tem da literatura de um modo geral, da sua forma literária em particular (Da Silva 1984: 116).

El álter ego de Fonseca, el autor-protagonista, sólo está dispuesto a conceder una entrevista si se le paga. Su escritura va a establecer el paisaje literario de Brasil. Si no se le paga sólo dirige siete palabras a los periodistas: «Adote uma árvore e mate uma criança» (Fonseca 2006: 163). Una referencia cínica a la profesionalidad —él quiere vivir de su trabajo— y a la calidad del argumento.

El editor reconoce lo explosivo de la declaración en un país subdesarrollado y desea realizar la entrevista. El periodista y el autor se encuentran. El autor se muestra crítico al respecto de su país «periférico» que quiere seguir el camino de la modernización bajo la dictadura militar y la censura. La escritura del autor-protagonista oscila alrededor de los temas de la ciudad, la violencia y la sexualidad. También los muertos desempeñan un rol desde el principio, ya que una buena narración termina siempre con un muerto. La muerte es para él una posición que afirma la vida, pues a la pregunta: «Você não acha que isto denota uma preocupação mórbida com a morte?», contesta el autor-protagonista: «Pode ser também uma preocupação saudável com a vida, o que no fundo é a mesma coisa» (Fonseca 2006: 163).

El autor-protagonista es un lector apasionado: «Leio no mínimo um livro por dia. Minha velocidade hoje, é de cem páginas por hora. Já li mais rápido» (Fonseca 2006: 164). Esto significa que su *fundus* literario es la literatura y que él escribe textos sobre textos. Sin embargo, ha necesitado largo tiempo para encontrar un editor para su obra:

> Os caras que editavam os livros [...] queriam os negrinhos do pastoreio, os guaranis, os sertões da vida. Eu morava num edifício de apartamentos no centro da cidade e da janela do meu quarto via anúncios coloridos em gás neón e ouvia barulho de motores de automóveis (Fonseca 2006: 164).

Teniendo en cuenta el entorno moderno, el autor-protagonista no puede atender a las corrientes folcloristas o regionalistas de la literatura brasileña del cambio de siglo, pues al igual que la sociedad, han cambiado la literatura y la tarea del autor y del artista. El artista tiene ahora que llamar la atención sobre otros desarrollos defectuosos de la sociedad y no puede ser moralista, lo que sólo justificaría la censura.

El autor-protagonista describe su programa de trabajo así: la crítica a modelos de desarrollo importados fomenta el nacionalismo autónomo:

> Passamos anos e anos preocupados com o que alguns cientistas cretinos ingleses e alemães (Humboldt?) disseram sobre a impossibilidade de se criar uma civilização abaixo do Equador e decidimos arregaçar as mangas acabar com os papos de botequim e, partindo de nossas lanchonetes de acrílico, fazer uma civilização como eles queriam, e construímos São Paulo, Santo André, São Bernardo e São Caetano, as nossas Manchesteres tropicais com suas sementes mortíferas (Fonseca 2006: 173).

Se opone a la destrucción de las bases de vida propias. Su arte tiene la meta de entender la naturaleza humana, para lo cual es básico entender el cuerpo con sus funciones para poder vivir una sexualidad sin prejuicios y sin restricciones:

> No meu livro *Intestino Grosso* eu digo que, para entender a natureza humana, é preciso que todos os artistas excomunguem o corpo, investiguem, de maneira que só nós sabemos fazer, ao contrário dos cientistas, as ainda secretas e obscuras relações entre o corpo e a mente, esmiúcem o funcionamento do animal em todas as suas interações (Fonseca 2006: 171).

Es decisiva la búsqueda de la verdad, pues *verdade* es algo en lo cual puede creer el individuo. Y declara todavía: «Já foi dito que o que importa não é a realidade, é a verdade, e a verdade é aquilo em que se acredita» (Fonseca 2006: 166).

El autor-protagonista define sus textos como «pornográficos» porque están llenos de personajes miserables y de actos sexuales. Algunas veces sus protagonistas no tienen zapatos y siempre tienen una mala dentadura. Sin embargo, se siente obligado a escribir también sobre «gente fina e nobre», y novelas con «flores, beleza, nobreza e dinheiro». A su interlocutor, el periodista le dice: «Reconheça que isto é algo que todos almejamos obter» (Fonseca 2006: 165). Como un camaleón, puede cambiar sus metas y acomodarse a un nuevo entorno, a veces como abogado de los pobres y explotados; otras, como parte de la burguesía. Pero separa su literatura de la literatura realmente pornográfica que ve en cuentos canónicos como «Hänsel y Gretel» de los alemanes hermanos Grimm, llamado «Joãozinho e Maria» en portugués:

> E uma história indecente, desonesta, vergonhosa, obscena, despudorada, suja e sórdida. [...] Essas crianças, ladras, assassinas com seus pais criminosos, não devam poder entrar dentro da casa da gente nem mesmo escondidas dentro de um livro (Fonseca 2006: 166-167).

Esta historia es anti-ética, contrariamente a la opinión común de que la pornografía es algo que se refiere a funciones sexuales con o sin expresiones vulgares. Está a favor del uso de palabras tabúes y quiere crear el «Dia Nacional do Palavrão», pues:

> Outro perigo na repressão da chamada pornografia é que tal atitude tende a justificar e perpetuar a censura. A alegação de que algumas palavras são tão deletérias a ponto de não poderem ser escritas é usada em todas as tentativas de impedir a liberdade de expressão (Fonseca 2006: 168).

El narrador homodiegético (autor-protagonista) sabe más que el periodista. Ya cuando se trata de la problemática de escribir literatura, de los elementos de la realidad y de la ficción que confluyen en su discurso, y que se fusionan para demostrar su cultura intelectual, muestra su capacidad de desarrollar una perspicacia y de elaborar prognosis sismográficas, como en el Muro de Berlín. En este caso una utopía negativa:

> Em suma, tem gente demais, ou vai ter gente demais daqui a pouco no mundo criando uma excessiva dependência à tecnologia e uma necessidade de regimentalização próxima da organização do formigueiro. Vai chegar o dia em que a melhor herança que os pais podem deixar para os filhos será o próprio corpo, para os filhos comerem (Fonseca 2006: 172).

Con una parodia formula un escenario de horror en el que una barbarie puede generar barbaries aún más grandes, como comerse a los propios padres, el canibalismo. El narrador, periodista e interlocutor, lleva al narratario a una focalización cero por medio del suceso ficticio que define el marco del programa de escritura de su interlocutor, una historia sobre el horrible enano negro, textos sobre el cuerpo y sus funciones, héroes marginados, protagonistas de todos los estratos sociales y casos criminales, en los que apoya Rubem Fonseca sus siguientes escritos. Por medio de esa focalización a través del narrador se mantiene también al lector implícito a distancia del autor implícito. Con ello puede éste asegurar su libertad y su capacidad de transformación.

«Corações Solitários», el plagio como método

En este cuento, Fonseca se presenta como autor y lector ficcionalizados. Los modelos literarios y la cultura del autor se convierten en el trasfondo ante el cual el autor implícito hace actuar a su narrador. Al trabajar con la ironía, la parodia produce un distanciamiento de los acontecimientos ficcionales. Algunos signos distintivos se refieren al Brasil de los años setenta, pero intenta borrarlos al instante.

El narrador autodiegético detrás del cual el autor implícito se da a conocer, es un antiguo reportero de sucesos que, con una recomendación, solicita un puesto en la redacción de la revista femenina *Mulher*.

La narración está escrita con una «capacidade de enredar história e reflexão sem perder um segundo o controle do texto, num comando enxuto e irônico que marca toda obra» (Nina 2003). El narrador tiene los hilos totalmente en sus manos y conduce hábilmente al narratario con una focalización interna a través de los sucesos, o sea, que el narratario —y a través de éste el lector implícito— sabe tanto como el narrador.

El narrador autodiegético perdió su puesto de trabajo como antiguo reportero de sucesos en un contexto social de pequeña criminalidad: «só tem pequeno comerciante matando sócio, pequeno bandido matando pequeno comerciante, polícia matando pequeno bandido. Coisas pequenas, eu disse a Oswaldo Peçanha, editor-chefe e proprietário do jornal *Mulher*» (Fonseca 2006: 25).

Esta narración vuelve a demostrar al autor Fonseca como lector que trabaja con la intertextualidad. Se comentan, ironizan y parodian homenajes a autores, citas, referencias y literatura mundial para contextualizar la poca calidad de una revista femenina y para mostrar que el nuevo colaborador sabe, en el fondo, demasiado para esa labor —se muestra superior a todos— y los pequeños plagios de la literatura mundial son el reflejo de la política brasileña de los años setenta, ya que se vive en el país de la gran mentira: «É a esse tipo de gente que o Brasil está entregue, manipuladores de estatísticas, falsificadores de informações, empulhadores com seus computadores, todos criando a Grande Mentira» (Fonseca 2006: 39).

Nathanael West, con *Miss Lonleyhearts* (1933), un autor de la Lost Generation que sobrevivió a duras penas escribiendo guiones en los Estados Unidos de los años treinta, sirvió de modelo para esta narración y es citado con el seudónimo de Dr. Nathanal Lessa, que el ex reportero de sucesos elige para firmar sus artículos. Así imponerse al editor, que desea sólo seudónimos femeninos, porque éste está en deuda con el autor de la recomendación, un banquero del Banco do Brasil, y tiene que emplear al antiguo reportero de sucesos.

Con el nombre de «Lessa» se refiere Fonseca a Origines Lessa[4] y se sitúa así en el contexto Brasil-Estados Unidos. La cultura de ambos países le ha determinado a través de su formación y sus actividades profesionales.

El seudónimo masculino es una referencia a la sociedad dominada por los varones —las mujeres dejan que los varones lo digan todo—. Así, el seudónimo se refiere a la impresión del nuevo colaborador: «Você não acha que um nome masculino dá mais credibilidade às respostas? Pai, marido, sacerdote, patrão — só tem homem dizendo o que elas devem fazer» (Fonseca 2006: 26), y por otra parte es un momento que infunde angustia, porque en la redacción y entre puros varones con nombres femeninos, el ex reportero podría ser considerado un homosexual, lo que en esta sociedad masculina sería un estigma.

La problemática de género tematizada se aborda con el segundo seudónimo, Clarice Simone, que se refiere a Clarice Lispector y a la cantante Simone.

El concepto de vida del ex reportero de sucesos no admite de ninguna manera la homosexualidad que, como se dijo, es un estigma no sólo para el editor, sino para toda la sociedad. Sin embargo, en el campo de la producción de textos y de la literatura ya no existe ningún prejuicio. Pedro Redgrave, el redactor de la sección de cartas del lector, quiere suicidarse porque se siente atraído sexualmente por un varón, pero Nathanael Lessa le consuela con referencias (auto)biográficas: «O que é isso Pedro? Vai desistir agora que encontrou o seu amor? Oscar Wilde sofreu o diabo, foi esculhambado, ridiculizado, humilhado, processado, condenado mas aguentou a barra» (Fonseca 2006: 35).

En la narración se trata de los prejuicios y ventajas del ex reportero de sucesos. Tiene que luchar continuamente para ser reconocido: «Canalhas, súcia de babões, só porque fui repórter de polícia estão me chamando de plagiário» (Fonseca 2006: 32). Al mismo tiempo, y precisamente por eso, tiene la posibilidad de ejercer su profesión con buen y metódico olfato y con «imparcialidad», y así

---

[4] Orígenes Lessa (1903-1986), periodista, cuentista, novelista y autor de ensayos, miembro de la «Academia Brasileira de Letras», vivió en la ciudad del Río de Janeiro.

logra detectar el secreto de la redacción: la revista no es leída por mujeres de clase C (baja clase social), sino por varones de clase B (homosexuales). El editor Oswaldo Pencanha es quien escribe las supuestas cartas enviadas por los lectores y, además, resulta ser un travesti que se hace llamar Pedro Redgrave.

Su tarea, escribir cartas de lectores o fotonovelas, la logra valiéndose de una fórmula. Cuando el fotógrafo de la fotonovela declara: «Norma Virgínia escrevia a novela em quinze minutos. Ele tinha uma fórmula», expone su saber y su competencia para ese trabajo: «Afinal li todos os trágicos gregos, os ibsens, os o'neals, os becketts, os tchekhovs, os shakespeares, as four hundred best television plays. Era só chupar uma idéia aqui, outra ali, e pronto» (Fonseca 2006: 30).

Con su método del plagio refleja también la producción de la literatura de masas. Desgraciadamente sus conceptos sobre las novelas no se ajustan a la realidad de la vida, lo que produce conflictos para el fotógrafo: «Onde vou arranjar, continuou Mônica Tutzi, como se não tivesse me ouvindo, os dois jovens louros esbeltos de olhos azuís?» (Fonseca 2006: 31).

El metadiscurso sobre la literatura latinoamericana implica el peligro del plagio de modelos literarios y visuales de Europa, que no son apropiados para captar la realidad brasileña: «Nossos artistas são todos meio para o mulato» (Fonseca 2006: 31).

Sin embargo, el narrador puede ponerse en buena posición. Adopta siempre una distancia mayor con respecto a la redacción debido a sus capacidades y se sustrae de su lector como un migrante y versátil camaleón: «Você tem futuro na literatura. Isto aqui é uma grande escola. Aprenda aprenda», le aclara el editor. El colega Mônica Tutzi pregunta con admiración: «Qual o tempêro aqui?». Y recibe una respuesta arrogante: «Eurípides, pecado e morte. Vou te contar uma coisa: eu conheço a alma humana e não preciso de nenhum grego velho para me inspirar. Para um homem da minha inteligência e sensibilidade basta olhar em volta» (Fonseca 2006: 34-35). Soy Nathanal Lessa, pero soy otro. Así podría descifrarse el mensaje de este texto.

El mensaje «Soy yo y soy otro» se extiende como hilo conductor a través de toda la obra de Fonseca, también en el tomo de narraciones *O Cobrador* (1979), aparecido poco después de que *Feliz Ano Novo* fuera prohibido por la censura. También aquí se trata de una crítica social sutil y de un escritor autoficcional. El autor vuelve a crear en forma sismográfica una utopía negativa, esta vez sobre el trato que se da a los ancianos en Brasil. El cuento *Onze de Maio* presenta el escenario deprimente de una residencia de ancianos en la que los habitantes se ven sufren a diario una televisión siempre encendida, mala comida y diminutos recintos, verdaderos cubículos. Los vigilantes no desean que los ancianos traben amistad unos con otros. El narrador autodiegético observa la decadencia corporal de los ancianos, se da cuenta de cómo desaparecen de modo sospechoso sus contemporáneos enfermos y quiere desenmascarar al personal: «Tenho uma lista com os nomes dos ocupantes de todos os cubículos da minha ala. Passei um dia inteiro fazendo a lista. São sessenta cubículos. Ninguém sabe que tenho essa lista» (Fonseca 1979: 137). Los viejos enfermos que tosen desaparecen por la noche para siempre. Él lleva la cuenta exacta.

> O interno que está há mais tempo no Lar, na minha ala, é Cortines. Seis meses. Todos os outros que estavam há mais tempo desapareceram. Morreram? Foram transferidos? Ningúem se incomoda com a rotatividade dos internos, afinal aqui dentro não se fazem amigos. Apenas eu acompanho secretamente, nos quatro meses que estou aqui, a entrada e saída dos internos. Deformação profissional (Fonseca 1979: 143).

El autor Rubem Fonseca cumple años el 11 de mayo —una referencia autobiográfica que plantea una reflexión sobre el hecho de envejecer—. Pero el autor joven construye en este momento una autoficción situada en el futuro. Su residencia de ancianos del futuro hace posible morirse a corto plazo, sea con plan o sin él, es algo que deja abierto el protagonista:

> Talvez sejam encaminhados para aqui os velhos que estão caquéticos, com uma curta expectativa de vida. Isso explica porque todos morrem em tão pouco tempo. Ou será outra coisa, um projeto mais amplo, uma política para todos nós? Enfim, tenho pouco tempo (Fonseca 1979: 144).

Para él se trata de comprender el hecho de envejecer, la decadencia del cuerpo: «Olho o meu rosto babão e chorão, no espelho do cubículo: uma figura ao mesmo tempo ridícula e repulsiva. Sou eu realmente? Foi para isso que vivi tantos anos?» (Fonseca 1979: 146). ¿Vale la pena vivir más tiempo? Por eso, cuando protesta ante el director por la comida, que es tan mala que algunos viejos sufren hambre, recibe la siguiente respuesta: «O Senhor não sabe que o país travessa uma crise econômica das mais graves em toda a sua história? Já fomos um país de jovens e em pouco estamos nos tornando um país de velhos» (Fonseca 1979: 147).

También el cuento «O Cobrador» tiene rasgos autoficcionales. Se cuenta la historia de un narrador autodiegético, marginal, que quiere seguir obteniendo en el supermercado de la vida aquello que considera que le corresponde: «Digo, dentro da minha cabeça, e às vezes para fora, está todo mundo me devendo! Estão me devendo comida, boceta, cobertor, sapato, casa, automóvel, relógio, dentes, estão me devendo» (Fonseca 1979: 166).

El nuevo lema: «Quem quiser mandar em mim, pode querer, mas vai morrer» (Fonseca 1979: 176). El narrador autodiegético desarrolla una agresividad extrema, que se debe a su experiencia de privaciones. Al margen de la sociedad, sin dinero, confrontado siempre con las tentaciones de la sociedad de consumo, quiere recibir su parte, que va a seguir queriendo obtener con violencia. Lo que lo apacigua es la simpatía y el amor por Ana, y el respeto por Doña Clotilde, la anciana y maternal propietaria de la casa.

Los escenarios de violencia, donde hay violaciones, ejecuciones, atracos y fusilamientos, aumentan y son necesarios para que el protagonista pueda afirmarse en el mundo. Estos escenarios son también consecuencia de las entrevistas autoficcionales de «Intestino Grosso», siendo aquí la relación la prohibición real del tomo de cuentos *Feliz Ano Novo* por las autoridades brasileñas de censura en el año 1975. La censura, perjudicial para la existencia de todo escritor, en cuanto que este quiera vivir de su trabajo, afectó realmente a Fonseca e hizo que mostrara una imagen negativa de su sociedad. Para tratar este problema cualquier moral parece inadecuada. Por eso no resultan comprensibles ciertas afirmaciones como, por ejemplo, de Horst Nitschack, que presenta a Rubem Fonseca en oposición a autores como Ignácio de Loyola Brandão (Nitschack 2002: 493) y quiere imputarle una estetización de la violencia. Ciertamente, Rubem Fonseca escribe sobre Río de Janeiro y Brandão, sobre São Paulo, pero a ambos los une la utilización del crimen y las diferencias sociales para construir sus tramas de forma estético-literaria. Ambos son autores de un «realismo feroz», que presentan con elementos estéticos la violencia y las secuencias de ésta con elementos estéticos para abarcar sismográficamente los desarrollos de la violencia en las megalópolis brasileñas.

Otras lecturas o elogio y perfeccionamiento del plagio

En «Corações Solitários», el autor implícito Rubem Fonseca se muestra como un escritor en el campo de tensión de la literatura brasileña y norteamericana. En este campo se mueve más adelante también en *Diário de um Fescenino*, tematizando la relación autor/lector al referirse de nuevo a un autor norteamericano, esta vez a Philip Roth: cita el ejemplo del héroe Zuckerman, de *Zuckerman Unbound*, para describir la miseria de un autor consecuencia de que los lectores no quieran distinguir entre el héroe de una novela y el autor de la misma. Rufus, el protagonista de la novela, dice: «Nada tenho a ver com as coisas que são ditas nos meus livros». Christoph Schamm (2008: 18-38) examina la complejidad del problema que para *Diário de um Fescenino* resulta, desde el punto de vista metalingüístico, cuando el autor ficcionalizado quiere, con la ayuda de un diario ficticio, tomar datos para una *Bildungsroman* (una novela educativa). Schamm plantea la pregunta de si los hechos de ficción literaria tienen relación con las vivencias de sus autores reales. Él arguye que los críticos literarios caracterizan al narrador como un personaje ficticio o al menos estilizado y que las conclusiones de lo que dice sobre la persona real del escritor son «cuando no completamente desacertadas por lo menos peligrosas y especulativas» (Schamm 2008: 18)[5]. En sus exposiciones, Schamm compara *Diário de um fescenino* con el film *8½* de Federico Fellini. En ambas obras de arte se trata de un artista en una crisis de creación, que en la vida privada se evade a través de nuevas relaciones amorosas y hace reflexiones sobre los procesos de filmar y escribir. En ambos filmes hay un análisis del complejo entre los roles del autor y del lector «que também é um produtor (Iser, Barthes, Eco já esgotaram esse assunto.)» (Fonseca 2003: 16). En el caso de Rufus, el autor ficcionalizado de *Diário de um Fescenino*, se trata de un recorrido a través de su cosmos literario y artístico. El lector ve a Rufus cuando redacta en su computadora sus notas del diario como estudios para su *Bildungsroman*. La redacción del diario le ayuda a superar la crisis provocada por la escritura de la *Bildungsroman*. Luego convierte esta crisis en un tema, que es la crisis al escribir la *Bildungsroman*:

> O que eu sinto é uma consciênica de mim mesmo que me faz experimentar a angoissc referida pelos existencialistas ateus, como Sartre. Isso será causado por eu estar escrevendo este meu auto-retrato disfarçado de diário? Estarei, inconscientemente, escrevendo este diário para descobrir quem sou, trazer à tona os crimes que cometi [...], para encontrar um sentido para a minha vida? O mesmo impulse que leva o poeta a escrever poesia? (Fonseca 2003: 200).

El sentimiento fundamental, una soledad existencial, le une con los autores de Europa. Quiere escribir una *Bildungsroman* sobre un joven arribista que tiene a la vista su carrera y la mujer de otro, sus éxitos y fracasos, hasta que llega a la mediana edad y se convierte en una persona que echa una mirada retrospectiva a su vida. El intertexto es *L'Éducation sentimentale* de Flaubert y Rufus piensa

---

[5] Original en alemán: «wenn nicht vollkommen abwegig, so zumindest gefährlich und spekulativ».

que puesto que ya todo se ha escrito, él puede sin escrúpulos traer el París del siglo XIX al Río de Janeiro de hoy.

Un poco después, Rufus se distancia de su intento de escribir una *Bildungsroman* porque su diario le conduce a otro resultado. Dice Schamm: «Sólo quien hace experiencias propias, tiene algo que contar»[6] (Schamm 2008: 19). Pero en su diario, el autor implícito Fonseca inserta referencias a los textos y problemas del autor real —la base de su *Bildungsroman* es el cuento «Agruras de um jovem escritor» (Fonseca 2006: 91-104)— y confronta su literatura y sus pensamientos con las posiciones de otros autores a la vez que se pregunta por su validez: la literatura que ha leído, las expresiones, posiciones y fenómenos que remodela creativamente. Para los que ven una concordancia entre autor y protagonistas, como los protagonistas Zuckerman de Philip Roth, encuentra la transferencia «os zuckermanianos». Rufus quiere introducir en su *Bildungsroman* un violador para darle más volumen a su texto y encuentra conveniente esa innovación: «Pensei em colocar no Bildungsroman um estuprador. Fodam-se os zuckermanianos. Introduzirei uma novidade no enredo original, o livro tem que ser grosso [...]» (Fonseca 2003: 218).

En su artículo citado, Christoph Schamm declara que las crisis de creación conducen a textos en los que se activa el trabajo del autor creativo y se realiza una meta-discusión sobre la creación de literatura y film. No hace referencia al elemento autobiográfico en ninguno de los dos casos, ni en Fonseca ni en Fellini.

Sin embargo, *Diário de um fescenino* es una novela autoficcional desde cualquier punto de vista. Se trata de las posiciones literarias de un escritor, un *flâneur* de Río de Janeiro y un apasionado lector que menciona posiciones de literatos de diferentes épocas para deslindarse de ellas. La anotación decisiva en el diario es la del 22 de octubre, cuando se le sentencia a pena de cárcel. No puede dormir y piensa en colegas escritores cuyas vidas no le interesan pero sí el momento y el modo de muerte que han tenido, para hacerse inmediatamente la pregunta sobre su propia muerte. Si él mismo se va a matar y cuándo podría ocurrir tal cosa.

Schamm escribe: «El brasileño Rubem Fonseca (*1925) ha entrado a la línea de los escritores de primer orden de su patria a más tardar con su novela *Agosto*, un cruce de *thriller* político y ficción documental del año 1990» (2008: 19)[7].

---

[6] Texto alemán: «Nur wer etwas erlebt, hat etwas zu erzählen».
[7] Traducción de la editora.

Sin embargo, Rubem Fonseca cuenta ya entre los más importantes autores de Brasil desde mucho antes, desde su novela *O Caso Morel* (1973) y la antología *Feliz Ano Novo* (1975). En su novela *Vastas Emoções e Pensamentos imperfeitos* (1998), trata literariamente la diferencia entre cine y literatura cuando describe cómo quiere preparar el actor protagonistade la de los cuentos de Isaak Babel incluidos en *Die Reiterarmee* («La caballería roja»). Seminon Bujonny, legendario comandante de la caballería, echó en cara a Babel que dañara la reputación de esta institución. Ahora, el director de cine, a la sazón el actor que protagonizará el film, está en Berlín. El director está interesado ante todo en la vida de Babel, de la que tiene noticia conversando con un conocido del mismo, llamado Gurian, quien cuenta:

> Em março de 1918 ele [Babel] estava em Petersburgo, trabalhando no jornal die Gorki, Liétopis. No ano seguinte voltou para Odessa, para casar-se com Eugenia Gronfein. Em 1920 trabalhava para um serviço de notícias do governo. Com o nome de Liutov, escrevia no jornal do Primeiro de Cavalaria, chamado o Cavaleiro Vermelho (Fonseca 1988: 53).

Cuando le pregunta por qué Babel utiliza un seudónimo, Gurian responde: «Para esconder que é judeu» (Fonseca 1988: 53).

Babel hace resaltar una manera fascinante de escribir: «Babel buscava padrões de excelência impossíveis de serem alcançados por qualquer artista. Por isso escreveu tão pouco, com uma exatidão, uma concisão esplendente» (Fonseca 1988: 55).

Lo que le interesa especialmente al narrador homodiegético es la búsqueda de la verdad de Babel, como constata Peter Urban, el traductor del diario de Babel al alemán:

> El libro de Babel aparece hoy como un ejemplo anticipado de las dificultades que se tienen al escribir la verdad y su brillante dominio. Babel había dibujado lo que mostraron posteriores investigaciones de archivo: que las hordas salvajes de Budjonnin habían procedido con masacres, saqueos y asaltos a judíos desde la liberación de Rostov en enero de 1919 (Urban 1994: 289)[8].

---

[8] Traducción de la editora del original de Peter Urban. «Babels Buch erscheint heute als ein früh vorweggenommenes Beispiel für die Schwierigkeiten beim Schreiben der Wahrheit und deren glanzvolle Bewältigung. Babel hatte nachgezeichnet, was spätere Archivforschungen ergaben: dass die wilden Horden Budjonnin mit Massakern, Plünderungen und Judenprogromen seit der Befreiung Rostovs im Januar 1919 vorgegangen waren» (Urban 1994: 289).

Pero no sólo el autor Babel está en el primer plano de la novela, sino también la función de la película, como dice Gurian, está siempre detrás de la literatura porque es un medio engañoso.

Además se discute sobre el problema de si un buen escritor puede ser un buen guionista. En esto se reconoce al autor Rubem Fonseca, pues él mismo ha tenido experiencia como guionista, aunque siempre se ha decantado por la escritura literaria.

Ya en su novela *Bufo & Spallanzani* (1985), o sea, mucho antes del *Diário de um fescenino*, Fonseca recurre intertextualmente a la novela *Madame Bovary* de Gustave Flaubert, pero comienza primero a reflexionar sobre el acceso al arte de otros autores y artistas: Kafka, Shakespeare, Borges, Tolstoi, Chagall. El nombre del protagonista de la novela, Gustavo Flávio, remite a Gustave Flaubert. Como Flaubert, Flávio tiene un bloqueo creativo y necesita muchos años para escribir su obra. Flaubert creció como hijo de un médico en la inmediata cercanía de un hospital. El autor real Fonseca trabajó como médico y estudió derecho, como también Flaubert. Flaubert tuvo durante largo tiempo una amante mayor que él con la que discutía sobre literatura. Esta constelación la volvemos a encontrar intraficcionalmente en Gustavo Flávio y Minolta, quien es considerada largo tiempo como amante de Flávio y le aconseja en sus preocupaciones sobre el amor y el arte. En *Madame Bovary* la protagonista fracasa en sus ideales y en el mundo organizado de forma materialista. Se estanca en un punto muerto en su vida. Lo mismo que Delfina Delamar, la protagonista de *Bufo & Spallanzani*, se hubiera quitado la vida posiblemente tarde o temprano si no hubiera estado gravemente enferma. La quiebra de ideales en un mundo fuertemente polarizado fue para Flaubert y Fonseca un fenómeno con el que se pudieron identificar y convertirlo en el tema de sus novelas. En la novela de Flaubert aparecen un comerciante y un farmacéutico; en la de Fonseca, un comerciante de arte y un escritor. Ya en *Bufo & Spallanzani* constituye Flaubert para Flávio un punto de referencia, adopta casi el papel de un consejero por el que se mide y compara, y en parte Flávio busca indicaciones y consejos en la obra del maestro francés:

> Você me perguntava como posso ser tão prolifico gastando tanto tempo com as mulheres. Olha, nunca entendi Flaubert au dizer 'réserve ton priapisme pour le style, goutre ton encrier, calme-toi sur la viande… une once de sperme perdue fatigue plus que trois litres de sang'. Não fodo meu tinteiro, porém em compensação, não tenho vida social, não atendo telephone, não respondo cartas, só revejo o meu texto uma vez, quando revejo (Fonseca 1985: 8).

Entre Flávio, Flaubert y Fonseca se construye una relación intertextual. La relación con Flaubert no es casual. Como Fonseca, también Flaubert tuvo que sufrir la censura, su obra *Madame Bovary* atentó contra las «buenas costumbres», la moral y la religión hasta que en 1857 fue liberada de esa inculpación. *Bufo y Spallanzani* es una reacción de Fonseca contra la censura de sus cuentos y un retorno al *rewriting* en el que adapta una historia a aspectos que igualmente están prohibidos en su tiempo. Fonseca critica claramente el uso de obras literarias europeas como modelo de normas y convenciones para la literatura brasileña. Aquí se refiere a un autor que ha roto, como él, con las convenciones. También rompe con el modelo típico del *rewriting*, o sea, con el modelo europeo, en tanto que no se toma el trabajo de aludir subliminalmente a las relaciones o hasta esconderlas del todo. En cierta forma logra parodiar el *rewriting*. Como dice el escritor Flávio en el libro, en una novela no hay ningún nombre casual. Los nombres de Delfina y Eugenio Delamar provienen de *Madame Bovary* y, al contrario que Gustavo Flávio, no son adaptados al portugués. Fonseca traspasa la historia real del supuesto homicidio de Delfina Delamar que desarrolla Flaubert en su novela, a una historia criminal que localiza en Río de Janeiro, la mezcla en diferentes niveles, describe el ambiente de manera más brutal e introduce temas de medicina chamánica (como se puede ver en el veneno de sapo). Así se establece una relación aún más estrecha con Flaubert. A los muchos puntos comunes casuales pertenece también la aducida comunidad de la historia de Delfina Delamar. En *Bufo & Spallanzani* escribe Fonseca, además, sobre la situación actual de los medios de difusión y su influencia sobre la producción literaria. La computadora de Flávio desempeña un papel importante en la novela, ya que como medio para almacenar puede asimismo emitir informaciones a cualquier hora. Así aclara Flávio a sus lectores cómo obtiene conocimientos de expertos y los intercala en sus libros. Con esto, Fonseca trabaja de nuevo el tema del arte de escribir y del papel de la autoficción a través de un lector que escribe, con lo cual se da a conocer en sus textos por cortos momentos que rápidamente borra de nuevo. Como dice Tomás Eloy Martínez en su introducción a *64 contos*: «[...] a arte maior de quem cruzou as portas do inferno e contemplou com lúcidez o que há dentro dele» (Fonseca 2004: 12)

Resumen

Aun cuando el autor Rubem Fonseca no se da a conocer directamente en sus textos, se vale repetidamente de estrategias autoficcionales y de otros textos, construyendo en sus obras singulares un caleidoscopio de textos literarios y películas presentados desde diferentes perspectivas: la situación del artista en Brasil, la búsqueda de material para novelas policíacas explosivas, la necesaria ética del autor que puede ser contraria a la tendencia del *mainstream*, historias criminalísticas y la búsqueda de la verdad y el conocimiento en contraposición a la televisión como medio de una embrutecedora cultura de masas, y la formulación de la problemática de la propiedad literaria como necesidad social.

Bibliografía

1. *Textos*

Fonseca, Rubem (2006 [1975]): «Intestino Grosso», en Rubem Fonseca: *Feliz Ano Novo*. São Paulo: Companhia das Letras, pp. 161-174.
— (1979): *O Cobrador*. Rio de Janeiro: Nova Fronteira.
— (1985): *Bufo & Spallanzani*. Rio de Janeiro: Francisco Alves.
— (1988): *Vastas Emoções e Pensamentos Imperfeitos*. São Paulo: Companhia das Letras.
— (2003): *Diário de um Fescenino*. São Paulo: Companhia das Letras.
— (2004): *64 contos*. Introd. Tomás Eloy Martínez. São Paulo: Companhia das Letras.

2. *Estudios*

Da Silva, Deonísio (1984): *Nos Bastidores da Censura — sexualidade, literatura e repressão pós-64*. São Paulo: Estação da Liberdade.
Hempel, Juliane (2009): «Bufo & Spallanzani — Ein intermedialer Vergleich von Fokus und Genre in Buch und Film» (manuscrito inédito).
Foucault, Michel (1994 [195-1969]): *Dits et écrits*. Éd. établie sous la direction de Daniel Defer. Paris: Gallimard. [Réédition de «Qu'est-ce qu'un auteur?», en *Bulletin de la Société française de Philosophie*, juillet-septembre 1969, pp. 73-104.]
Nina, Claudia (2003): «Rubem Fonseca e seu duplo — novo romance joga com fama de autor arredio», en *Jornal do Brasil*, 12 de abril. Accesible en <http://literal.terra.com.br/rubem_fonseca/biobiblio/sobreele/sobreele_imprensa_seuduplo.shtml?biobiblio3> (6.8.2009).

NITSCHACK, Horst (2007): «Die brasilianische Literatur seit 1960: Militärdiktatur, Wirtschaftswunder und neue 'Öffnung'», en Rössner, Michael (ed.), *Lateinamerikanische Literaturgeschichte*. Stuttgart: Metzler, pp. 482-498.

OTSUKA, Edu Taruki (2001): *Marcas da catástrofe. Experiência urbana e indústria cultural em Rubem Fonseca, João Gilberto Noll e Chico Buarque*. São Paulo: Nankin Editorial.

SCHAMM, Christoph (2008): «Meisterwerke aus Mangel an Inspiration», en *Iberoamericana* 65, octubre, pp. 18-38.

URBAN, Peter (1994): «Nachwort», en *Isaak Babel: Die Reiterarmee*. Berlin: Friedenauer Presse, pp. 287-317.

La construcción del discurso autoficcional: procedimientos y estrategias

Ana Casas

La narrativa autoficcional problematiza uno de los conceptos más controvertidos en torno a la construcción textual de la identidad: el de la autoría, ya que, al subrayar de un modo contradictorio la semejanza y la diferencia entre el autor real y su representación literaria, niega y afirma a la vez la relación del texto con su referente o, lo que es lo mismo, la relación de lo ficticio con lo real. Por ello, algunas voces ven en la autoficción una salida a la dificultad cada vez más acusada en la autobiografía contemporánea de acceder a la «verdad». No pudiendo obviar el cuestionamiento del yo unívoco, la textualidad difícilmente puede entenderse hoy como «un simple resultado del sujeto» (gracias al psicoanálisis y su visión de la identidad disgregada, así como a las recientes aportaciones, tanto desde el punto de vista de la teoría como de la práctica autobiográfica, en especial de la deconstrucción), sino más bien como el proceso de búsqueda que emprende el yo de una identidad que, en último término, resulta inasible (Pozuelo Yvancos 2005: 31).

Desde esta perspectiva, la diferencia fundamental entre la autobiografía y la autoficción estriba en el hecho de que, como advierte Marie Darrieussecq (1996: 376-377), ésta asume de manera voluntaria la no referencialidad, la imposibilidad para el sujeto de ser sincero y objetivo que la primera combate; dicho de otro modo: la autoficción cuestiona la práctica 'ingenua' de la autobiografía, al advertir que la escritura pretendidamente referencial siempre acaba ingresando en el ámbito de la ficción.

Por esta razón, un buen número de novelas autoficcionales convocan, dentro del espacio de la escritura, determinados géneros 'asociados a la realidad' (esto es, aquellos que proponen un pacto de lectura, según el cual el texto es susceptible de ser verificado), como la autobiografía, el diario o el ensayo, con la intención de poner en entredicho la presunta referencialidad de éstos. Es decir: estas obras llaman al referente para, inmediatamente, negarlo de forma explícita.

A partir de ahí (y de alguna que otra peculiaridad, como la identidad más o menos evidente entre el autor, el narrador y el protagonista del relato)[1], los recursos retóricos empleados por la novela autoficcional no parecen diferir demasiado de los utilizados en otras modalidades narrativas. Sí puede advertirse una marcada tendencia a tomar prestadas determinadas estrategias discursivas de la novela contemporánea; a saber: a) la intensificación de la manipulación del orden cronológico, b) la alternancia de voces y los cambios de focalización, y c) la presencia del autocomentario o metadiscurso[2]. Estrategias que 'desentonan' en el contexto en el que aparecen y que, por ello mismo, contribuyen a la «des-referencialización» o, si se prefiere, a la ficcionalización de unos textos que, en cierta medida, asumen la apariencia y las características, por ejemplo, de la autobiografía —*Negra espalda del tiempo* (1998) de Javier Marías—, del diario íntimo —la trilogía de Juan Antonio Masoliver Ródenas: *Retiro lo escrito* (1988), *Beatriz Miami* (1991) y *La puerta del inglés* (2001)—, del ensayo histórico —*Sefarad* (2001) de Antonio Muñoz Molina—, o del ensayo literario —*El mal de Montano* (2002) de Enrique Vila-Matas—.

A) El orden cronológico

En su libro más reciente, *Autofiction. Une aventure du langage* (2008), Philippe Gasparini, señala, entre las técnicas anti-cronológicas utilizadas con mayor profusión en las últimas décadas por la narrativa autoficcional, el empleo del monólogo interior que procede por asociación de ideas, la yuxtaposición de secuencias según un orden arbitrario, las interpolaciones de visiones imaginarias, la inserción de fotografías, el tratamiento por rúbricas, la ordenación alfabética,

---

[1] No todos los críticos están de acuerdo sobre este punto. La identidad del nombre es necesaria para Lejeune (1986), Colonna (2004), Genette (2004) o Alberca (2007) y sobre todo para aquellos que ven en la autoficción la variante posmoderna de la autobiografía, por ejemplo, Doubrovsky (1979, 1988) y Darrieussecq (1996). No así para Lecarme (1993) y en especial Gasparini (2008), para quien es suficiente que determinados elementos paratextuales induzcan al lector a identificar al narrador de la obra con el autor.

[2] Los puntos a) y c) me han sido sugeridos por el trabajo de Gasparini (2008: 306-311), aunque, con respecto a la temporalidad del relato, el crítico francés habla de 'ruptura de la linealidad narrativa' y a mí me parece más apropiado poner el acento en la intensificación de la manipulación del orden cronológico, ya que, desde *El Quijote* y sus historias intercaladas, la novela no ha dejado de alterar esa supuesta linealidad originaria.

las listas e inventarios, el retrato y la biografía de terceros (Gasparini 2008: 308), cuidándose en señalar que algunas de estas técnicas provienen de la novela, como el monólogo interior, y otras, en cambio, de los géneros referenciales. Dicha búsqueda formal, basada en los principios de heterogeneidad y fragmentarismo, parece tener como meta sobrepasar el horizonte de expectativas del modelo autobiográfico tal y como éste viene entendiéndose tradicionalmente.

En cuanto a su heterogeneidad, las novelas autoficcionales suelen asumir una apariencia referencial, que se ve cuestionada desde el momento en que el lector empieza a percibir la mezcla de elementos narrativos que componen el relato, algunos provenientes del ámbito de lo 'real' y otros del de la ficción.

Así, Javier Marías promete al inicio de *Negra espalda del tiempo* contar la verdad y sólo la verdad de lo acontecido a raíz de la publicación de otra de sus novelas, *Todas las almas* (1989), con respecto de la cual buena parte del público y la crítica —seducidos por algunas llamativas similitudes entre el narrador innominado y el autor real— privilegiaron en su día una lectura 'autobiográfica' (o en clave) de la obra. Ahora, en cambio, confiesa Marías: «voy a relatar lo sabido o lo averiguado» (Marías 1998: 11), una promesa de veracidad avalada por la presencia de personajes reales (muchos de ellos escritores también, como Gawsworth, Shiel, Ewart y Oloff de Wet), cuyas vidas y obras son narradas o referidas a lo largo de extensos pasajes. Las fotografías, los mapas, los dibujos, las reproducciones de portadas de libros, boletines o recortes de periódico, no hacen más que reforzar la relación con lo real que Marías (autor y narrador) establece desde las páginas de *Negra espalda del tiempo*, así como el compromiso con su propia autobiografía (cuyos detalles más personales nos escamotea, sin embargo), al hacer aparecer a la madre en sus últimos momentos de vida, el hermano Julianín, muerto antes de que él naciera, algunos amigos especialmente queridos como los malogrados Juan Benet y Aliocha Coll, y varios antepasados, víctimas de la maldición de los Manera, según la cual los primogénitos de tres generaciones consecutivas debían morir antes de haber cumplido los cincuenta años, lejos de su patria y sin poder recibir jamás sepultura (370-375). Aunque, como decía, de Marías (de su yo íntimo), casi ni rastro.

No obstante, además de los significativos silencios en torno a la persona que parece esconderse detrás de la voz (en teoría autobiográfica) del relato, no deja de resultar perturbadora la desordenada convivencia de personajes conocidos y desconocidos (con respecto al narrador), vivos y muertos, entre los que destaca el propio Marías, desdoblado en el personaje secundario que pasa de puntillas por algunos pasajes de la novela y en la conciencia omnipresente que todo lo juzga y medita. También se deja sentir la heterogeneidad de los elementos narrativos en el modo de hilar las múltiples tramas —precarias, fragmentadas, en muchos casos inacabadas— de los distintos episodios que componen la obra: diversas posibilidades para una misma historia, escenas hipotéticas o recreadas a partir de la realidad pero que incluyen elementos inventados o al menos distorsionados, se integran sin mayores problemas en el relato 'veraz' que prometían aquellas páginas iniciales (por ejemplo, la muerte del escritor Ewart en México, narrada en varias ocasiones y a veces de modo contradictorio, o la conversación ficticia entre el piloto mercenario Oloff de Wet y Franco).

A su vez, Juan Antonio Masoliver Ródenas escoge para su trilogía la forma del diario personal, con sus fechas consignadas, marcando el pasar de los días como manda el género y poniendo el yo en el centro del relato. Sin embargo, el espacio de la confesión se convierte muy pronto en un escenario desde el cual el sujeto asume y exhibe diversas personalidades, presentándose disgregado, escindido en múltiples yoes; la inmediatez de la escritura que, en principio, se le supone al diario —y por la cual no suele ser muy larga la distancia entre el tiempo de la enunciación y el de la narración— se ve contrarrestada por una marcada tendencia a la rememoración de los años infantiles y juveniles a través de numerosas analepsis externas; el orden de las fechas del diario (la sucesión cronológica de las jornadas) lo contradicen el desorden y el caos de los distintos tiempos evocados (los muchos pasados y presentes que aparecen mezclados y confundidos). Por otro lado, la heterogeneidad también es de orden estilístico, ya que el tono confesional —con frecuencia elegíaco— de algunos momentos, en otros se transforma en grotesco, absurdo e incluso escatológico, pues el 'falso diario' aúna todo tipo de propuestas más allá de las 'esperables' e incluye el ensayo, las memorias, la autobiografía, el cuento, la poesía, la máxima o los juegos de palabras. Distintas modalidades de la escritura para dar cuenta de una variedad que es también temática, en la medida en que la obra aglutina un buen número de episodios (habitualmente inaugurales) en torno al amor, el sexo, la amistad y la muerte, narrados bajo puntos de vista diversos, desde la perspectiva idealizante a la más pedestre y descarnada, sin olvidar el humor y la ironía —a veces la burla y el escarnio— que tiñen la experiencia del yo narrativo: el servicio militar, los años de estudio primero en el colegio y más adelante en la universidad, la militancia política, la labor del crítico y profesor o la propia práctica de la escritura.

La mezcla de discursos diversos se traduce en *Sefarad*, de Antonio Muñoz Molina, en la incorporación en el relato de fragmentos (de ecos) de obras ajenas. En general se trata de lecturas referidas, narrativizadas a través de la voz (o las voces) del narrador (pocas veces, aparecen citas *verbatim*). Así, las *Cartas a Milena*, de Franz Kafka, *Milena*, de Margarete Buber-Neumann, o los testimonios de los escritores Primo Levi y Jean Améry (*Si esto es un hombre, La Tregua, Los hundidos*, del primero; *Par delà le crime et le châtiment*, del segundo) contribuyen, entre otros textos, a la 'reconstrucción' de las biografías de los muchos personajes reales —en su mayoría víctimas del Holocausto, las purgas estalinistas, el exilio republicano español— que pueblan las páginas de *Sefarad*. Su posición 'periférica' o 'secundaria' con respecto a los grandes 'protagonistas' de la Historia (historia en mayúsculas, historia oficial) permite situarlos al mismo nivel que el de los personajes anónimos que pueden haber existido o no y que también aparecen en la novela (como el emigrante andaluz del primer capítulo o el señor Salama, de Tánger: el judío sefardita que tuvo que abandonar Hungría tras la entrada de los alemanes); pero sobre todo permite situarlos al mismo nivel que el del narrador innominado, cuyos rasgos físicos y biográficos animan (ambiguamente) a identificarlo con el autor empírico.

La homogeneización de discursos de procedencia diversa a través de la intertextualidad explícita se convierte en *El mal de Montano*, de Enrique Vila-Matas, en un juego, además de en un programa literario. En gran medida, el propósito de la novela no es otro que «No conocerse nunca o sólo un poco y ser un parásito de otros escritores para acabar teniendo una brizna de literatura propia» (Vila-Matas 2002: 123). Para ello, Rosario Girondo (narrador y álter ego de Vila-Matas) trufa su relato —un diario que se va convirtiendo en novela mientras avanza la obra— de citas de diaristas ilustres —Amiel, Salvador Dalí, Gide, Virginia Woolf— así como de sus escritores preferidos —Walser, Sebald, Borges, Kafka, Musil— para de este modo curarse de su mal (que consiste en verlo todo a través de citas ajenas), sanando de su enfermedad gracias a la enfermedad misma, pues solo asumiendo las voces de los otros Girondo acabará por encontrar la propia. El vínculo entre la obra y los géneros referenciales que ésta convoca (de las cinco partes que componen la novela, la primera se presenta como un diario, la segunda como un diccionario, la tercera como una conferencia y la cuarta como un diario otra vez[3]) busca confundir las fronteras entre lo ficcional y factual, privilegiando el componente ensayístico, que tiene por objeto reflexionar sobre los mecanismos narrativos y las ambiguas relaciones que se establecen entre el arte y la vida.

---

[3] La quinta parte no dialoga con ningún género referencial, aunque, como las demás, se trata de una narración autodiegética, en este caso retrospectiva.

Además de la heterogeneidad, Gasparini señalaba el fragmentarismo como otro de los rasgos fundamentales que, con respecto al orden temporal de la narración, caracteriza un número importante de autoficciones. Habría que añadir que muy a menudo dicho fragmentarismo se logra gracias a la digresión y la asociación como técnicas de construcción del relato.

En la novela autoficcional abundan, en efecto, las estructuras digresivas, tal y como ha estudiado Grohmann (2005) con relación a los recursos retóricos de efecto dilatorio empleados en *Negra espalda del tiempo*, donde es habitual encontrar frases largas, enumeraciones, ristras de oraciones coordinadas y cláusulas subordinadas que retardan el ritmo narrativo y apenas permiten el desarrollo de la historia. Además, en esta obra, así como en las otras que han sido citadas, resulta muy extenso el espacio concedido a los períodos reflexivos en detrimento de la acción o peripecia. Es decir, casi todas ellas son novelas que parecen avanzar sin una dirección concreta, pues carecen de trama o argumento (tal vez con la salvedad de *El mal de Montano*, donde las frecuentes digresiones no impiden que la narración se dirija hacia un desenlace).

Ello se logra sobre todo gracias a la asociación de personajes, situaciones, espacios, como ocurre, por ejemplo, en *Sefarad* cuando, en el capítulo segundo («Copenhague»), el viaje en tren que emprende el narrador por razones laborales sirve para evocar otros viajes en absoluto placenteros: el de Primo Levi a Auschwitz, el de los republicanos a la frontera francesa, el de la militante comunista Evgenia Ginzburg a Siberia, el de Milena Jesenska y el de Margarete Buber-Neumann al campo de Ravensbrück. De esta manera, la trama se diluye en una sucesión de episodios, sin que pueda apreciarse una cronología o un hilo conductor que trabe los distintos pasajes y escenas (más allá de los motivos e imágenes recurrentes, que sí acostumbran a ser muchos). Aunque, como es obvio, dicho procedimiento no carece de sentido: subraya la importancia del azar y la casualidad (uno de los temas preferidos de Marías, en *Negra espalda del tiempo*); la organización caótica y simultánea de los recuerdos (razón por la que muchas de las secuencias que componen las novelas de Masoliver se suceden de manera desordenada y se construyen en presente de indicativo a pesar de ser rememorativas); la ausencia de causalidad o jerarquía para la comprensión de los procesos históricos (como indica la visión del tiempo reiterativo en *Sefarad*); la confluencia de otros textos en la obra literaria (la biblioteca infinita en *El mal de Montano*).

La forma fragmentaria y la estructura digresiva coinciden en estas obras en negar la trama clásica, en la medida en que, como advierte Pozuelo Yvancos

(2007: 36-37) con respecto a la novela de Vila-Matas, frente a la causalidad de las obras tradicionales, en éstas se oponen el azar y la gratuidad de la escritura. La sucesión caótica de episodios y acontecimientos contribuye, en este sentido, a plantear un tiempo que ya es plenamente de la 'ficción', donde el desorden formal refleja, por una parte, la naturaleza compleja de la realidad (como advertía Borges, la imposibilidad de representación del mundo) y, por la otra, indica la dificultad de discernir el presente del pasado (por eso a menudo se superponen el tiempo de la enunciación y el tiempo de la historia), cuando lo acontecido sigue vivo en la actualidad a través de la memoria, como en las novelas de Masoliver o en *Sefarad*.

En relación con la autobiografía, la destrucción de la linealidad implica, por lo tanto, este cuestionamiento de la causalidad, ya que, al alterar el orden sucesivo de la narración, el autor autoficcional pone de manifiesto la 'artificialidad' que el autor autobiográfico impone a sus textos al seleccionar y ordenar sus recuerdos conforme un plan trazado mucho tiempo después de haber tenido lugar los hechos referidos. Así, en la autoficción la convivencia de materiales de diversa procedencia 'denuncia' la idea de construcción, de artefacto, común a todos los textos (los 'pretendidamente' autobiográficos y los 'abiertamente' autoficcionales); y, por el otro lado, el desorden cronológico, la estructura caótica, habitualmente digresiva de la autoficción, cuestiona las nociones de sucesión y significación que en el relato autobiográfico tienden a ofrecer una imagen de síntesis tanto de lo acontecido como del propio yo.

B) El narrador: focalización y distancia

La aptitud polifónica de la novela, su capacidad para multiplicar los puntos de vista, es otro de los rasgos que puede presentar la autoficción, subvirtiendo así la unidad del sujeto que se presupone en los textos autobiográficos. En algunos casos, ello se traduce en el desdoblamiento de la voz narradora, como ocurre en las novelas de Masoliver, en las que la identidad nominal entre autor y narrador —así como las similitudes entre ambas instancias, que comparten un buen número de datos biográficos, como la fecha y el lugar de nacimiento, ciertas experiencias personales o la profesión— se ve problematizada gracias a las diversas modalidades del nombre (el narrador se autodesigna y lo designan Juan Antonio Masoliver Ródenas, pero también Masoliver, Ródenas, Antonio, Juan, adoptando, en ocasiones, el familiar Tono o el caricaturesco Macholiver) y a la presencia de yoes múltiples y hasta antagónicos dentro de conversaciones simuladas del autor consigo mismo o en los diálogos que Masoliver mantiene con Ródenas, y viceversa. Además, la voz, las voces del relato aparecen escindidas, fragmentadas, ya que el yo narrativo —esencialmente evocador— en algunos momentos puede mostrarse también reflexivo, lírico, narrativo; utilizar un tono elevado y grave, satírico, paródico, escatológico y obsceno, o incluso alegórico. El juego apunta, como es evidente, a la imposibilidad de fijar una identidad que, en cualquier caso, resulta inaprehensible más allá del propio texto.

De igual modo, Enrique Vila-Matas multiplica las máscaras del escritor en *El mal de Montano*, novela cuyo narrador, que dice llamarse Rosario Girondo, es crítico literario en la primera parte, escritor de éxito en la segunda, conferenciante y mendigo en la tercera, para trasmutarse en la cuarta en don Quijote de las Azores, en la quinta en su tan admirado Walser y terminar, en el desenlace, huérfano de una identidad y encarnando anónimamente la Literatura. Como ha señalado Alberca (2007: 138), el polifacético personaje vilamatiano acaba convirtiéndose en «un espacio vacío, que va circulando por las numerosas y diferentes alternativas que le ofrecen las obras y vidas de sus autores preferidos» a fuerza de parasitar la biografía de otros escritores y reescribir los diarios de éstos. Por otro lado, al margen de las muchas conexiones entre la vida de Girondo y la de Vila-Matas, desgranadas sucintamente por Ródenas de Moya (2007: 159-161)[4], la alteridad nominal entre ambas instancias no hace más que acrecentar lo ambiguo de su relación. En primer lugar, porque, como explica Girondo, su nombre es un «matrónimo» (heterónimo tomado de la madre), por lo que el lector nunca llega a conocer su verdadera identidad; y, en segundo lugar, porque el personaje, que dentro de la diégesis se revela siendo el autor de una novela titulada *El mal de Montano*, asume una variedad tal de personalidades literarias que bien podría incluir al propio Vila-Matas (por otra parte autor empírico de una novela también titulada *El mal de Montano*): de esta manera, el continuo enmascaramiento del uno apunta simbólicamente al enmascaramiento del escritor real dentro de su obra.

La estrategia seguida por Javier Marías en *Negra espalda del tiempo* para 'abrir' el relato a otras perspectivas tiene que ver, en cambio, con la transgresión de la focalización. No es sólo que una voz en principio autobiográfica —pues así se presenta antes los lectores al inicio de la obra— devenga en muchos momentos

---

[4] El excelente trabajo de Ródenas de Moya (2007) analiza *El mal de Montano* desde una perspectiva más amplia que la adoptada por mí en el presente estudio centrado en el elemento autoficcional, pues tiene en cuenta los diversos aspectos de la novela.

heterodiegética —alterando la lógica narrativa, al centrarse en el relato de las vidas ajenas 'olvidándose' de la propia—, sino que a menudo el narrador adquiere una 'imposible' capacidad de introspección con respecto a los personajes. Así, cuando confiesa su afición a espiar desde la ventana de su cuarto el paso apresurado de los hombres y mujeres que a una hora muy temprana se disponen a regresar a sus casas tras una noche de juerga, o bien a dirigirse a sus trabajos, no duda en ampliar la inicial focalización externa (que le permite describir el aspecto de las personas que llaman su atención) para adoptar lo que Genette ha denominado focalización cero y mostrarse, de este modo, conocedor de los pensamientos, el pasado y el futuro de aquellos a quienes observa:

> Mira la mujer los faroles y se acuerda del hombre cuyo olor aún lleva y que quedó en su cama, egoísta y dormido. Es una mujer arreglada que está a punto de dejar de ser joven, lo sigue siendo con un poco de esfuerzo y esmero en las ocasiones señaladas, lo fue anoche seguro, con su escote que se guardó la tiniebla y ya olvidado esta mañana, un espectro, el vestido sobre una silla arrugado, ahora viste sobriamente y va bien tapada, no volverá a ver al joven que le arrancó ese vestido sin ningún cuidado más por ser joven que por desear quitárselo, se irá cuando se despierte sin dejar una nota y hasta es posible que le robe algo, cuenta con ello, no importa, quedará su olor ácido, entre las sábanas, el autobús no llega (Marías 1998: 146-147).

En esos casos, la paralepsis —el fenómeno que se produce cuando el narrador sobrepasa el grado de conocimiento que puede tener de la historia, según la focalizacion inicialmente escogida, y que aquí lógicamente 'debería ser' interna fija, dado que se trata de un narrador extra-homodiegético— permite aunar lo acontecido con lo imaginado y, en consecuencia, acortar la distancia entre la realidad y la ficción. En este sentido, abundan los momentos en que, a partir del empleo del condicional y las estructuras de probabilidad y duda, el relato se desliza hacia la narración asertiva. Sucede así, por ejemplo, en la narración de la entrevista que 'no tuvo lugar' entre Franco y el aventurero Oloff de Wet:

> Veo la escena si llegó a producirse, o la veo aunque no llegara, pero quién sabe, tal vez de Wet removió cielo y tierra con sus amigos de las embajadas y los submundos y consiguió una brevísima audiencia, diez o doce minutos para exponer sus planes al enemigo mayor de la Unión Soviética [...]. Veo a Franco disfrazado de almirante, sentado con los pies plantados en el suelo del talón a la punta como si no fueran articulados y carecieran de movimiento [...]. Veo a Hugh Oloff de Wet con su español imperfecto y su jovialidad contagiosa [...]. Y probablemente, cuando de Wet terminara de explicar su visionaria estrategia —sin mencionar el Hotel Metropol codicia-

do ni a su ya obtenida esposa, eso seguro—, el dictador se quedaría mirándolo con la vista opaca y seguiría callado un rato como si desconociera las reglas del diálogo [...]. Se llevaría un dedo a la sien despoblada, más en señal de vaciedad o ausencia que de calibración o duda; [...] por fin hablaría con los dientes cerrados largos y sin apenas mover los labios:
'Y dígame, ¿cómo hace para sostener en el ojo sin que le caiga ese cristal que lleva tan redondo?'
[...] De Wet sabe muy bien que debe responder la pregunta, aunque el tiempo de la audiencia está a punto de terminarse y las cuatro frases sobre su monóculo ahumado puedan derivarlos del asunto irremediablemente y consumir el delgado resto, los dos o tres minutos aún concedidos (Marías 1998: 310-312).

A partir de aquí, Marías abandona los indicadores de probabilidad para, durante las ocho páginas siguientes, desarrollar una escena que alterna el diálogo entre los dos personajes (diálogo recreado, inventado) con el discurso asertivo del narrador. Se construye de esta manera un tipo de relato conjetural que, partiendo de la hipótesis (y también del deseo de quien cuenta), plantea que todo es ficción por el mero hecho de ser relatado. No podía ser de otro modo, si el lector no ha olvidado a estas alturas que la 'buena' intención que Marías expresaba en las primeras páginas de *Negra espalda del tiempo* —aquella promesa de «relatar lo ocurrido»— se contradecía poco después cuando afirmaba que «lo que yo asegure o declare no tiene por qué ser creído [...]. (Y al advertirlo me doy cuenta de que estoy poniendo involuntariamente en tela de juicio la veracidad de cuanto aquí estoy diciendo y seguiré contando...)» (28), y, más adelante, cuando se presenta ya abiertamente bajo las trazas de un narrador 'no fidedigno' (un tipo de narrador 'bajo sospecha', más propio de la novela que de la autobiografía), al decir: «si he de ser sincero —y no tengo por qué serlo» (83).

También relacionada con el modo narrativo, la distancia (según la noción genettiana del término) puede contribuir a la actitud polifónica de la novela autoficcional. A menudo, en la voz del narrador aparecen entreveradas otras voces, otros puntos de vista, gracias a las diversas maneras de representación del discurso —desde el narrativizado al monólogo interior, pasando por el discurso indirecto, indirecto libre y directo— que, dependiendo de la 'fidelidad' con la que permitan reproducir las palabras de los personajes, van a implicar un mayor o menor grado de ficcionalización. Cuanto más espacio conceda el narrador a otras voces distintas de la suya, más evidente se hará el artificio y, por lo tanto, la obra será menos referencial. En este sentido, se advierten procedimientos de intensificación de dicho artificio, en concreto la rapidez con que se produce la transición de unos modos a otros, como en el fragmento de *Negra espalda del tiempo* antes referido, en el que el discurso del narrador asume los pensamientos de la mujer que espera la llegada del autobús, confundiendo sus palabras con las de ella a través del empleo del indirecto libre y el monólogo interior: «no volverá a ver al joven que le arrancó ese vestido sin ningún cuidado más por ser joven que por desear quitárselo, se irá cuando se despierte sin dejar una nota y hasta es posible que le robe algo, cuenta con ello, no importa, quedará su olor ácido, entre las sábanas, el autobús no llega».

En *Sefarad*, de Antonio Muñoz Molina, la fragmentación de las voces permite congregar una multitud de narradores (acorde con la forma episódica de la novela, que se divide en dieciséis capítulos), contribuyendo a generar una estructura caleidoscópica con tendencia a nivelar los diversos testimonios, incluido el del personaje cuya caracterización invita a identificarlo con la figura del autor. Configuradas así las voces de la novela, los distintos relatos que la componen presentan una autonomía narrativa que permite leerlos de manera independiente, desgajándolos del resto; sin embargo pueden (y deben) ser leídos también en relación con los otros, dada la presencia recurrente de determinados personajes a través de los distintos capítulos: por ejemplo, Mateo Zapatón, que en el primer capítulo («Sacristán») desempeña un papel secundario y luego es protagonista en el decimotercero («América»), tras haber aparecido brevemente en el decimoprimero («Donde quiera que el hombre va»); o la joven alta de pelo rizado, cuya vida está marcada por el exceso y las drogas y que es amante del amigo del narrador en el segundo capítulo («Copenhague»), prima de la mujer de éste en el quinto («Ademuz») y goza de un mayor protagonismo en los capítulos octavo («Olympia») y decimoprimero.

En especial, llaman la atención los paralelismos que se establecen entre ese personaje tan parecido a Antonio Muñoz Molina —que en gran medida confiere a la novela una dimensión autoficcional—, y el resto de personajes, con los que presenta algunas similitudes con respecto a sus viajes, las vivencias amorosas y sentimentales, la enfermedad o la vocación de la escritura. Una relación que en parte se estrecha gracias a que en algunos capítulos confluyen las diversas voces hasta hacerse indistinguibles: la del narrador/«autor» (contemporánea al tiempo del lector) y la de los demás personajes, «reales» o ficticios, que también toman la palabra (y se sitúan en otros tiempos y otros espacios). En esos momentos, cuesta diferenciar los discursos que pertenecen a los distintos narradores, dada la ubicuidad de los pronombres personales, pues si bien el significado varía, el significante («yo») permanece siempre igual. La estrategia se intensifica cuando el relato opta por la segunda persona, ya que en esos pasajes el 'tú' adquiere diversas posibilidades: en primer lugar, el narrador/»autor» se desdobla en un narratario (se convierte en interlocutor de sí mismo); en segundo lugar, se dirige a los otros personajes; y en tercer lugar, interpela de manera implícita al lector. Así, por ejemplo, el capítulo decimocuarto («Eres») empieza con una meditación del narrador, que en su habitación y frente al espejo reflexiona sobre la propia identidad y los estragos del tiempo sobre ésta: «No eres una sola persona y no tienes una sola historia, y ni tu cara ni tu oficio ni las demás circunstancias de tu vida pasada o presente permanecen invariables» (Muñoz Molina 2001: 443). A través de la asociación (aquí del espacio: una habitación, que es refugio y cárcel, y remite a otras), el narrador se escinde en distintos personajes a los que se dirige: «eres el médico que aguarda en la penumbra de su despacho al paciente»; «eres el huésped de un hotel que una noche se despierta con un golpe de tos y escupe de pronto un chorro de sangre», «eres un judío, y estás destinado a la persecución y al exterminio» (454-459), etc., hombres y mujeres que acaban teniendo un nombre y entre los cuales no habría motivos para no incluir al lector:

> Eres Jean Améry viendo un paisaje de prados y árboles por la ventanilla del coche en el que lo llevan preso al cuartel de la Gestapo, eres Evgenia Ginzburg escuchando por última vez el ruido peculiar con que se cierra la puerta de su casa, adonde nunca va a volver, eres Margarete Buber-Neumann que ve la esfera iluminada de un reloj en la madrugada de Moscú, unos minutos antes de que la furgoneta en la que la llevan presa entre en la oscuridad de la prisión, eres Franz Kafka descubriendo con asombro, con extrañeza, casi con alivio, que el líquido caliente que estás vomitando es sangre. Eres quien mira su normalidad perdida desde el otro lado del cristal que te separa de ella, quien entre las rendijas de las tablas de un vagón de deportados mira las últimas casas de la ciudad que creyó suya y a la que nunca volverá (Muñoz Molina 2001: 463).

Personajes conmutables, que comparten el sentimiento de desarraigo y de extrañeza, la experiencia de la alteridad, la expulsión, la marginación, que son víctimas de la emigración, del exilio, de la persecución política, del exterminio (nazi y totalitario) y que se parecen al narrador/»autor» porque éste presenta, aunque por distintos motivos, una identidad extrañada (prisionero de las convenciones, de la cobardía personal, de la enfermedad), pero sobre todo porque lo que les ha ocurrido a ellos podría sucederle un día a él, o a nosotros, sus lectores: nadie está a salvo de la sinrazón. El 'yo' o el 'tú' polivalentes, proclives a confundirse con otros 'yoes' y 'túes', aluden a esta dimensión ética del sujeto que Muñoz Molina plantea en las páginas de *Sefarad*, al entender que el individuo forma parte de algo que lo trasciende, de una historia colectiva que no aparece en los libros de texto, no se hace con estadísticas ni entiende de fechas 'significativas'.

C) El metadiscurso

Para Sébastien Hubier (2003: 128), la autoficción es ineludiblemente metadiscursiva, en la medida en que esta modalidad suele expresar sin tapujos una voluntad de deconstrucción con respecto a las literaturas personales o íntimas. Dicho deseo de transgredir los límites que, por convención, diferencian los textos referenciales de los textos ficcionales explicaría, como bien ha señalado Philippe Gasparini (2008: 309), otro de los procedimientos característicos de la narrativa autoficcional: el empleo intensivo del comentario interno.

Así, en el nivel extradiegético —cada vez que el narrador se aleja de la historia para tomar la palabra y dar su opinión— abundan las digresiones reflexivas en torno al escepticismo con respecto a la verdad personal, los mecanismos de la memoria o la capacidad referencial del lenguaje, ya que, como explica Gasparini (2004: 241) en otro lugar:

> Le roman autobiographique [habría que leer la autoficción] est toujours sous-tendu par cette idée que le discours référentiel sur soi comporte une part d'illusion. [...] Sachant la labilité et la multiplicité du Moi, les censures du Surmoi, les ruses de l'inconscient, les phénomènes de condensation, de déplacement [...], le romancier autobiographe renonce sagement au pacte référentiel sur un sujet aussi problématique et insaisissable que sa propre histoire.

De igual modo, las novelas seleccionadas insisten en la imposibilidad de la autobiografía, bien porque el narrador no es capaz de narrarse a sí mismo dado su escaso nivel de autoconocimiento (por ejemplo ese yo 'bajo sospecha' en *Negra espalda del tiempo*)[5], bien porque el acceso a la realidad (la propia y la ajena) se plantea como algo imposible, fragmentario e incompleto (como se infiere en *Sefarad*).

---

[5] Es decir, desde el instante en que el narrador empieza a reflexionar sobre las limitaciones inherentes a cualquier autobiografía, empieza también a subvertir la referencialidad de la obra, porque, como advierte Casas Baró (2005: 148), «la exhibición del artificio es [...] la puerta de entrada —el límite necesario— al ámbito de la ficción por lo que, a partir de este momento, ese material autobiográfico que baraja el autor se convierte automáticamente en realidad 'inventada' o novela por el mero hecho de ser contado y creído y, por supuesto, previamente imaginado».

La infidelidad de la memoria es otro de los temas que acostumbran a aparecer en las digresiones metadiscursivas. «Vivimos en el artificio del recuerdo» —dice Masoliver Ródenas (1988: 128) en *Retiro lo escrito*— una opinión que también comparten Marías y Muñoz Molina, convencidos —y de ello dejan constancia en sus textos— de que la memoria crea un tiempo falso e idealizado, también inestable y voluble, acorde con la identidad cambiante del individuo. Aun no pudiendo evitar dar testimonio de lo acontecido —precaria manera de sobrevivir al tiempo y al olvido—, estos autores tienen la convicción de que todo acaba desvirtuándose de manera irremediable, hasta desaparecer, incluido el sujeto, que una vez narrado, una vez plasmada su identidad en un relato, no resulta «menos inventado que un personaje secundario en un libro, un transeúnte en la película o en la novela de la vida de otro» (Muñoz Molina 2001: 179).

Todas estas cuestiones remiten finalmente a la desconfianza ante la capacidad referencial del lenguaje, tal y como sostiene Marías en las páginas iniciales de *Negra espalda del tiempo*: «'relatar lo ocurrido' es inconcebible y vano, o bien es sólo posible como invención», ya que «la vieja aspiración de cualquier cronista o superviviente, relatar lo ocurrido, dar cuenta de lo acaecido, dejar constancia de los hechos y delitos y hazañas, es una mera ilusión o quimera» (Marías 1998: 10). Como afirma Masoliver Ródenas en *La puerta del inglés*, al cabo, el lenguaje «siempre crea, siempre evoca y sugiere, miente y desmiente, se somete y se rebela» (Masoliver 2001: 16), idea que alude a la naturaleza metafórica y, por lo tanto, tergiversadora e imprecisa de la palabra.

En *Negra espalda del tiempo* la reflexión metaficcional parte de tres figuras esenciales: Redonda —la isla deshabitada de la que Javier Marías es el rey y cuya existencia es en parte real y en parte literaria—, la luz eléctrica de las farolas que al amanecer son como «una prolongación artificial, atenuadora e inerte de lo que ya ha cesado» (Marías 1998: 142), y muy especialmente 'la negra espalda del tiempo', expresión shakespeareana que recorre toda la novela y sirve para nombrar el «tiempo que no ha existido, [e]l que nos aguarda y también [e]l que no nos espera y no acontece por tanto, o sólo en una esfera que no es temporal propiamente y en la que quién sabe si no se hallará la escritura, o quizá solamente la ficción» (362-363). La 'negra espalda' alude, en consecuencia, a las innumerables opciones descartadas, a lo que podría haber sucedido y no sucedió, a los hechos no vividos pero sí imaginados por el autor y que conciernen a su propia existencia, pero también a la de esas personas que, en algún momento, se cruzaron en su vida e incluso a la de aquellas a las que no llegó a conocer pero de las que, por un motivo u otro, se sintió cercano[6]. Representa, por lo tanto, todo lo que cabe en el tiempo de la (auto)ficción: un tiempo en el que indistintamente acontece lo real y lo imaginado.

La tendencia al autocomentario en ciertas ocasiones provoca el efecto de la *mise en abyme*. En *El mal de Montano* ésta adquiere incluso un valor estructural, ya que, como en un juego de cajas chinas, el autor se abisma en el texto una y otra vez, proyectando su figura en cada una de las cinco partes que componen el relato. Los diversos niveles de la novela se ven afectados, pues a cada declaración de principios —cuando el narrador promete decir la verdad y sólo la verdad— sigue su correspondiente desmentido. Así, en la primera parte (titulada «El mal de Montano»), Girondo, mientras asegura que lo que estamos leyendo es su diario personal, narra la historia de su hijo, un joven escritor que sufre una parálisis creativa; sin embargo, desde muy pronto empieza a trufar su relato de frases como éstas: «me siento atrapado en las páginas de una novela que voy transcribiendo en mi diario» (Vila-Matas 2002: 38), o «aunque sólo sea por un tiempo, voy a dejar aparcado este diario que se me está convirtiendo en una novela» (39). Finalmente, las sospechas del lector, que no puede más que dudar acerca del género al que pertenece la narración, se ven corroboradas en la segunda parte de la obra («Diccionario del tímido amor a la vida»), cuando descubrimos que el supuesto diario de Girondo es «la nouvelle en la que se entrelazan la ficción con mi vida real» (106). Sabremos que Montano es una invención y Girondo, el narrador, un escritor que, para curarse de su mal ha creado «El mal de Montano», proyectando su enfermedad en un hijo ficticio. Lo curioso es que Girondo, para desautorizar la lectura autobiográfica de la primera parte, decida multiplicar los vínculos con Enrique Vila-Matas, pues el bloqueo creativo del cual ha sido víctima tras la publicación de *Nada más* recuerda demasiado al padecido por el autor real después de haber acabado *Bartleby y compañía*, novela de idéntica temática (ambas tienen como asunto principal los 'escritores del no', que, por un motivo u otro, abandonaron la literatura). Para acabar de complicar las cosas, Girondo diseña en esta segunda parte un espacio de veracidad, al asegurar que va a contar «nada más que verdades sobre mi fragmentada vida», aunque inmediatamente después pone en duda la capacidad referencial de toda autobiografía (la suya concretamente es tan fraccionada como su personalidad, «que es plural y ambigua y mestiza», o sea irrepresentable).

---

[6] Analizan este concepto Champeau (1998), Pittarello (2001), Alberca (2005) y Casas Baró (2005).

A estas alturas al lector no le sorprenderá que en la tercera parte («Teoría de Budapest») el narrador, antes de pronunciar su conferencia, se presente delante de su auditorio de la siguiente manera: «[...] muerto de hambre hoy ante todos ustedes, juzgo orientador decirles que venir a este Museo de Literatura de Budapest me obligó en Barcelona a interrumpir la novela que estoy escribiendo en torno precisamente al tema de los diarios personales de los escritores» (209). De este modo, Girondo vuelve a rebatir la veracidad de un texto anterior y vuelve a reclamar el estatuto de lo real para el texto en curso; sin embargo, dicha referencialidad también queda subvertida dada la cantidad de elementos inverosímiles que contiene esta tercera parte (cuesta creer que la transformación de Girondo, su mujer Rosa y su amigo Tongoy en mendigos sea literal y no simbólica), pero sobre todo gracias a su función de *mise en abyme* de la novela. Así, resulta que la conferencia no es más que «un microcosmos de lo que estoy escribiendo en Barcelona», por lo que reúne «ensayo, memoria personal, diario, libro de viajes y ficción narrativa» (221); es decir, posee todos los ingredientes de la autoficción.

La cuarta y la quinta parte («Diario de un hombre engañado» y «La salvación del espíritu», respectivamente), presentan ya tal multitud de aspectos imposibles que se extrema el antirrealismo que la narración de Girondo, fecundada en el diálogo con los géneros referenciales, ha ido progresivamente adoptando a lo largo de todo el relato, y que culmina en el desenlace, cuando el personaje desaparece en la cumbre del Matz, libre de su personalidad de autor y convertido en Literatura. De esta manera, Girondo deja a un lado «la estúpida sinceridad», para acabar reivindicando el método creativo que consiste en «escribir imágenes y situaciones que, al igual que los paisajes de la pintura metafísica italiana, [son] descritas de forma muy nítida, muy exacta, muy certera y al mismo tiempo muy irreal» (253). Concluye así su personal batalla, primero contra la enfermedad de la literatura que lo aqueja y que convierte cada uno de sus pensamientos en una sucesión de citas de otros autores; y, luego, contra los enemigos de lo literario (los editores, los escritores y los críticos responsables de la mercantilización de la literatura). De este modo, su desvanecimiento como autor le permite transformarse simbólicamente en la Literatura y salvar a ésta de su extinción.

El mal de Montano se exhibe, pues, ante el lector como el espacio de lo ambiguo, donde se subvierten los principios de la narración tradicional apegada al realismo y cuya voluntad es, desde esta perspectiva, absurdamente referencial. De manera inversa, Girondo (y Vila-Matas proyectado en su personaje) deja al descubierto su propio proceso de elaboración, mostrándose como un *work in progress* que gusta de mezclar la realidad, la imaginación y la literatura. Puede decirse en este sentido que *El mal de Montano* practica al tiempo que representa la estrategia autoficcional inherente a toda obra que quiera transcurrir por cauces distintos de los habituales.

Los recursos que subvierten la referencialidad de los géneros factuales convocados en la novela (diario, diccionario de autores, conferencia) tienen consecuencias ontológicas, pues problematizan la noción de «verdad» en relación con lo literario: si la vida no puede transcribirse, la autoficción se presenta, entonces, como una vía de indagación existencial, en la medida en que, para Vila-Matas, ficción y verdad no son en absoluto antagónicas («también la verdad se inventa», p. 146, leemos en la novela). Al contrario, sólo la literatura permite comprender la vida, que por sí sola resulta insuficiente:

> Precisamente porque la literatura nos permite comprender la vida, nos habla de lo que puede ser pero también de lo que pudo haber sido. No hay nada a veces más alejado de la realidad que la literatura, que nos está recordando todo momento que la vida es así y el mundo está organizado *así*, pero podría ser de otra forma. No hay nada más subversivo que ella, que se ocupa de devolvernos a la verdadera vida al exponer lo que la vida real y la Historia sofocan (302).

De este modo, la autoficción —a través de las estrategias que aquí se han apuntado— permitiría a sus autores perseguir una 'verdad existencial' más allá de lo autobiográfico y de lo referencial. Las perspectivas son múltiples. Está el radical pesimismo de Masoliver Ródenas, que enfrenta el fracaso de la vida a través de la práctica (autoficcional) de la escritura como última salvaguarda —aunque también parcial, incompleta y fragmentaria— contra la devastación, la ruina y la muerte que rigen las biografías de los hombres (incluyendo la propia) y que tanto obsesionan al autor. En su caso, la autoficción es solidaria de esa búsqueda de unidad que dé sentido al recuerdo, la existencia o incluso la literatura, pues lo único que posee el escritor es el lenguaje para tratar de dar un significado unitario a una realidad que carece de él: sólo quedan las palabras, dice Masoliver Ródenas (2001: 30-31) en *La puerta del inglés*, «para seguir mintiendo y mintiéndonos, para seguir buscando la verdad sin encontrarla».

Más elegíaco, si cabe, se muestra Marías en *Negra espalda del tiempo*, donde la ficcionalización de la autobiografía es el camino para trascender la existencia personal, gracias a ampliarla. Así, su novela incluye otras posibilidades vitales para el yo, siendo equiparables autoinvención y autoconocimiento. Pero sobre todo el relato, entendido de esta manera, hace que permanezca lo que ha cesado (lo que un día cesará): el tiempo de la escritura se revela la única forma de posteridad, pues convoca todos los momentos del pasado —los recordados y los olvidados—; también los del deseo, los sueños y las pesadillas; los que pertenecen a la imaginación y la experiencia; los protagonizados por los vivos y los muertos. Desde una dimensión más colectiva, aunque resulte paradójico de compromiso ético con la realidad y con el prójimo, Muñoz Molina emplea la autoficción para cuestionar el concepto de verdad histórica y proponer otro tipo de verdad más auténtica, aunque para ello deba a veces integrar la ficción. Convencido de que la novela surge de la vida, en las páginas de *Sefarad* hace aparecer una multitud de seres anónimos y no tan anónimos (incluido el propio autor) que, transformados en héroes de novela, son capaces de superar las limitaciones espacio-temporales que la realidad impone, pero no así la literatura, que no conoce de cronologías ni de fronteras.

Concluyendo como ya hice en otro lugar (Casas 2008: 18) y retomando las palabras de Sébastien Hubier (2003: 35), la escritura autoficcional no sólo facilita al autor hablar de sí mismo y de los demás con mayor libertad —sortear la autocensura que algunos consideran inherente a la autobiografía— o experimentar literariamente a partir de la propia vida —ser uno mismo y ser otros—. También sustituye el principio de sinceridad por la expresión de una subjetividad que, a través de la ficción, es capaz de acceder a una realidad íntima, hecha de equívocos y contradicciones, y que, gracias a subvertir las formas y los pactos de lectura habituales, logra instaurar una relación nueva del escritor con la verdad.

BIBLIOGRAFÍA

1. *Textos*

MARÍAS, Javier (1998): *Negra espalda del tiempo*. Madrid: Alfaguara.
MASOLIVER RÓDENAS, Juan Antonio (1988): *Retiro lo escrito*. Barcelona: Anagrama.
— (1991): *Beatriz Miami*. Barcelona: Anagrama.
— (2001): *La puerta del inglés*. Barcelona: El Acantilado.
MUÑOZ MOLINA, Antonio (2001): *Sefarad. Novela de novelas*. Madrid: Alfaguara.
VILA-MATAS, Enrique (2002): *El mal de Montano*. Barcelona: Anagrama.

2. *Estudios*

ALBERCA, Manuel (2005): «Las vueltas autobiográficas de Javier Marías», en Andres-Suárez, Irene/Casas, Ana (eds.), *Javier Marías*. Madrid: Arco/Libros, pp. 49-72.

— (2007): *El pacto ambiguo. De la novela autobiográfica a la autoficción.* Madrid: Biblioteca Nueva.

CASAS, Ana (2008): «Fingir ser uno mismo [reseña de *El pacto ambiguo. De la novela autobiográfica a la autoficción*, de Manuel Alberca]», en *Ínsula* 743, pp. 16-18.

CASAS BARÓ, Carlota (2005): «Javier Marías, un personaje literario», en Andres-Suárez, Irene/Casas, Ana (eds.), *Javier Marías*. Madrid: Arco/Libros, pp. 145-154.

CHAMPEAU, Geneviève (1998): «L'Auteur dans le texte: À propos de *Negra espalda del tiempo* de Javier Marías», en Ezquerro, Milagros (ed.), *Théories du texte & pratiques méthodologiques*. Caen: Presses Universitaires de Caen, pp. 79-90.

COLONNA, Vincent (2004): *Autofiction & autres mythomanies littéraires*. Auch: Tristram.

DARRIEUSSECQ, Marie (1996): «L'autofiction, un genre pas sérieux», en *Poétique* 107, pp. 369-380.

DOUBROVSKY, Serge (1979): «L'initiative aux maux. Écrire sa psychanalyse», en *Cahiers Confrontation* 1, pp. 95-113.

— (1988): «Autobiograpie/Vérité/Psychanalyse», en *Autobiographiques: de Corneille à Sartre*. Paris: Presses Universitaires de France, pp. 61-79.

GASPARINI, Philippe (2004): *Est-il je? Roman autobiographique et autofiction*. Paris: Seuil.

— (2008): *Autofiction. Une aventure du langage*. Paris: Seuil.

GENETTE, Gérard (2004): *Fiction et diction*. Paris: Seuil.

GROHMANN, Alexis (2005): «Literatura y digresión: La errabundia en *Negra espalda del tiempo*», en Andres-Suárez, Irene/Casas, Ana (eds.), *Javier Marías*. Madrid: Arco/Libros, pp. 135-144.

HUBIER, Sébastien (2003): *Littératures intimes, les expressions du moi, de l'autobiographie à l'autofiction*. Paris: Armand Colin.

LECARME, Jacques (1993): «Autofiction, un mauvais genre?», en *Autofictions & Cie, Ritm* 6, pp. 227-249.

LEJEUNE, Philippe (1986): *Moi aussi*. Paris: Seuil.

PITTARELLO, Elide (2001): «*Negra espalda del tiempo*: instrucciones de uso», en Steenmeijer, Maarten (ed.), *El pensamiento literario de Javier Marías*. Amsterdam/New York: Rodopi, pp. 125-134.

POZUELO YVANCOS, José María (2005): *De la autobiografía*. Barcelona: Crítica.

— (2007): «Vila-Matas en su red literaria», en Andres-Suárez, Irene/Casas, Ana (eds.), *Enrique Vila-Matas*. Madrid: Arco/Libros, pp. 33-47.

RÓDENAS DE MOYA, Domingo (2007): «La novela póstuma o el mal de Vila-Matas», en Andres-Suárez, Irene/Casas, Ana (eds.), *Enrique Vila-Matas*. Madrid: Arco/Libros, pp. 153-172.

Estatua con palomas de Luis Goytisolo. Entre ficción y realidad, historia y literatura

Herminia Gil Guerrero

> «el objetivo no es contar una experiencia personal, sino utilizar esa experiencia aparentemente personal para contar otra cosa» (*Estatua con palomas*, 260)[1].

1. INTRODUCCIÓN

En el corpus narrativo de Luis Goytisolo es observable una presencia constante de datos autobiográficos desde la que fue su primera novela *Las afueras* (1958), a *Las mismas palabras* (1962), pasando por su *Antagonía* (1974-1981), y encontrando su punto máximo en la obra que ocupará nuestra reflexión: *Estatua con palomas* (1992). Acontecimientos como la pérdida temprana de la madre en un bombardeo durante la Guerra Civil española, la merma progresiva del patrimonio familiar, su afiliación al Partido Comunista o la estancia en la cárcel son recuerdos recurrentes en su narrativa (cfr. Hofmann 1991: 219). Pero a pesar de dicha constante, hasta *Estatua con palomas* el lector no había encontrado en sus páginas una explícita identificación nominal entre el autor, el narrador y el personaje Luis Goytisolo, si bien en *Estela del fuego que se aleja* (1984), un juego de siglas apunta sutilmente a dicha identificación.

En *Estatua con palomas* Goytisolo experimenta con diversas posibilidades estético-formales que el modo autoficcional le posibilita, a partir de las ambiguas relaciones en el seno de la propia ficción entre ficcionalidad y factualidad, provocando en el lector una continua vacilación interpretativa. Por su alto grado de experimentación, en concreto en lo que a la *dispositio* se refiere, *Estatua con palomas* se convierte en verdadero reto para el lector, por ello, las siguientes páginas se proponen como objetivo arrojar luz sobre esta compleja obra desde el marco de la autoficción.

---

[1] En adelante se citará la paginación de la primera edición, Madrid: Destino, 1992.

2. La estructura y las situaciones narrativas: la lucha por la voz

La estructura de *Estatua con palomas* es muy original al producirse a mitad de la novela una bifurcación de la historia en dos yuxtapuestas que aparentemente no comparten ningún vínculo temático importante. Es decir, en lugar de hacer convivir elementos biográficos y ficticios en una misma historia, el autor los separa en dos dispares en las que rigen dos diferentes tipos de pactos: el autobiográfico o factual y el novelesco o ficticio. En su lectura, el lector los alterna *quasi* mecánicamente sin verse invalidado un pacto por el otro. Un modo éste de autoficción que no pretende el camuflaje o disimulo, sino subrayar precisamente el artificio en el que se erige la novela.

Desde el comienzo y durante 126 páginas de las 347 que la novela posee, el lector implícito sólo se enfrenta a la historia autobiográfica en la que se da muy temprano la identificación ontológico-nominal entre Luis Goytisolo autor, narrador y personaje[2]. El narrador Luis Goytisolo recuerda episodios de su infancia y adolescencia y refleja sus dos principales preocupaciones: la creación artística y la sexualidad. Cuando el lector ya ha aceptado las leyes del pacto autobiográfico y se siente cómodo en el ámbito de lo 'real' —la realidad de los Goytisolo—, una nueva historia interrumpe sin aviso en el cuarto apartado del cuarto capítulo, titulado significativamente «Dudas y decisiones». Dicha historia, en voz de un narrador (hasta el momento anónimo) en tercera persona, desplaza al narratario a un cronotopo diferente: el Imperio romano en el s. I. d. C., y aparece un nuevo personaje, el joven Junio, quien ha sido enviado en función de legado a Alejandría, desde donde reflexiona sobre sus principales preocupaciones: la decadencia de la Roma que le ha tocado vivir (corrupción política e intrigas, libertinaje sexual, etc.) y la creación artística. A partir de este momento las dos tramas se entrecruzan sin orden lógico aparente, obligando al lector a alternar en su lectura los dos pactos: el autobiográfico y el novelesco, como si de un espectador se tratara que entre dos planos de visión se ve obligado constantemente a alternar sus gafas de cerca y de lejos.

---

[2] «Hablar de la *familia*, de *toda la familia*, incluso era sinónimo de estarse refiriendo a la familia paterna y, más concretamente, a quienes llevaban el apellido Goytisolo», «[...] el trato con la familia materna significaba tocar un punto tácitamente doloroso: el nexo de unión entre ellos y nosotros había sido brutalmente interrumpido por la muerte y, en líneas generales, la secuencia de muertes que antecedieron y siguieron a la de mi madre, otorgaba a cuanto se relacionaba con sus apellidos cierta aura de desgracia» (36-37). Y más adelante: «Luis, ¿no me recuerdas?» (45). Incluso se hace referencia a la edad del narrador en el momento de la narración: «Cuando yo nací, mi padre tenía alrededor de 50 años, una edad próxima a la que tengo en la actualidad» (117).

El artificio trae como consecuencia una mayor conciencia por parte del lector implícito; el andamiaje de la novela se le ofrece de manera mucho más evidente y, durante el transcurso de la misma, éste se cree en sitio seguro ya que una vez aceptada la alternancia de pactos se invalida toda vacilación. Sin embargo, esta situación cambia radicalmente hacia el final de la novela, donde la ambigüedad, la pura confusión se adueña del lector.

La historia autobiográfica, que desde el apartado «Dudas y decisiones» es continuamente interrumpida, se extiende sin cambios a nivel de la voz narrativa hasta su último capítulo, titulado «La pregunta». Pero en este momento, una nueva voz se apropia de la narración. Se trata de un joven entrevistador, de nombre David, quien describe su extraño encuentro con el escritor Luis Goytisolo, a quien quiere hacer una entrevista. En este apartado se sugiere que ambos narradores han desarrollado paralelamente un mismo proyecto: David ha realizado un texto literario a partir de las respuestas del entrevistado, y Goytisolo (el que se presenta al principio como narrador) una obra que, en parte, tenía también forma de entrevista, de entrevista consigo mismo (cfr. 328-330)[3]. Con lo cual, queda sin resolver la autoría de la primera historia, ¿se trata de la voz narrativa Luis Goytisolo (autor real, narrador y personaje) o estamos ante una fingida autobiografía procedente de la voz camuflada del joven David?

La segunda historia presenta a nivel de las voces narrativas un esquema más complejo. Comienza con una voz narrativa extra-heterodiegética (todavía anónima) que narra acontecimientos de la vida del personaje Junio, quien establece ciertas concomitancias con el personaje de la primera historia de Luis Goytisolo en cuanto a sus preocupaciones sobre literatura y sexualidad. La misma voz narrativa aparece en el siguiente apartado y narra episodios de la juventud de Junio y sus amistades como Basilio Rufo, un joven romano que gozaba escandalizando con sus desviadas prácticas sexuales. En el apartado tercero de esta historia titulado «A Fulvia», se produce un cambio en la narración. Ahora el personaje Junio se convierte en narrador de una epístola en la que narra sus experiencias en Alejandría y aprovecha para compararla con las costumbres de la cada vez más decadente Roma.

---

[3] El narrador David confiesa que a las respuestas de la entrevista «se ha limitado a darles la fluidez propia de un texto literario» (328). Más adelante David repite una idea de Goytisolo narrador sobre el papel del entrevistador para quien puede considerarse «como verdadero autor de una obra en la que el entrevistado era en realidad el argumento» (329).

Tanto en las cartas de Junio como en la narración extradiegética, son paulatinamente más frecuentes las alusiones al historiador romano y cónsul Tácito de referencia extratextual. Un comentario de Junio en su segunda carta a Fulvia introduce una primera pista al respecto de las situaciones narrativas: «La compañía de Tácito durante una buena parte de la travesía, ha supuesto para mí un estímulo añadido, ya que no me sentiría más identificado con su pensamiento si fuera él una creación mía o, dicho con más modestia y realismo, si fuera yo creación suya» (186). Cada vez más los pensamientos de Tácito se convierten en materia principal de las cartas de Junio, cuyo protagonismo poco a poco va mermando a favor del de Tácito. En el apartado «Fragmento (comúnmente denominado 'La columna Trajana')», el narrador extradiegético narra las preocupaciones de Junio por un nuevo modo de escritura que está buscando, consistente en la composición de «un relato en forma de intercambio epistolar donde uno de los interlocutores fuera ficticio y el otro el propio Junio» (206). Al leer estas páginas el lector se pregunta si las cartas de Junio leídas hasta el momento son una ficción del propio Junio, que a la vez, como se descubre en el apartado siguiente «La conjura» (capitulo octavo), es ficción del narrador Tácito: «De ahí que también yo buscara en Hispania la ascendencia de Junio Cornelio Escipión, el protagonista de mis seis libros, lo más coherente tratándose de un relato centrado en el paso de la época de Domiciano a la de Trajano» (311).

Es decir, ahora, el lector identifica en esta segunda historia al narrador extradiegético como Tácito, quien reflexiona a través de su personaje Junio sobre el declive del Imperio romano[4]. Así, el nivel extradiegético en el que se sitúa Tácito incluye la historia de Junio situada en un nivel intradiegético y ésta, las ficciones de Junio a modo de cartas que ocupan un nivel hipodiegético

---

[4] Este capítulo ayuda a situar temporalmente la segunda historia al mencionar la muerte del emperador Domiciano.

Estatua con palomas de Luis Goytisolo 217

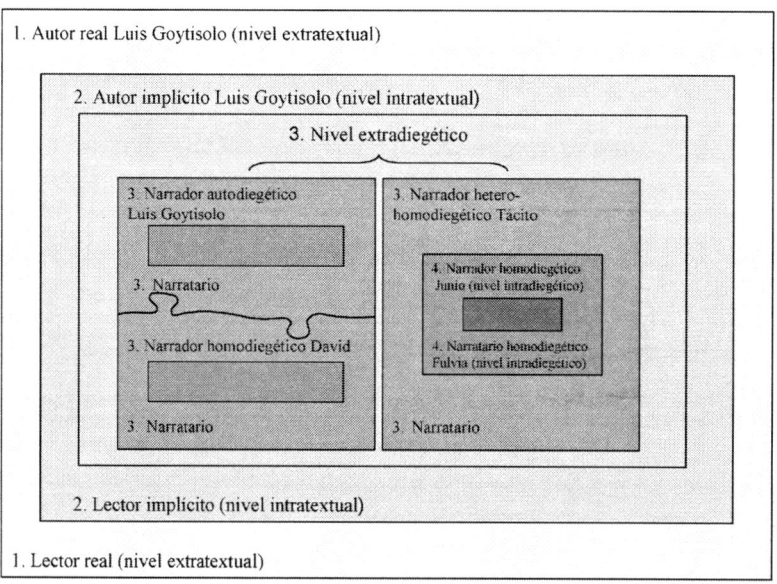

De esta manera, la novela explota cuatro situaciones narrativas diferentes. En la primera historia se produce una transición del esquema narrativo propio de la autobiografía A=N=P, al de la novela en primera persona A≠N=P, cuando en el episodio «La pregunta», es el joven entrevistador David el que pone la voz a la narración y sugiere la posibilidad de ser el responsable de toda la historia, hecho por otro lado que no puede concretarse. Por su parte, la segunda historia contiene otras dos situaciones narrativas, la propia de la novela en tercera persona A≠N≠P, y en las cartas de Junio otra vez la propia de la narración homodiegética, produciéndose la identificación entre los dos últimos elementos A≠N=P (Genette 1979/2004: 154-162).

3. Originalidad y justificación del artificio: la poética historiográfica de Tácito

Si bien la yuxtaposición de dos historias no es un recurso narrativo del todo original en una autoficción, ya que se utiliza en otras autoficciones como *La tía Julia y el escribidor* de Vargas Llosa, el propósito del mismo, como demostraremos, sí puede considerarse singular. En su estudio *El pacto ambiguo...* (2007), Manuel Alberca compara las dos obras y señala que la de Goytisolo «no consigue ni la perfección de la novela de Vargas Llosa, ni el desarrollo del relato consigue convencernos de la necesidad del artificio, pues no llega a estar justificada la yuxtaposición de las dos historias que, a ojos del lector que esto suscribe, no acaban de encontrarse» (2007: 197).

La falta aparente de justificación entre las dos historias no debe entenderse, a nuestro modo de ver, como fallo del autor, sino como el resultado de un plan de escritura previamente concebido y coherentemente llevado a la práctica en su novela. El vínculo que une a estas dos historias no se encuentra en el asunto narrado, sino en un nivel más abstracto que atañe al concepto mismo de escritura. Esto no quiere decir que a nivel de lo narrado no existan conexiones como las reflexiones sobre literatura y sexualidad que presentan los narradores Luis Goytisolo, Junio vs. Tácito[5], así como sus narraciones sobre el libertinaje sexual de la Roma del s. I. d. C y la liberación sexual de la España de la transición, las malas costumbres de la sociedad romana y la barcelonesa, etc., pudiéndose hablar de una *mise en abyme* del enunciado. Sin embargo, y en esto coincido con Alberca, estas semejanzas temáticas no son suficientes para la justificación del artificio. ¿Dónde encontrar pues el vínculo?

La primera referencia en la segunda historia de la novela a Tácito (185) da una pista al respecto que transgrede las fronteras de la propia ficción y se sitúa en un nivel extratextual, vinculando la obra literaria del autor real Luis Goytisolo con la del historiador y cónsul latino. Si bien actualmente los *Anales* de Tácito cuentan como la «fuente historiográfica más importante de que disponemos para el conocimiento de la historia de Roma entre los años 14 y 66 de nuestra era [...]» (Moralejo 1979: 12), hasta mediados del s. XX, el historiador romano fue criticado por la presencia de un alto grado de invención en sus escritos históricos, así como por dar cabida a su propio yo con el fin de presentar un reflejo

---

[5] Véase *infra*.

más vivo de la sociedad romana[6]. En general, la crítica desfavorable destacaba negativamente dos distintas facetas en Tácito, la del historiador y la del artista literario «que degradaba continuamente los logros de la primera, con la que estaba incompatiblemente unida» (González 2002: 9). Pero quizá la crítica más importante al modo de historiar de Tácito se deba al uso de las insinuaciones, interpretadas como medio «para producir una impresión cuya responsabilidad Tácito el historiador no está dispuesto a tomar» (2002: 9).

Durante el siglo XX numerosos son los estudios que se han dedicado a este aspecto, entre ellos se pueden destacar dos posiciones: «aquellos que mantienen que el uso de la insinuación y las alusiones le devalúan como historiador [...] y los que, por el contrario, piensan que han influido en el desarrollo de la técnica de Tácito y consideran el arte de la insinuación como uno de sus logros más importantes como historiador» (2002: 61). La primera vertiente se fundamenta en el concepto de historia desarrollado en el siglo XIX, mientras que la segunda pretende situar la producción de Tácito en su contexto histórico donde, como dijimos, la historiografía se consideraba igualmente un quehacer literario. Así, en su famoso estudio, Bessie Walker (1952) insiste en la legitimidad del uso de elementos factuales y no factuales en su obra, inaugurándose, de este modo, a mitad del siglo pasado una nueva tendencia crítica que quiere reconocer en Tácito su valía como historiador y su calidad como escritor artístico[7]. Y es que no debe olvidarse que la historiografía en tiempos de Tácito era considerada «una actividad artística plenamente literaria» (Moralejo 1990:19).

Retomando ahora la cuestión que nos ocupa sobre la necesidad del artificio en *Estatua con palomas*, es la mezcla de la ficcionalidad y la factualidad en la obra de Tácito el motivo que justifica la referencia intratextual a la poética historiográfica del mismo. Luis Goytisolo da espacio en el seno de su ficción a dicha poética tacitiana en cuanto al uso de elementos ficticios en el discurso histórico-factual y, al mismo tiempo, la contrasta con su poética narrativa en cuanto al uso de elementos factuales en su discurso ficcional.

La mezcla de la ficcionalidad y factualidad no sólo se produce a través de la yuxtaposición de las dos historias, autobiográfica la una e histórica la otra, ya

---

[6] Agradezco a Diana de Paco Serrano (Universidad de Murcia) sus valiosas aportaciones al respecto.

[7] «There is here no conflict between the factual and non-factual material in Tacitus' account; his interpretation of the facts is a legitimate one. But his presentation is, undeniably, strongly subjective. The episode as Tacitus tells it must make a very much stronger impression emotionally than that given by a strictly factual report» (Walker 1952: 34).

que en el interior de éstas, una misma relación ambigua se repite. La primera historia, que al comienzo se presenta como autobiográfica cumpliendo con todos los requisitos del género —identificación ontológica-nominal, el establecimiento del pacto serio de lectura, etc.—, poco a poco va tildándose de ficticia a través de los comentarios metanarrativos del narrador en relación al proceso de creación artística. Los ejemplos son numerosísimos, especialmente en el apartado «La pregunta» (cfr. 257-265) del séptimo capítulo, donde el narrador reduce la carga autobiográfica de las experiencias individuales aludidas en su discurso:

> Muchos son los críticos, sin embargo, que han creído detectar en mis obras elementos de carácter autobiográfico. Aciertan en la medida en que conozco la educación propia de un colegio religioso, el partido comunista o la cárcel, pero se equivocan al olvidar que, más que de experiencias personales, se trata de experiencias colectivas, comunes a la mayor parte de los jóvenes con inquietudes de mi generación. *Ni puede hablarse, así pues, de experiencias personales propiamente dichas, ni el uso que de ellas hago tiene otro valor que el puramente instrumental: el objetivo no es contar una experiencia personal, sino utilizar esa experiencia aparentemente personal para contar otra cosa* (259-260, cursivas mías)[8].

En estas y en otras citas el narrador insiste constantemente en este distanciamiento de lo autobiográfico. Se nos dice que el narrador-personaje «es y no es el autor», entrando el texto en contradicción ontológica consigo mismo. Al respecto son muy interesantes del mismo modo los ataques al bovarysmo literario de su hermano Juan[9]:

> En algunos de sus escritos, por otra parte, al aplicar ese discurso al ámbito familiar, se produjo un cruce entre sus recuerdos personales y su personal lectura de mis obras.

---

[8] Y más adelante: «[E]l hombre [...] se trasciende a sí mismo incluso sin saberlo cuando, por medio de la escritura u otra forma de creación, sobrepasa los propios límites al integrarse en un proceso de conocimiento superior que no es otra cosa que la conciencia del mundo. Si el mismo sustrato oscuro, expresión misma del caos al que los antiguos remitían todo comienzo, que se manifiesta en la sexualidad, está en el origen de la creación literaria, la búsqueda de una realidad superior, es decir, de un orden superpuesto a la realidad meramente perceptible por los sentidos, está en su objetivo final. Lo que se oculta por encima de las apariencias convencionalmente tenidas por reales, eso es lo que atrae o debiera atraer a todo escritor incipiente» (327-328).

[9] A lo largo de la novela son numerosas las referencias a sus hermanos, fundamentalmente a José Agustín y Juan, a veces en comentarios muy despectivos, véase en concreto el apartado «Vestidos y papeles» del capítulo VI (212-227).

Juan es un escritor en cuyos libros, autor, voz narradora y protagonista se superponen por completo en un solo personaje, y la creencia de que yo hacía otro tanto, cosa que dista mucho de ser cierta, le llevó a confundir determinados pasajes de esas obra con experiencias pertenecientes a mi pasado y, en consecuencia, también al suyo. Me atrevería incluso a decir que esos aspectos familiares son todo lo que supo ver: anécdotas que, a su juicio, o bien desconocía, o bien debía de haber olvidado, y que ahora se le ofrecían a modo de fructífera cantera de la propia memoria, una cantera de la que podía extraer el material que quisiera para su propio uso, frecuentemente en forma de líneas enteras transcritas literalmente (234-235)[10].

Paradójicamente, si por un lado la crítica hecha a su hermano pretende atenuar el carácter factual de su discurso, por otro lado y al mismo tiempo, se acentúa dicho carácter al introducir en el mundo textual una polémica archiconocida por los lectores[11] entre los hermanos Goytisolo[12].

Además de las reflexiones metanarrativas, otro mecanismo de ficcionalización se utiliza en esta historia, el cambio de la voz narrativa en el último capítulo en el que se deja abierta la posibilidad, como ya mencionamos anteriormente, de tratarse todo de una autobiografía fingida cuya instancia narradora es el joven escritor David, que en los primeros capítulos se ha puesto la máscara de su personaje biografiado Luis Goytisolo. Ambas posibilidades coexisten en el texto

---

[10] En una entrevista concedida a Bert Hofmann, Goytisolo se refiere de forma similar a este «defecto» de Juan: «Hay autores, esto lo he dicho en otros lugares, que quieren ser identificados con el protagonista, que el lector piense que el autor, voz narradora y protagonista, tres cosas totalmente distintas, en principio, son una sola. Y hay autores que procuran todo lo contrario. Más bien esconderse y diluirse como persona. Y Juan pertenece al primer grupo y yo al segundo. Y Juan cometió un grave error al leer, pensando que yo estaba escribiendo una especie de autobiografía. Porque hay datos que efectivamente son experiencias comunes. Pero esto es muy frecuente en *Coto vedado*, confundir la experiencia común con una experiencia personal» (Goytisolo en Bert 1991: 247).

[11] Véase al respecto *Los Goytisolo* de Miguel Dalmau.

[12] Un crítico como Soldevila Durante en su estudio sobre la novela cae en el error de explicar este jugueteo intratextual a través de las relaciones personales entre los hermanos Goytisolo, relaciones éstas imposibles de conocer y que, además, se escapan claramente del quehacer crítico: «Por lo que puede muy bien el lector pensar que se encuentra ante una réplica (tanto desde lo genérico como desde los contenidos y su interpretación) de los libros autobiográficos (*Coto vedado* fue el primero) de Juan Goytisolo, que, a su vez, ya lo eran de *Antagonía*, interpretada, al parecer, por Juan como una especie de reflejo-saga de la realidad familiar, y réplica también de las explicaciones posteriores que sobre ese clan ha querido hacer el hermano mayor José Agustín, y seguir con la natural curiosidad la nueva versión de la crónica de una familia burguesa contada y hecha célebre por sus vástagos literatos» (1995: 113-114).

y se consigue con ello, finalmente, romper el pacto autobiográfico que, establecido al comienzo y debilitado a lo largo de los capítulos por las reflexiones metaliterarias, ahora ya no puede sostenerse.

Así vemos que los propósitos poetológicos de las dos historias se entrecruzan. De modo inverso a lo señalado en relación a la primera historia, en la segunda los comentarios metanarrativos del narrador Tácito otorgan factualidad a su ficción. Así lo demuestra la siguiente cita, en la que Tácito justifica la incursión de los seres de ficción en su historia para conseguir ofrecer «un fresco de la realidad mucho más expresivo»:

> Todos sabemos hasta qué punto el verdadero protagonismo de los acontecimientos recae con frecuencia, a espaldas del príncipe, sobre personas apenas conocidas por el ciudadano. Este hecho, el carácter secreto o, si se prefiere, anónimo, de los verdaderos agentes de la Historia, permite incluso pensar en una variante del género que, partiendo de seres de ficción, llegase a ofrecer un fresco de la realidad mucho más expresivo y ajustado a los hechos que cualquier crónica oficial (244-245)[13].

La vinculación de las dos historias en relación al modo de escritura se hace más evidente en la siguiente cita, en la que el lector descubre que el plan de Tácito es, paradójicamente, la novela que el primero tiene en sus manos, dándose así una *mise en abyme* de la enunciación:

> Cuando elaboré el plan de mis treinta y seis libros sobre Roma a partir de la muerte de Augusto, poco podía imaginar hasta qué punto iba a afectar mi vida al desarrollo de la obra y viceversa, especialmente a los seis últimos libros, en los que una y otra llegan a superponerse. Cabía establecer un plan; lo que ya escapaba a mis previsiones era la duración de su desarrollo, así como los cambios que la propia dinámica de la obra iban a introducir en ese desarrollo. [...] mi tendencia a prescindir cada vez más de las actas del Senado y de otras crónicas, como también de cuanto se refiere a la

---

[13] Otras reflexiones metanarrativas se refieren a las críticas que el modo de historiar de Tácito supuso entre sus contemporáneos: «Más que en mi relación personal y familiar con Trajano y su círculo más íntimo, la razón primera de mis problemas [...] parecía residir en mis libros. Que no se asemejaran a los que había escrito anteriormente, *que sus protagonistas fueran seres de ficción* [...]» (307) debido a que no se entendió su finalidad, esto es, conseguir el efecto de distanciamiento. O más adelante: «Lo realmente paradójico es que el recurso a la ficción, cuyo objetivo no era otro que el de crear un distanciamiento que diera mayor objetividad al relato, haya producido el efecto contrario al ser entendido con independencia de que hubiera o no base real para tal sospecha, como indicio de mi predisposición a la conjura» (338).

vida oficial, para mejor acercarme a la vida cotidiana de Roma y, particularmente, a las contradicciones últimas que rigen la conducta del hombre, por lo general sin que ni él mismo lo sepa. Crear unos seres de ficción tan expresivos de lo que ha sido la vida romana desde los años de Domiciano hasta hoy, que el oyente llegue a tener la impresión de haberlos conocido personalmente, de haberse cruzado con ellos en un momento u otro de su vida. Y, a fin de situar al oyente respecto a la peripecia escuchada y hacerle volver en sí, *introducir la figura del narrador en la narración y, en consecuencia, también la del oyente. Fundir ficción y realidad, historia y literatura* (312, cursivas mías).

4. Conclusión

Como hemos señalado a lo largo de este estudio, *Estatua con palomas* es un ejemplo de autoficción en la que se produce la identificación nominal entre autor, narrador y personaje, así como la convivencia conflictiva de dos pactos de lectura, el autobiográfico o factual y el novelesco o ficticio. Como resultado, el pacto de fiabilidad establecido al comienzo de la novela, poco a poco se va viendo invalidado por la cada vez más presente ficción, que termina por desenmascarar la tan sólo aparente factualidad. La invalidación de este pacto no sólo se produce como hemos señalado por la introducción de una segunda historia ficticia, la de la Roma clásica, sino que en el mismo seno de la historia «aparentemente» autobiográfica, una serie de mecanismos ayudan a dicha invalidación. Hasta el momento hemos señalado principalmente la artificialidad y la metanarratividad. Además cabe añadir del mismo modo la inverosimilitud de la historia. La construcción de *Estatua con palomas* se manifiesta como si de una obra de pensada y difícil arquitectura se tratara. Su propia estructura capitular llama la atención desde un primer momento. Dividida en 9 capítulos con una división aparentemente caótica, en apartados en los que se cruzan las dos historias con un ritmo cada vez más frecuente, en realidad esta novela se erige como auténtica obra de artesanía. Esta artificialidad que se muestra en un primer plano desde el comienzo, es destacada del mismo modo desde la voz narradora. Son muchas las ocasiones en las que el narrador Luis Goytisolo hace hincapié en los aspectos compositivos de sus escritos. Evidentemente, el lector implícito extrapola estas reflexiones a la obra que está leyendo y comprueba, efectivamente, su importancia. Así, por ejemplo, en el episodio «La pregunta» (257-265), quizá el más metaliterario de la novela, el narrador reconoce la importancia que en sus escritos confiere a la estructura y confiesa sus predilecciones por ciertos números organizativos:

> En la estructura narrativa vi siempre, y a ello me apliqué casi a tientas desde el principio, la clave de la significación de la obra, y, en tanto que uno de los más perfectos medios de progreso en el conocimiento, la posibilidad de convertir esa obra en una verdadera *imago mundi* [...]. Si empecé recurriendo al número 7 de un modo algo mecánico, el 9 no tardó en revelárseme como excepcionalmente útil, así como, eventualmente, el 6 y el 12 y, para obras menos extensas, el 5. El 5 posee asimismo un excelente valor organizativo en artículos y ensayos breves. [...] En cifras romanas, tales valores resultan aún más visualmente explícitos: IX, V, VI, XII, VI, etc. (261-262).

Este hecho es sin duda significativo, ya que desde el comienzo se presenta una novela autobiográfica cuyos acontecimientos gozan de menor importancia que el modo en que estos han sido organizados estructuralmente.

Además, esta y otras citas contribuyen a la metanarratividad de la obra. En los apartados significativamente dotados de un mismo título «La pregunta», del capítulo séptimo y noveno, el narrador, como ya señalamos, introduce una serie de reflexiones metanarrativas que claramente debilitan el pacto de fiabilidad del relato autobiográfico de los Goytisolo. En este capítulo se insiste en el distanciamiento del narrador (que el lector implícito hasta ahora ha identificado con el autor y el personaje) de lo narrado:

> Desde mis primeros relatos he procurado distinguir siempre claramente la voz narradora, corresponda o no a la del protagonista, de la del autor, y las contadas veces en que no ha sido así, el objetivo de esa ficción no era otro que el de incrementar el efecto de distanciamiento (259).

El lector implícito no puede evitar aquí distanciarse, efectivamente, del pacto autobiográfico que ya desde la intromisión de la historia de Tácito se había debilitado, y se confronta con la ficcionalidad de lo leído hasta ahora. Se le dice que el narrador es pero no es el autor, que las experiencias contadas son y no son propias, o mejor dicho, que no es lo importante en esta novela. De este modo, incluso los datos comprobables en la realidad fáctica se empapan de ficcionalidad, se dejan de aceptar como «reales» aunque probablemente sean, puesto que ahora la desconfianza se adueña del lector implícito.

Junto a la artificialidad y la metanarratividad, la inverosimilitud es un mecanismo igualmente utilizado en esta novela en el proceso de ficcionalización. Si desde el comienzo la historia autobiográfica de los Goytisolo refiere personajes, acontecimientos, momentos históricos de referencia extraliteraria fáctica (la infancia de Luis Goytisolo, sus inicios en la literatura, la publicación de *Las afue-*

ras, sus estudios de derecho, así como las referencias históricas a la España de la guerra y posguerra, la pérdida de la madre, la relación difícil entre los hermanos, etc.), al final de esta historia, en su último episodio titulado «La pregunta» del capítulo noveno, una serie de inverosimilitudes debilitan dicha factualidad.

Se trata de la existencia de David, hijo ilegítimo del escritor del que parece todavía no tener noticia[14]. David, periodista y escritor, decide hacerle una entrevista. En el primer encuentro el escritor responde cordialmente a sus preguntas, pero al acordar volver a verse para corregir el texto antes de su publicación, una serie de contrariedades inexplicables postergan el proceso. Después de varios intentos, David consigue localizar a su entrevistado y preguntarle por el texto. Éste se muestra distante y admite haber perdido el ejemplar de la entrevista. Unos meses más tarde en Barcelona, en su último encuentro, el escritor aparece con el ejemplar como si nunca hubiera pasado nada entre el último encuentro en Barcelona y éste. Justifica su actitud confesándole que la peculiar entrevista de David, libre de preguntas y respuestas a modo de texto literario, se había cruzado con un proyecto propio consistente en «una obra que en parte tenía también forma de entrevista, de entrevista consigo mismo, de forma que al coincidir en un solo sujeto la figura del entrevistador y la del entrevistado, las preguntas ni llegaban a ser formuladas (329-330).

El episodio termina con la duda de David por saber si el escritor lo reconocía como hijo por su parecido físico y se cierra así toda la historia hasta el momento autobiográfica como ficticia. El pacto ficticio cierra por tanto la novela y desaparece definitivamente cualquier atisbo de factualidad.

Como resultado, *Estatua con palomas* permite ser calificada de autoficción, al cumplirse lo que para nosotros es imprescindible en este subgénero literario: una relación osmótica entre autobiografía y novela y el consecuente doble pacto de lectura: el factual y el ficcional; así como el dominio de la ficción en dicha conflictiva convivencia que esta relación contraria supone, mediante un proceso de ficcionalización basado fundamentalmente en mecanismos autorreferenciales. Al fin, esta autoficción propone como postulado poetológico «la verdad superior de las obras de ficción» frente al «verismo atribuible a una obra de carácter autobiográfico» (328). E igual que la historiografía clásica, la escritura novelística se postula como actividad artística sometida fundamentalmente a convenciones de orden estético y se rechaza como reproducción mimética de la

---

[14] En todo el episodio no aparece el nombre de Luis Goytisolo, pero el lector implícito obviamente lo identifica con la voz narradora que ha estado presente hasta el momento.

que conocemos como realidad. El resultado es una novela híbrida que hemos definido de autoficción, sin embargo, cabe preguntarnos lo que el narrador de la segunda historia se pregunta a sí mismo: «¿*Por qué buscar un nombre a lo que más que un género es una tendencia irreprimible, como si resultase de las limitaciones que cada escritor advierte en el género que cultiva (...)?*» (309, cursivas mías).

5. Bibliografía

5.1 *Textos literarios*

Goytisolo, Luis (1958): *Las afueras*. Barcelona: Seix Barral.
— (1962): *Las mismas palabras*. Barcelona: Seix Barral.
— (1987): *Antagonía*. Madrid: Alianza.
— (1992): *Estatua con palomas*. Barcelona: Destino.

5.2 *Estudios*

Alberca, Manuel (2007): *El pacto ambiguo. De la novela autobiográfica a la autoficción*. Madrid: Biblioteca Nueva.
Dalmau, Miguel (1999): *Los Goytisolo*. Barcelona: Anagrama.
DeWeese, Pamela (1990): «La memoria y sus diálogos en *Recuento*, de Luis Goytisolo», en *Ojáncano. Revista de literatura española*, vol. 4, pp. 59-69.
García, Carlos Javier (1994): *Metanovela. Luis Goytisolo, Azorín y Unamuno*. Madrid: Ed. Júcar.
Garrido, Rosa María (1995): «Una lectura posmodernista de *Estatua con palomas* de Luis Goytisolo», en Vázquez Medel, Manuel Ángel (ed.), *Luis Goytisolo: el espacio de la creación*. Barcelona: Editorial Lumen, pp. 168-181.
Genette, Gérard (2004): *Fiction et diction*. Paris: Seuil.
González Fernández, Julián/Tacitus, Cornelius (2002): *Tácito y las fuentes documentales. SS.CC. de honoribus Germanici decernendis (Tabula Siarensis) y de Cn. Pisone patre*. Sevilla: Universidad de Sevilla.
Hofmann, Bert (1991): *Von der «novela social» zur «nueva novela española». Studien zum Werk von Luis Goytisolo; ein Beitrag zur Diskussion um den spanischen Gegenwartsroman*. Tübingen: Stauffenburg.
Moralejo, José L. (1979): «Introducción», en Tacitus, Cornelius, *Anales. Libros I-VI*. Edición de José L. Moralejo. Madrid: Gredos, pp. 7-41.
— (1990): «Introducción», en Tacitus, Cornelius, *Historias*. Edición de José L. Moralejo. Madrid: Akal, pp. 9-35.

NIETO NUÑO, Miguel (1995): *De «Estatua con Palomas» a las «Afueras». Luis Goytisolo. Simposio Internacional Luis Goytisolo Sobre Narrativa Hispánica. Núm. 6.* El Puerto de Santa María: Lumen.

RICCIO, Alessandra (1977): «De las ruinas al taller en la obra de Luis Goytisolo», en *Anales de la novela de posguerra*, vol. 2, pp. 31-41.

SOLDEVILA DURANTE, Ignacio (1995): «Un codicilo para *Antagonía. Estatua con palomas* de Luis Goytisolo», en Vázquez Medel, Manuel Ángel (ed.), *Luis Goytisolo: el espacio de la creación*. Barcelona: Editorial Lumen, pp. 111-125.

TACITUS, Cornelius (1979): *Anales*. Libros I-VI. Moralejo, José L. (ed.). Madrid: Gredos.

— (1990): *Historias*. Moralejo, José L. (ed.). Madrid: Akal.

VALLS, Fernando (1995): «De la novela como ejercicio de conocimiento: las claves de la realidad. (A propósito de *Estatua con palomas* de Luis Goytisolo)», en Vázquez Medel, Manuel Ángel (ed.), *Luis Goytisolo: el espacio de la creación*. Barcelona: Editorial Lumen, pp. 183-190.

VÁZQUEZ MEDEL, Manuel Ángel (ed.) (1995): *Luis Goytisolo: el espacio de la creación*. 1ª ed. Barcelona: Editorial Lumen.

WALKER, Bessie (1952): *The Annals of Tacitus. A Study in the Writing of History*. Manchester: Manchester University Press.

WEAVER III, Wesley J. (1995): «Usos y abusos de la autobiografía en *Estatua con palomas* de Luis Goytisolo», en *Hispania*, 78.4, pp. 762-771.

La auto(r)ficción en el drama

Vera Toro

«No form of drama or theatre is any closer or farther from life than any other»
(R. Hornby).

El drama ha sido estudiado poco desde una perspectiva autoficcional[1]. Debido a la escasez de obras dramáticas reconocidas como autoficcionales —o debido a la supuesta imposibilidad del drama de ser «autobiográfico»— la autoficción dramática, así llamada, parece ser todavía un tema marginal. Vincent Colonna, por ejemplo, concluye resignadamente:

> il n'existe pas d'écriture de soi dramatique. D'une manière générale, le régime discursif dramatique, l'écriture théâtrale, paraît peu propre à l'expression de la vérité subjective. [...] [L]a simple traduction scénique d'états de choses ou de personnages revient pratiquement à affirmer leur nature fictive (Colonna 1989: 206 s.).

No especifica, empero, tal «écriture de soi». Aunque enumera unos ejemplos de autoficción dramática[2], no analiza en vigor este corpus. No me quiero contentar con tal menosprecio de la dramática auto(r)ficcional (por escasa que sea), y, por eso, voy a intentar reconstruir en este artículo las posibilidades de identidad entre autor y personaje o de la inscripción del autor en su drama. Mientras en el cine autoficcional, el autor es el que firma el guión y/o la dirección del filme (cfr. la contribución de Sabine Schlickers en el presente volumen), el autor de una obra dramática aquí se designa como autor del sustrato textual (cfr. Pfister 2001: 33), aunque hay obras de *teatro* que prescinden de tal sustrato textual no consideradas en este estudio (p. ej. *happenings* o el teatro de improvisación,

---

[1] Cfr. la contribución de Cécile Chantraine sobre la obra del uruguayo Carlos Denis Molina y los estudios de Beatriz Trastoy sobre el 'teatro autobiográfico', término que discutiré más adelante.
[2] *L'impromptu* de Versailles, *Rousseau juge* de Jean-Jacques Rousseau, *Histoire* de Gombrowicz, *La Grotte* de Anouilh, *L'Église* de Céline, *Sodome et Gomorrhe* de Giraudoux y *Sei personaggi in cerca d'autore* de Pirandello.

tan popular). Por otro lado existen obras en las que el autor, el director y el (a veces único) actor se reúnen en la misma persona: en los unipersonales, a las que me referiré más adelante.

En esta contribución me gustaría acercarme a las posibilidades auto(r)ficcionales en el drama desde dos lados: Primero, comparo la auto(r)ficción dramática con su gran hermana narrativa en cuanto a sus características claves, básicamente ya vizualizadas por Genette (1991: 161)[3]: 1) Autor implícito # narrador (se trata de una obra ficcional); 2) narrador = personaje (se trata, mayormente, de una narración homodiegética); 3) personaje = 'autor' (un personaje equivale al autor real 'ficticio' de la misma obra mediante una sugerida identidad nominal y/u ontológica). En cuanto a las dos primeras características es menester un excurso inicial sobre el estatus de la narración ficcional y la situación comunicativa del drama. Segundo, considero la auto(r)ficción dramática como tipo metadramático y analizo sus conexiones con otros recursos metadramáticos, para detenerme luego en las posibilidades de identidad entre autor y personaje o de las inscripciones del autor en la obra específica[4]. Después de discutir unos ejemplos, aduciré algunas observaciones acerca del llamado 'teatro autobiográfico' en forma de unipersonales.

1. La ficcionalidad y la narratividad del drama

Mientras en los textos narrativos la clave autoficcional se sitúa entre autor implícito, narrador y personaje, en el drama existen —a primera vista— más obstáculos para entablar estas relaciones. Siendo la autoficción en textos narrativos y dramáticos una forma de ficción (y no una variante o heredera de la autobiografía), enfocaré primero la ficcionalidad del drama, para luego proponer un esquema de su comunicación narrativa; dos campos, por cierto, sobre los que no hay conformidad en la crítica: Zipfel niega p. ej. que el drama pertenezca al mismo tipo de ficción que la narrativa, y distingue en el drama diferentes realizaciones o variantes de lectura, que, según él, dependen del punto de vista del espectador. En cuanto al sustrato textual dramático distingue entre dos formas de recepción: Por un lado, el texto escrito supuestamente consta de meros actos de habla directivos, es decir, de instrucciones para la realización escénica, compara-

---

[3] Cfr. el esquema en la introducción a este volumen.
[4] De ahí la (r) incluida en el término auto(r)ficción, véase infra.

ble con una partitura de orquesta (Spang 1991: 46) o con una receta de hornear (Searle 1974-75: 329)[5], y carece —según Zipfel (2001: 310-311)— de ficcionalidad. Por otro lado, cualquier sustrato textual puede ser leído como texto narrativo ficcional —ésta sería la recepción intencionada de un drama escrito para leerse (*closet drama*) y, así, las acotaciones formarían un texto particular que acompaña de manera descriptiva el discurso predominante de los personajes (Zipfel 2001: 312). Colonna (1989: 206-207) considera evidente que «du mode narratif au mode dramatique, il y a une énorme perte de moyens textuels» y que «la littérature dramatique n'atteint jamais la puissance d'illusion du roman». No menos desconcertante resulta la posición de Spang que parece estar confundido por la dicotomía «realidad teatral/ficción dramática», porque reza: «los únicos emisores en el drama son los actores y los códigos extraverbales» y que sólo en determinadas concepciones dramáticas «interviene un intermediario comparable al narrador en la comunicación narrativa, según el grado de la 'narrativización' en el caso concreto» (1991: 45).

El problema de la ficcionalidad del drama está estrechamente vinculado con la definición comunicativa y narrativa de las acotaciones: si, por un lado, se ven eliminadas las instancias mediáticas en el nivel extradiegético (nivel 3), las acotaciones quedarían en manos del autor implícito (véanse Pfister[6], Asmuth y Spang). Zipfel, en cambio, atribuye las acotaciones, con Issacharoff (1987: 88), al autor real: «Didascalia are adressed by a *real person* (the author) to other *real people* (director and actor)»[7]. Para Spang (1991), por otra parte, las acotaciones proceden «del autor dramático» (¿querrá decir implícito?) e indican «la realización escénica» (53). Pero si «en otros casos sirve[n] para la mejor comprensión de la obra, [...] son acotaciones no escénicas que adquieren un valor literario intrínseco e independiente» (53-54). Además opina que incluso «el texto secundario se puede convertir en un texto principal» (55). También Pfister atestigua a las acotaciones un valor propio literario, aunque sólo en el caso de una lectura del texto dramático (Pfister 2001: 36). Abuín González vacila con respecto al origen de las acotaciones: «las acotaciones ofrecerían al lector una oportunidad inestimable de descubrir el discurso de un autor (¿ficticio? ¿narrador?) que cuenta, con voz propia y singular, una historia» (1993: 19-20, citado por Jensen 2007: 28).

---

[5] Citado en Zipfel (2001: 310, n. 51).
[6] Pfister (2001: 21) habla de una pérdida del potencial comunicativo.
[7] Citado en Zipfel (2001: 309).

Considero como desacertada la marginalización de las acotaciones y de una instancia «intermediaria» por las siguientes observaciones: 1) En el texto dramático las acotaciones tienen la misma función que tiene el discurso del narrador[8] en un texto narrativo. 2) No siempre las acotaciones se limitan a meras instrucciones para la realización escénica, sino que pueden tratar los sucesos como hechos ficcionalmente verdaderos: «(*Yo digo con la cabeza que no. Yo por lo menos no tengo ganas de ponerme a llorar. Tengo como si tuviera fiebre o algo así, pero no ganas de llorar. ¿Por qué voy a llorar?* [...])» (Alonso de Santos 1982/1998: 54). Igualmente pueden ser casi irrepresentables por su carácter poético, como en el caso de los dramas escritos para leerse (*closet drama*): «El Caballero *siente el escalofrío de la muerte viendo en su mano oscilar la llama de un cirio. La procesión de las ánimas le rodea y un aire frío, aliento de sepultura, le arrastra en el giro de los blancos fantasmas* [...]» (Valle-Inclán 1908/1968: 11)[9]. 3) A veces existen personajes que introducen o comentan la diégesis desde un nivel superior o las acotaciones son formuladas por un hablante extradiegético y homodiegético.

Resulta, pues, poco convincente afirmar en algunos dramas la instancia narrativa del hablante y negársela a otros. Presento a continuación el esquema de niveles de comunicación en el drama que surgió en parte de la discusión en un seminario mío de este año. Intenta conciliar las dos realidades —textual y escénica— y los niveles jerárquicos del drama[10]. Más adelante me referiré a este esquema para aclarar la situación narrativa de mis ejemplos textuales.

En el caso de un personaje-narrador (hablante *intradiegético*), éste aparece adicionalmente al hablante *extradiegético* que es siempre inherente a las acotaciones[11]. El hablante intradiegético puede compartir el mismo nivel con los demás personajes, o estar en un nivel de «realidad» diegética superior al de los personajes que él comenta, como, por ejemplo, el 'Stage Manager' en *Our Town* de Thornton Wilder (1938/57). En este caso, los demás personajes se encuentran

---

[8] A la «instancia narrativa» en el drama la llamo «hablante» para diferenciarla del narrador análogo de textos narrativos, y puede manifestarse en varios niveles comunicativos.

[9] Otro ejemplo para este tipo de acotaciones sería *La Tragedia fantástica de la gitana Celestina* [1985] de Alfonso Sastre que comienza además con una marcación autorial: «*De cómo un tal Calixto se encontró con una tal Melibea y de lo que sucedió en un principio. / (Estamos —es un decir— en la Salamanca del siglo* XVI. *El escenario de este cuadro es un convento en el que Melibea, una todavía bella mujer de ojos tristes y quizás treinta o treinta y cinco años es Abadesa. La casa tiene el aspecto de un sombrío castillo propio para un relato de los llamados góticos*)» (Sastre 2005: 185).

[10] Agradezco a mi estudiante Jessica Fuhrken su esquema integrador, que en parte he modificado.

[11] Una excepción se encuentra en el *Álbum familiar*, véase infra.

en el nivel 5, aunque el 'Stage Manager' de vez en cuando adopta el papel de un personaje secundario, como el de un *barman* para interactuar con los demás personajes, pero lo hace (a través de una metalepsis) desde su posición consciente de que los demás son entes ficcionales.

	Emisor	Emisario
Nivel del texto dramático	(1) nivel extratextual autor real	lector real
	(2) nivel intratextual autor implícito	lector implícito
	(3) nivel extradiegético Acotaciones: hablante extradiegético	narratario
	(4) nivel intradiegético hablante intradiégetico + otros personajes	
Nivel de la realización escénica	(5) nivel hipodiegético (personajes de una obra dentro de una obra) [nivel 6...]	
	personajes	
	El **signo escénico en su plurimedialidad**: los medios elegidos por el director (los actores reales y sus cuerpos/voces, espacio, decorado, indumentaria, etc.)[12]	
	director implícito	espectador implícito
	director real	espectador real

---

[12] Cfr. la tabla de los diferentes códigos en Pfister (2001: 27).

2. Auto(r)ficción dramática y metadrama[13]

A continuación quiero demostrar que la auto(r)ficción dramática no constituye un grupo de obras algo enigmático (y menos, como a veces se supone en cuanto a la autoficción narrativa, contigua a la autobiografía), sino que se integra en la metadramática. Según Larson, que entiende el metadrama como sinónimo de la «autoconsciencia teatral», «[e]n los textos metadramáticos, los dramaturgos emplean ciertas técnicas autorreflexivas, las cuales se relacionan con el tema, la trama, la caracterización o la estructura del drama para lograr ciertos efectos específicos» (1992: 1015). Estos «efectos específicos» —«of disease, a dislocation of perception» (Hornby 1986: 32)— por otra parte, los describe Alter más claramente: «El metateatro produce una perspectiva doble para el espectador, ofreciendo modelos para entender mejor las estructuras fundamentales del teatro y la experiencia del mundo como una construcción artificial, una red de sistemas semióticos interdependientes» (Alter 1975: x, citado en Larson 1992: 1918). Además, la intensidad de los efectos metadramáticos puede variar según los recursos, por lo cual se puede hablar de un continuo o de una gradación de la intensidad metadramática, en la cual se podrían situar igualmente los recursos de auto(r)ficción[14]. Hornby elaboró cinco técnicas metadramáticas que se pueden mezclar y combinar. Las primeras tres representan diferentes tipos de inserciones, y las últimas dos resumen varios tipos de referencia[15]:

---

[13] Coherente al término drama y mi prioridad concedida a su sustrato textual, hablaré del metadrama y no del metateatro, que se utiliza en gran parte como sinónimo (Gies 2008, Larson 1992, Hornby 1986). Jensen (2007: 22) utiliza ambos términos; el de metateatro sólo para la variante temática (la representación del mundo teatral en el escenario), pero no explica la diferencia entre ambos conceptos.

[14] Larson ve «el metadrama como un continuo, en el cual colocamos los varios dramas debido a la categoría de su autorreflexividad» (1992: 1015). Jensen presenta una flecha, que muestra la explicitud creciente de recursos narrativizantes [Explizität episierender Verfahren] en este orden incrementando: «autor ficticio, personaje narrador implícito, salir del papel repetidamente, personaje narrador explícito» [traducción mía] (2007: 20), sin, desafortunadamente, explicar estas estaciones ni las razones de su diferente intensidad. Como el impacto metadramático en una obra depende de muchos factores cotextuales y contextuales, socioculturales e históricas (cfr. Hornby 1986: 100), sería un desafío para futuras investigaciones elaborar una escala detallada de tal gradación.

[15] Adopto la traducción de los términos al español de Larson (1992: 1015).

1. El drama dentro del drama.
2. La ceremonia dentro del drama.
3. La idea de desempeñar un papel dentro de otro.
4. Las referencias o alusiones literarias o de la vida real.
5. La autorreferencia.

A primera vista, sólo la cuarta categoría parece albergar las posibilidades auto(r)ficcionales, aunque éstas pueden combinarse con las demás formas igualmente: «Real-life reference includes allusions to real persons, living or dead; real places; real objects; real events. As with literary references, the metadramatic effect is proportional to the degree to which the audience recognizes what is being referred to, and whether it is recent, controversial, and unique» (1986: 95). En cuanto a los recursos auto(r)ficcionales, me parecen reveladoras las relativizaciones que Hornby formula con respecto a las referencias a la vida extradramática: La mera *adaptación* de la realidad extradramática en sí, no es en absoluto metadramática, porque el público no distingue entre elementos apropiados de la realidad o los puramente ficticios, y porque significa poco para la experiencia de una obra (1986: 97). Para que la referencia a la realidad funcione como técnica metadramática, es necesario que ambas realidades, tanto la intradiegética como la extradramática (real) se plasmen con claridad. «Only if the audience is strongly caught up in the dramatic illusion does breaking it have much significance» (1986: 98).

Cada auto(r)ficción dramática es metadramática porque el empleo del nombre o de otras características del autor real evocan su autoría en la obra que estamos leyendo o viendo. La otra cara de la moneda auto(r)ficcional, por ende, formaría el fenómeno (común) de introducir nombres de otras personas reales en una obra, por ejemplo los de los actores u otros dramaturgos. En el mundo del teatro y del cine, el nombre de un actor famoso puede alcanzar el mismo «espesor» que el del autor de una obra: Si, por ejemplo, en *Quiero ser cómico. Apropósito dramático* (1850/1857) de Ventura de la Vega, el protagonista D. Florencio se llama como el gran actor e intérprete de este personaje, Florencio Romea, para quien fue escrita la obra (Gies 2008: 245)[16], el efecto alienante habría sido igual si el personaje se hubiera llamado Ventura. El bautizo de este personaje con el nombre de un actor real no implica ninguna alusión a la biografía del actor, pues Florencio es un personaje cómico (y por ello alejado de la verosimili-

---

[16] La película *Being John Malkovitch* (Spike Jonze, EE. UU., 1999) es otro ejemplo. Agradezco a Ana Luego esta indicación.

tud, cfr. nuestra introducción en este volumen) y quijotesco madrileño que se enloquece por leer y declamar excesivamente comedias de Shakespeare, de Martínez de la Rosa, de Moratín... La obra es altamente metadramática (cfr. Gies 2008), aunque el recurso del «homenaje» a Florencio Romea tuviera su máximo impacto en vida de éste. Algo parecido ocurre en *El corral de las comedias* de Tomás Luceño (1885), donde Moratín, Comella y Ramón de la Cruz son personajes (inspirados por los escritores reales) que comentan sus propias obras, por ejemplo *La comedia nueva, o el café* de Moratín, alrededor de cuyo estreno se trama la historia de la obra de Luceño, y en la cual el chico Agapito se siente retratado como Pipí, inoportunamente... Se encontrarán incontables ejemplos.

Un efecto semejante se crea mediante un personaje de «autor» o «director» (ficticio) sin nombre individual, que aparece en un plano de realidad superior al mundo de los personajes, creando así la situación del drama dentro del drama (la primera categoría de Hornby). Aquí funciona la connotación al revés: la figura de *un autor* sin nombre (y así reducido a su mera función) remite al autor individual de la obra que se está viendo o leyendo.

Veamos como ejemplo el «Prólogo hablado» altamente sarcástico al *Retablillo de don Cristóbal* de Federico García Lorca (1931), en el cual sólo el Autor y el Director no son muñecos, pero el Poeta y los demás personajes sí. Después de una introducción del Autor (nivel 4): «Señoras y señores: El poeta, que ha interpretado y recogido de labios populares esta farsa de guiñol tiene la evidencia de que el público culto de esta tarde sabrá recoger [...] el delicioso y duro lenguaje de los muñecos», el Poeta —una caricatura de una pobre marioneta que no tiene otra función que la de «planchar los trajes de la compañía»—, sale de repente de su papel (y posiblemente de su nivel: por ser un muñeco y por su dependencia del director se encuentra en un nivel inferior al del Autor, es decir que está normalmente en el nivel 5. Por otro lado, en su calidad de «creador» atribuida por el Autor y por llamarse «poeta» entra en conflicto jerárquico —contradictorio— con éste y con el director situados en el nivel 4) y revela al público: «Quiero deciros que yo sé como nacen las rosas y cómo se crían las estrellas de mar, pero...») para ser inmediatamente ser interrumpido por el Director:

> DIRECTOR. —Usted, como poeta, no tiene derecho a descubrir el secreto con el cual vivimos todos. [...] Diga usted lo que es preciso y lo que el público sabe que es verdad [...].
> POETA. —Ya voy, señor Director. Y nunca podrá ser bueno [don Cristóbal].
> DIRECTOR. —Muy bien. ¿Cuánto le debo?
> POETA. —Cinco monedas (García Lorca 2004: 173-174).

Por no ser forzoso, este efecto es menos directo que el del nombramiento y, en vez de enfocar como coqueteando la autoría de una persona individual concreta, destaca más bien la autoría de una obra dramática en general y con ello la artificialidad del mundo mostrado y narrado. Este recurso se considera especialmente vinculado con la comedia (Larson) y hasta se halla en el personaje alegórico del «Autor» (divino) en *El gran teatro del mundo* de Calderón (1635/55). La auto(r)ficción dramática se presenta como variante específica de este recurso metadramático difundidísimo, porque al personaje (o a la alusión a la instancia) de un «autor»/»director» ficticio se añaden el nombre y/u otros rasgos del autor concreto de la obra. Como vimos, la auto(r)ficción dramática como referencia lúdica y —más o menos— antiilusionista a un elemento concreto de la realidad extradramática (la identidad del autor real), además, es —por naturaleza— emparentada con las demás categorías metadramáticas de Hornby, sobre todo con la primera, «el drama dentro del drama», la tercera, «la idea de desempeñar un papel dentro de otro» y la quinta, «la autorreferencia».

3. AUTO- Y AUTORFICCIÓN EN EL DRAMA

Para entablar la clave auto(r)ficcional en el drama he encontrado las siguientes cinco variantes:

1. *Autoficción I*: El autor comparte el nombre o un derivado con un personaje interpretado por otro actor[17].
2. *Autorficción*: Una breve intromisión del autor en su obra, no necesariamente como personaje.
3. *Autoficción II*: El autor no comparte el nombre, sino otros rasgos de su identidad (descritos en las acotaciones) con un personaje interpretado por otro actor.

---

[17] En su estudio sobre la autoficción en el cine, Herrera Zamudio presenta la siguiente definición, según la cual obras autoficcionales son «[o]bras de ficción en las cuales el autor comparte rasgos de su identidad, tan contundentes como el nombre, con uno de sus personajes» (Herrera Zamudio 2007: 12). Mientras en el cine parece imprescindible que el autor —«en su función de guionista y director» (p. 36)— aparezca corporalmente o que comparta rasgos de su identidad con un personaje (p.12), el tiempo en el que el autor real pueda aparecer corporalmente en una representación teatral es limitado a la duración de la vida de este autor.

4. El nombre del autor u otra obra del autor son meramente mencionados por el hablante extradiegético heterodiegético (en las acotaciones). Este tipo de *autoficción* lo considero teóricamente posible pero será difícil encontrar ejemplos.
5. *Autoficción III*: El autor real (a veces como director y guionista) interpreta a un personaje con el cual comparte el nombre o un derivado y/u otros rasgos de su biografía (también llamado «teatro autobiográfico», véase infra).

Descarto de las indicaciones de la identidad entre autor y personaje ciertas prácticas teatrales espontáneas, como, por ejemplo, cuando el autor real interpreta a un personaje de nombre diferente o anónimo o cuando el autor real interprete a «su» personaje en el primer caso porque, por ejemplo, el actor regular cayó enfermo. Estos casos «inconscientes» no entran en la modelización de la auto(r)ficción dramática por no tener ningún vínculo con la intención de sentido de la obra. En cuanto al cine, sin embargo, esta posibilidad es la tercera forma del «protocolo de identidad» que ha elaborado Herrera Zamudio (2007: 54).

1. Un ejemplo para el primer tipo de *autoficción* dramática, en el cual el autor comparte el nombre o un derivado con un personaje interpretado por otro actor lo encontré en *El álbum familiar* de José Luis Alonso de Santos, estrenado en 1982 en Madrid. Se narra en seis escenas un pedazo de vida del joven José Luis que tiene lugar durante la dictadura franquista en un lugar español no concretizado. Después de ser expulsados de su propia casa emprende con su familia un viaje en tren sin conocer el destino. Por no encontrar los billetes, el revisor los hace bajar en alguna estación. Allí siguen esperando otro tren para poder seguir viajando, siempre con mayor o menor esperanza o desesperanza. No sólo viaja José Luis con sus padres, sus tres hermanas y su hermanito, sino en momentos culminantes aparecen «fantasmas» de su pasado: la abuela, el maestro, el practicante, el sacerdote y otros. Son personajes que parecen resucitar del álbum familiar que al final del drama se le entrega a José Luis, el único que puede seguir viajando. Todo es narrado desde la perspectiva homodiegética del protagonista José Luis, quien se llama a sí mismo «Yo» —y para los demás es 'José Luis'—. Existe entonces una identidad entre el hablante, el personaje y el nombre del autor real (abreviado).

La dedicatoria reza «A mis padres —José y Justa— y a mis hermanos —Tere, Carmen, Pili y Juan Manuel—, protagonistas de este Álbum» y es firmada por

«EL AUTOR», innecesariamente a mi parecer, pues normalmente es el autor real quien dedica su obra a alguien. La firma subraya aquí únicamente el juego autoficcional. Además, las indicaciones para la realización del drama en las acotaciones siempre se pronuncian desde la *origo*[18] del protagonista: «A mis pies está mi maleta abierta, vacía aún» (53). Por un lado dan la sensación de pertenecer a un texto narrativo por su posición homodiegética, por otro, rompen la ilusión de un monólogo interior por describir estados y sucesos propios de acotaciones dramáticas. Muchas veces contienen comentarios (secretos) sobre lo que dijeron los demás personajes, comparables con un aparte. Pero como no se pronuncian en el escenario, tratándose en *Álbum familiar* de un drama para lectura, sólo el lector implícito los percibe y con ellos los conflictos internos de José Luis.

MI MADRE. —¿Has acabado ya tu maleta, José Luis?
YO. —Sí... bueno, no,... en seguida termino.
(*¡No sé qué meter dentro!*) (53).

El hablante no sólo habla en las acotaciones, sino también es aparentemente responsable del resto del cotexto: no sólo los pronombres deícticos en el *dramatis personae* («mi madre», «mi padre», «mi hermana mayor», «mi hermano») lo demuestran, sino también los subtítulos escénicos: Escena primera, subtítulo «Mi casa»; Escena quinta: «seguimos en la sala de espera durante la larga noche». Da la impresión de que el personaje también hubiera escrito el cotexto completo, es decir: el titulo de la obra, la palabra «telón» al final, y que hubiera firmado la dedicatoria con «el autor». Tenemos aquí un ejemplo de una repetida metalepsis vertical: el hablante hace como si fuera el autor implícito y rompe la ilusión de ser sólo miembro del mundo narrado. Más aún, este efecto se crea también dentro del nivel intradiegético. Al principio de la última escena, José Luis no es sólo el protagonista sino también director y actor consciente[19]:

---

[18] El término lingüístico para un punto deíctico de referencia fue introducido por Karl Bühler (1934).
[19] También Piñero ha descubierto el carácter auto*ficcional* de la obra, aunque sin emplear el término ni referirse más detenidamente al concepto: «La voz en primera persona no es sólo destinataria de las necesidades confidenciales del autor, es la opción ficcional de Alonso de Santos. [...] Observemos que el personaje se llama YO y no Autor, nombre que hubiera respondido mejor a una obra en la que el elemento autobiográfico fuera el sustento de la estructura» (2005: 248).

(*Miro a los míos y les veo mucho más envejecidos, cansados, como negándose a* revivir los últimos recuerdos. *Entonces* Yo *les coloco en sus lugares, les doy las últimas instrucciones, y* todo comienza una vez más a suceder..)» [cursivas mías].
Yo. —Tú estabas aquí, padre, tú a su lado, mamá... (Alonso de Santos 1981/1998: 105).

Coloca a todos en sus lugares, hablando como si recordara una escena ya vivida en el pasado.

Yo. —Y tú, padre, estabas preocupado porque no nos perdiéramos ninguno. Y tú, mamá, le decías lo de los cupones.
Mi padre. —Sí, ya me acuerdo. ¡Venid todos! (106).

Aquí se entrelazan dos recursos metadramáticos: por un lado, una suerte de drama dentro del drama —o la re-actua(liza)ción del pasado—; por el otro lado, la idea de desempeñar un papel dentro de otro: los personajes también son conscientes de ser actores y de ser dirigidos por José Luis. A primera vista se parece tratar de una metalepsis del enunciado hacia abajo, hacia un nivel hipodiegético, como dentro de su propia memoria. Pero como la historia carece de lógica espacio-temporal y no muestra ninguna frontera entre dos 'realidades' que se podría transgredir, prefiero hablar en este caso de una *silepsis*[20]. En el *Álbum familiar* estamos frente a una simultaneidad del pasado y del presente onírico (y del yo narrado y el yo narrando) que tiene lugar en la mente del protagonista y, en parte, en los recuerdos de toda la familia. Nadie sabe si está acordándose o si se está viviendo un presente nuevo, pero son conscientes de la interdependencia de ambos tiempos: «(*Tengo que llenar mi maleta de recuerdos para luego... Para ahora* [...])» (56)[21]. No se concretiza tampoco «si el protagonista es el niño que vive el tiempo de la fábula o es el joven que pasa las hojas del álbum o es el adulto, que mucho tiempo después recuerda» (Piñero 2005: 250). Las numerosas *mises en abyme* de la poética lo acentúan:

---

[20] «Hablamos de contigüización en el marco de la anulación paradójica de límites cuando en un relato literario de ficción se produce [...] una nivelación entre el mundo de la narración y el mundo narrado, o, también, entre los diferentes tiempos y espacios de la narración misma. [...] La caracterización común de la silepsis consiste, fundamentalmente, en una simultaneización temporal y/o espacial de lo no simultáneo» (Meyer-Minnemann 2006: 54).

[21] Este efecto se refuerza por el aparente 'salir' de un nivel onírico y 'entrar' en otro, o el despertar de una pesadilla, para encontrarse de nuevo en otra unos momentos después: véanse p. ej. la escena primera y quinta, y las acotaciones que lo comprueban: «(*Y* Yo *grito desesperado en mitad de mi pesadilla de hombre, de hombre*)» (101).

(Y empezamos a caminar, pero vamos en círculo, dando vueltas y vueltas una y otra vez sobre nosotros mismos. Así no llegaremos a ningún lado. Seguimos dando vueltas, encerrada la familia en sí misma, mientras nos siguen diciendo adiós con la mano los que nos han venido a despedir. [...] Entonces Yo empiezo a gritar en mitad de mi sueño. [...] Y un ruido ensordecedor apaga la luz de mi pesadilla, desapareciendo todas las sombras en la oscuridad de mi mente.) (62-63).

El yo narrando también sabe a veces qué va a pasar en el futuro, y este saber es otro efecto de alienazación: «*(No me preocupo, aunque sé que* [el gato] *va a morirse ahogado en un balde de agua cuando nos vayamos.* [...] *Lo sabremos mucho después, y tampoco nos dará pena)*» (55). Los demás personajes, paradójicamente, pueden reaccionar a los pensamientos expresados en las acotaciones. Lo que no escucha el espectador de la representación sí lo «escucha» la abuela muerta (54).

El final de la obra puede ser igualmente su comienzo, por lo menos pronuncia la motivación de todo el recorrido mental que hace el protagonista: «*(El álbum familiar. Lentamente empiezo a pasar sus hojas, y descubro por qué tengo que ir, por qué me tuve que ir, mientras el tren avanza)*» (111). Aquí se trata de una *mise en abyme* del enunciado y de la enunciación aporística[22]: como toda la historia está situada en la mente del protagonista, la está evocando mientras hojea el álbum después de subir al tren, y se acuerda de todo de nuevo hasta el momento de estar en el tren hojeando el álbum. Así es imposible fijar el presente narrativo y el presente del hablante *a posteriori*.

En el *Álbum familiar*, excepcionalmente, un hablante extradiegético y homodiegético se encuentra como yo narrando en el nivel 3 y tiene «aspiraciones» metalépticas —como pseudo-responsable del cotexto— hacia el nivel 2. Además se encuentra como yo narrado/personaje y «director» de sus familiares en el mismo nivel intradiegético que los demás y reúne así las instancias del hablante extradiegético y un personaje «narrador» jerárquicamente separados normalmente (véase el esquema comunicativo).

2. La *autorficción* dramática la modelizo como equivalente a la autorficción narrativa. Recordamos primero que la *auto*ficción narrativa es considerada como variante de la ficción homodiegética —con una u otra excepción—. La autorficción, en cambio, es independiente de un hablante homodiegético o heterodiegético, pues se trata de una «intromisión» o inscripción del autor en su obra

---

[22] Cfr. la modelización de Meyer-Minnemann y Schlickers (2004).

in corpore o *in verbis* (cfr. supra y la contribución de Sabine Schlickers en este volumen). Puede tratarse de una metalepsis, cuando, por ejemplo, el autor interactúa con sus personajes en la diégesis que además comenta[23] como en *Niebla* de Unamuno. En una autoficción el autor se muestra de repente como el autor (ficticio) de la obra, ubicándose al margen de la diégesis. Para crear este efecto paradójico no es necesario hacer aparecer un personaje que represente al autor dentro de la obra, ni siquiera que hable personalmente desde el *off*, sino basta con que él sea mencionado verbalmente por un personaje, como en *Sei personaggi en cerca d'autore* de Luigi Pirandello (1925). En este texto, con un alto grado de autorreflexividad, las diferentes inscripciones del autor en la diégesis se combinan —otra vez— con una *mise en abyme aporistique*.

La famosa obra, estrenada en 1921 en Roma, encontró en la cuarta edición de 1925 su versión definitiva incluyendo un prólogo significativo. *Sei personaggi en cerca d'autore* (en el *dramatis personae* resumidos bajo «I personaggi della commedia da fare») irrumpen en un ensayo de teatro, situado temporalmente en el cotexto «Di giorno, su un palcoscenico di teatro di prosa», y que trata de llevar a cabo el director con «Gli attori della compagnia» (junto con el director de escena, el apuntador, el guardarropa, el tramoyista, el secretario del director, el conserje, montadores y ayudantes de escena). Desde el comienzo se evoca la situación de un ensayo real, cerrado todavía para los espectadores:

> NB. La commedia non ha atti né scene. La rappresentazione sará interrotta una prima volta, senza che il sipario s'abbassi, allorché il Direttore-Capocomico e il capo dei personaggi si ritireranno per concertar lo scenario e gli Attori sgombreranno il palcoscenico; una seconda volta, allorché per isbaglio il Macchinista butterà giù il sipario. / Troveranno gli spettatori, entrando nella sala del teatro, alzato il sipario, e il palcoscenico com'è di giorno, senza quinte né scena, quasi al bujo e vuoto, perché abbiano fin da principio il impressione d'uno spettacolo non preparato [...] (Pirandello 1993: 19-21).

La obra que se ensaya es el segundo acto del *Giuoco delle parti* de un autor llamado Pirandello... El resto de la historia es archiconocida.

En el prólogo ('Prefazione'), un narrador homodiegético relata de manera alegórica cómo una «servetta sveltissima» llamada Fantasia «ebbe, parecchi anni fa, la cattiva ispirazione o il malaugurato capriccio di condurmi in casa tutta una

---

[23] Cfr. el estudio detallado de esta situación narrativa peculiar en la contribución de Sabine Schlickers en este volumen.

famiglia, non saprei dir dove né como ripescata, ma da cui, a suo credere, avrei potuto cavare il soggetto per un magnifico romanzo» (3). Se trata, efectivamente de los seis personajes «perdidos» en el texto dramático después. Antes de describir el juego autorficcional entre el prólogo y el texto del drama, procedo con un intento de modelizar la estructura comunicativa de este constructo intercalado de obras y autorías e incluyendo el prólogo:

N1: Autor real.
N2: Autor implícito.
N3: El narrador homodiegético del prólogo (reconocible como autor implícito = Luigi Pirandello).
N4: Diégesis alegórica de 'Fantasia' y los seis personajes con los que dialogó el autor ficcionalizado (descrito en el prólogo y en el drama por los seis personajes).
N5: El hablante extradiegético de las acotaciones de *Sei personaggi en cerca d'autore*.
(N6): «La realidad» de la compañía que está ensayando *Il Giuoco delle parti* de un Pirandello (véase la homonimia abreviada): El director, el personal, los actores, pero también los seis personajes. Provienen de otro estatus 'real', son una alegoría de la creación de un autor, pero conviven con los «attori della compagnia». Es una metalepsis de la enunciación horizontal y vertical entre prólogo y drama.
(N7): El hablante latente del fragmento del *Giuoco delle parti*, creado por el autor ficcionalizado «Pirandello» del nivel 3 (sólo se leen las acotaciones por el apuntador). Además, el drama que quiere encarnar la familia de los seis personajes y que está tratando de representar pero que es interrumpido por los actores de la compañía: en realidad no se lleva a cabo.
(N8): (Teóricamente) los personajes del *Giuoco delle parti*.

Las referencias al nombre del autor son autorficcionales: primero, el hablante extradiegético, responsable de las acotaciones, anuncia que

[i]ntanto dalla porta del palcoscenico cominceranno a venire gli Attori della Compagnia, uomini e donne, prima uno, poi un altro, poi due insieme, a piacere: nove o dieci, quanti si suppone che debbano prender parte alle prove della commedia di Pirandello *Il giuoco delle parti*, segnata all'ordine del giorno (Pirandello 1993: 22).

Luego, también el director menciona que *Il Giuoco delle parti* es de Pirandello: «Che vuole che le faccia io se dalla Francia non ci viene piú una buona commedia, e ci siamo ridotti a mettere in iscena commedie di Pirandello, che chi l'intende è bravo, fatte aposta di maniera che né attori né critici né pubblico ne restino mai contenti?» (Pirandello 1993: 25). En estas dos inscripciones del nombre del autor no se transgreden niveles de comunicación ni espacio-temporales, se cita otro sistema enunciativo (ficticio), algo que llamaría pseudo-intertextualidad. El tercer vínculo autorficcional, finalmente, se establece entre el prólogo (indirectamente atribuible a Pirandello-autor real) y el texto dramático mismo, un vínculo que sólo lo perciben los lectores de la cuarta edición: Consiste en la auto-revelación indirecta de Pirandello como «padre» de los seis personajes. Luigi Pirandello no sólo ha escrito una obra sobre «questo novissimo caso d'un autore che si rifiuta di far vivere alcuni suoi personaggi, nati vivi nella sua fantasia, e il caso di questi personaggi che, avendo ormai infusa in loro la vita, non si rassegnano a restare esclusi dal mondo dell'arte» (p. 6), sino también se identifica como justamente este autor. El prólogo, codificado como paratexto factual, contiene explicaciones y defensas estéticas del drama consiguiente, además de la anécdota del «nacimiento» de los seis personajes. Esta anécdota, como el resto de las reflexiones, sólo puede ser leída como información autobiográfica, aunque el «contenido» autobiográfico sea de mínimo interés, basta con que bajo la clave de un texto facutal recibimos una información probable. En el drama, empero, el nacimiento de los personajes, que en el prólogo sólo ha servido como fórmula alegórica para el desarrollo y la concreción de una idea artística —una clara fórmula poética— se vuelve literal y «real» en el escenario: los seis personajes de carne y hueso irrumpen ahora como elemento inverosímil de la historia. El efecto alienador de esta incarnación imposible es máximo gracias a la ilusión altamente realista[24] (la de un ensayo teatral más una obra de un autor conocido) que se rompe[25]. El juego autorficcional consiste, pues, en el encadenamiento de los elementos inverosímiles de la historia del drama con una anécdota autobiográfica del prólogo a través del nombre del autor real de ambos textos. Mediante una *mise en abyme aporistique* (y una metalepsis indirecta del enunciado[26]) el drama parece, además, generarse espontáneamente en el drama dentro del dra-

---

[24] Esta ilusión de realidad se potencia por el empleo de los respectivos nombres reales de los actores que interpretan a los *attori della compagnia*, p. ej. el del 'Direttore di scena' (p. 24).

[25] Remito nuevamente a Hornby (1986: 98).

[26] Cfr. Schlickers (2005).

ma: como los seis personajes viven eternamente y siempre buscan con qué autor —o más bien director— incorporarse en su papel, pueden eternamente interrumpir en cualquier ensayo teatral...

3. El tercer tipo de autoficción dramática, en que el autor no comparte el nombre, sino otros rasgos de su identidad (descritos en las acotaciones) con un personaje interpretado por otro actor, es comparable con el anonimato en algunas autoficciones novelescas, por ejemplo, *Todas las almas* de Javier Marías (1989) o *La Rambla paralela* de Fernando Vallejo (2002). En este ejemplo, por las insinuaciones dadas a lo largo del texto, la identidad entre autor y el personaje, normalmente un escritor también, parece irrefutable. Pero admito que el efecto en el drama no es tan desconcertante, tengamos en cuenta la extensión limitada de las acotaciones para autorretratarse. Este es el caso en la pieza *Los viejos, duólogo imprevisto en un acto* de 1971, la penúltima obra del dramaturgo mexicano Rodolfo Usigli, en la cual se autorretrata en el personaje del 'Viejo Dramaturgo', quien discute con 'El Joven Dramaturgo' en presencia de una mujer casi muda sobre cómo hacer teatro, su actualidad y lo irreconciliable entre concepciones «jóvenes» y «viejas»: La acotación reza:

> Sesenta años quizá. Buen tipo, de aspecto distinguido y cuidado. Aladares blancos y pelo grisáceo en un principio de fuga ya. Es compuesto de voz y de maneras, vista de frac y lleva guantes blancos, claque y un bastón con puño de marfil. Aunque no hace frío, tendrá puesta la capa de frac, parte simbólica de su atavío sin el cual parecerían incompleto (Usigli 1979: 161).

Esta acotación es el único momento en que la voz del hablante extradiegético y heterodiegético (nivel 3) se refiere al dramaturgo retratado, además sólo a su aspecto físico. No obstante, la identificación del 'Viejo Dramaturgo' con Usigli no es desacertada: Schmidhuber de la Mora (2006: 14) titula esta obra «el testamento dramático usigliano» y expone que los colegas del dramaturgo lo solían llamar el caballero Usigli «por su elegancia en el atavío». Para quienes conocen el aspecto de Usigli es un autorretrato claro, para quienes no, es un hombre mayor cualquiera. Además, este recurso autoficcional depende en mayor grado de la modelización escénica del personaje por parte del director. Por la temática únicamente teatral y el planteamiento inverosímil de la historia (la bailarina casi muda y el volver (temporal) al inicio de la situación inicial «*como en una película que se arrolla hacia atrás*» (Usigli 1979: 168, 173), el efecto metadramático es fuerte y hace juego con el 'impacto autoficcional' más bien débil.

4. Monodrama y 'teatro autobiográfico'

Falta la quinta variante de la auto(r)ficción dramática, en la que el autor real (a veces como guionista y director) interpreta a un personaje con el cual comparte el nombre o un derivado y/u otros rasgos de su biografía. He observado hasta aquí diferentes posibilidades de identidad entre autor y personaje, o de las inscripciones del autor en la obra en dramas que se basan en un diálogo entre por lo menos dos personajes. El diálogo dramático posibilita que un narrador personificado pueda destacar ante el trasfondo de una ilusión mimética intacta, irrumpiendo en ella y rompiéndola, como, por ejemplo, el 'Stage Manager' en *Our Town* de Wilder o la posición 'superior' en algunas escenas del *Álbum familiar* —este vaivén entre ilusión y desilusión que, según Hornby (1986: 116 s.), requiere lo metadramático para su funcionamiento—. Por cierto, la mera presencia de un hablante intradiegético no tiene por qué romper la ilusión mimética, si se trata de formas dramáticas convencionalizadas (Jensen 2007: 79 s.), por ejemplo, un personaje que presenta un prólogo y/o epílogo, o precisamente, cuando se trata de un monodrama que es descrito por Richardson (1988: 209) de la siguiente manera: «the speech of *monodramatic narrators* constitutes all or most of the play they inhabit. [...] The world of the play is largely coextensive with the narration of the character» (citado en Jensen 2007: 80, n. 8). ¿Será esta 'convencionalidad' del hablante intradiegético en una 'forma escénica monologal'[27] la razón por la cual Beatriz Trastoy en su interesantísimo estudio sobre los unipersonales de los ochenta y noventa en la escena argentina utilizó el término 'teatro autobiográfico'[28] para un sinfín de obras atestándoles asimismo una apa-

---

[27] La diferencia entre los términos monodrama y unipersonal es fundamental: Mientras «el *unipersonal* [es] una forma escénica sostenida exclusivamente por un actor, quien suele ser además guionista y director de la misma» (Trastoy 2002: 60), el monodrama, término más difundido, se caracteriza en general por un «monólogo que abarca la estructura total de la obra» (p. 59) —sin que el actor sea el mismo director y guionista. Sobre las subclasificaciones y la historia de otras formas escénicas monologales como recital, melólogo, *one-man-show, music hall*, etc., véase Trastoy (2002: 49 s.).

[28] Este término fue recién introducido por Patrice Pavis en la segunda edición española del *Diccionario del teatro* (1998, Barcelona: Paidós, traducido de la tercera ed. francesa por Jaume Melendres) como sinónimo de la *autoperformance* y se diferencia en tres formas: «*contar su vida*, en la que el actor-autor hace referencia a hechos y personas de su pasado; la *confesión impúdica* de casos límites como el de enfermos de SIDA y el *juego de identidades*, [...] en el que se cuestiona la identidad, el yo fracturado por la temporalidad y las imposiciones de la memoria y de la organización formal del relato» (Trastoy 2006: 1).

riencia más 'auténtica' o menos ficcional que a un drama con su mundo actuado en diálogo? Cito tres de sus ejemplos: 1) La presentación de Franca Rame y Dario Fo en Buenos Aires en 1984, *Tutta casa letto e chiesa*, es un espectáculo integrado por tres monólogos sobre temática femenina, uno de ellos «La violación»: «Se trata de un monólogo autobiográfico, una suerte de acotado relato de vida, ya que Franca Rama narra [...] la agresión que ella misma sufriera cuando fue secuestrada y violada por un grupo de neo-fascistas en 1973» (Trastoy 2002: 163). 2) En *Nacha de noche* (1985) de Alberto Favero y Nacha Guevara, «la intérprete no sólo interroga al público sobre lo que fantasean acerca de ella, de su verdadera edad, de sus romances, de sus muchas cirugías estéticas, sino también autoparodia sus programas televisivos en los que promovía la alimentación naturista, la medicina alternativa y la filosofía orientalista» (2002: 167). 3) *La Campoy en vivo* (1994), espectáculo autobiográfico de Ana María Campoy, escrito y dirigido por su hijo, Pepe Cibrián Campoy:

> Tras relatar la historia de su ocasional nacimiento en Colombia, de su pertenencia a una familia de cómicos de la legua, de su debut teatral, de las anécdotas de sus compañeros, de la evocación de su juventud en España durante la guerra civil y de su decisión de radicarse en Buenos Aires a fines de los años 40, la intérprete recita poesía española y encarna a la ficcional Concha Morena, una típica actriz peninsular [...] (1994: 167-168).

El 'teatro autobiográfico' para Trastoy parece ser un «género paradojal por excelencia» (2002: 159), pues, por un lado, «sobre la escena, todo es (o parece) ficción» y, por otro lado, «[l]a credulidad resulta, entonces, una cuestión pragmática» (Trastoy 2006: 2). Sin llamarlo así, percibe el potencial metadramático del unipersonal, pero por ello le atribuye mayor credibilidad: «si bien es el ámbito de ficcionalidad pura, de la instantaneidad, de la fantasía antinaturalista, de la permanente metamorfosis, de la ruptura espacio-temporal, al mismo tiempo derriba la *cuarta pared* y, por lo tanto, posibilita la anulación de la distancia entre persona y personaje» (Trastoy 2002: 159). Se encuentra en buena compañía de Poschmann (1997: 231-232), según la cual el monodrama —e incluiría los unipersonales y los géneros afines— es principalmente una forma narrativizante («episierend») que, destacando al autor y el público, cuestiona la autonomía de la ficción (citado en Jensen 2007: 83). Jensen opina asimismo que la falta de una motivación psicológica (p. ej. naturalista) de un monólogo favorece que éste sea entendido como portavoz del autor (p. 83). En los trabajos citados, el término 'autobiográfico' se refiere a la temática, al tipo de ilusión que se quiera trasmitir y a la unión personal entre actor, guionista y director, pero nunca debería cuestionar el estatus de ficcionalidad de la obra dramática, pues cada drama es autotélico: «it reflects no external reality (at least not directly), but instead reflects inward, mirroring itself. [...] [S]imilarly, the audience, as it watches the play, is primarily aware of it as a self-contained experience» (Hornby 1986: 20). Es más, «those who enthuse about the 'realness' of avant-garde performance are naive. [...] [I]t is not that showing ordinary reality per se creates any special estrangement. [...] [I]n avant-garde theatre performances that toy with reality, it is the relationship between theatre and reality that is explored, rather than either theatre or reality by itself». No obstante, hay que concluir que el 'teatro autobiográfico' en forma de unipersonal resulta ser un teatro autoficcional, ya que el autor real es el director y guionista y representa partes de su propia vida en escena, ficcionalizándola. No olvidemos que la situación de representación escénica convierte el cuerpo del autor-actor en un signo escénico, y éste es, con Eco (1975: 96) «siempre ficticio, no por ser fingido o porque comunique cosas inexistentes, sino porque finge no ser un signo»[29].

Bibliografía

1. *Textos*

Alonso de Santos, José Luis (1982/1998): *El álbum familiar. Bajarse al moro.* Madrid: Espasa-Calpe.
Calderón de la Barca, Pedro (1974 [1635/1655]): *El gran teatro del mundo.* Ed. de Domingo Yndurain. Madrid: Istmo.
García Lorca, Federico (2004 [1931]): *Retablillo de don Cristóbal*, en García-Posada, Miguel (ed.): *Federico García Lorca. Teatro completo, I.* Barcelona: Mondadori, pp.173-186.
Luceño, Tomás (1894 [1885]): *El corral de las comedias. Sainete original y en verso*, en *Teatro Moderno.* Madrid: Viuda de Hernando y compañía, pp. 2-43.
Marías, Javier (1989): *Todas las almas.* Barcelona: Anagrama.
Pirandello, Luigi (1993 [1921-1925]): *Sei personaggi in cerca d'autore.* Ed. de Guido Davico Bonino. Torino: Einaudi.
Unamuno, Miguel de (2005 [1914-1935]): *Niebla.* Ed. de Mario J. Valdés. Madrid: Cátedra.

---

[29] Citado en Trastoy (2002: 158).

Usigli, Rodolfo (1979 [1971]): *Los viejos. Duólogo imprevisto en un acto*, en *Teatro completo III*. México: Fondo de Cultura Económica.
Valle-Inclán, Ramón del (1968 [1908]): *Romance de lobos*. Madrid: Espasa-Calpe.
Vallejo, Fernando (2002): *La Rambla paralela*. Madrid: Alfaguara.
Vega, Ventura de la (1838): *Quiero ser cómico. Apropósito dramático*. Accesible en: <http://www.cervantesvirtual.com/servlet/SirveObras/01383875333682832088024/p0000006.htm#18> (27.05. 2009).
Wilder, Thornton (1938/1957): *Our town*. New York et al.: Harper&Row.

2. *Estudios*

Abuín González, Ángel (1993): «Drama, estilo, narración: Notas sobre las acotaciones escénicas», en *Hispanística* XX, 11, pp. 191-203.
Alter, Robert (1975): *Partial Magic: The Novel as a Self-Conscious Genre*. Berkeley: University of California Press.
Asmuth, Bernhard (2004): *Einführung in die Dramenanalyse*. Stuttgart et al.: Metzler.
Bühler, Karl (1965 [1934]): *Sprachtheorie. Die Darstellungsfunktion der Sprache*. Stuttgart: Fischer.
Colonna, Vincent (1989): *L'Autofiction. Essai sur la fictionnalisation de soi en littérature*. Paris: microfiche (thèse, dir. G. Genette), en <http://tel.archives-ouvertes.fr/docs/00/04/70/04/PDF/tel-00006609.pdf> (01.07.2009).
Genette, Gérard (1991): *Fiction et diction*. Paris: Seuil.
Gies, David T. (2008): «Metateatro teatral: El teatro como tema dramático en la España del siglo XIX», en Swislocki, Marsha/Valladares, Miguel (eds.), *Estrenado con gran aplauso. Teatro español 1844-1936*. Madrid/Frankfurt am Main: Iberoamericana/Vervuert.
Hamburger, Käte (1977): *Die Logik der Dichtung*. Stuttgart: Klett-Cotta.
Herrera Zamudio, L. Elena (2007): *La autoficción en el cine. Una propuesta de definición basada en el modelo analítico de Vincent Colonna*, en <http://www.scribd.com/doc/678285/tesis-sobre-la-autoficcion-en-el-cine> (01.02.09).
Hornby, Richard (1986): *Drama, metadrama and perception*. Lewisburg: Bucknell University Press.
Issacharoff, Michael (1987): «How Playscripts Refer. Some Preliminary Considerations», en Whiteside, Anna/Issacharoff, Michael (eds.), *On Referring in Literature*, Bloomington: Indiana University Press, pp. 84-97.
Jensen, Kristina (2007): *Formen des episierenden Metadramas. Ausgewählte Dramentexte José Sanchis Sinisterras und anderer spanischer Gegenwartsdramatiker*. Frankfurt am Main: Vervuert.

LARSON, Catherine (1992): «El metateatro, la comedia y la crítica: hacia una nueva interpretación», en *Actas del X congreso de la Asociación Internacional de Hispanistas*, Barcelona: Promociones y Publicaciones Universitarias, pp. 1013-1019.

MEYER-MINNEMANN, Klaus (2006): «*Narración paradójica* y ficción», en Grabe, Nina/Lang, Sabine/Meyer-Minnemann, Klaus (eds.), *La narración paradójica. «Normas narrativas» y el principio de la «transgresión»*. Madrid/Frankfurt am Main: Iberoamericana/Vervuert, pp. 49-72.

MEYER-MINNEMANN, Klaus/SCHLICKERS, Sabine (2004): «La mise en abyme en narratologie», en <http://www.vox-poetica.org/t/menabyme.html> (01.06.07).

MUNY, Eike (2008): *Erzählperspektive im Drama. Ein Beitrag zur transgenerischen Narratologie*. München: Iudicium.

PFISTER, Manfred (2001): *Das Drama*. München: Fink.

PIÑEROS, Margarita (2005): *La creación teatral en José Luis Alonso de Santos*. Madrid: Fundamentos.

POSCHMANN, Gerda (1997): *Der nicht mehr dramatische Theatertext: Aktuelle Bühnenstücke und ihre dramaturgische Analyse*. Tübigen: Niemeyer.

SCHLICKERS, Sabine (2005): «Inversions, transgressions, paradoxes et bizarreries: la métalepse dans les littératures espagnole et française», en Pier, John/Schaeffer, Jean-Marie (eds.), *Métalepses. Entorses au pacte de la représentation*. Paris: EHESS, pp. 151-166.

SCHMID, Wolf (2005): *Elemente der Narratologie*. Berlin *et al.*: De Gruyter.

SCHMIDHUBER DE LA MORA, Guillermo (2006): «Rodolfo Usigli, ensayista, poeta, narrador y dramaturgo», en <http://www.cervantesvirtual.com/FichaObra.html?Ref=19873> (01.02.09).

SEARLE, John R. (1974-75): «The Logical Status of Fictional Discourse», en *New Literary History* 6, pp. 319-332.

SPANG, Kurt (1991): *Teoría del drama*. Pamplona: Ediciones Universidad de Navarra.

TORRENTE BALLESTER, Gonzalo (2004 [1941]): «Biografía y carácter en el drama», en Torrente Ballester, Gonzalo (ed.), *El Quijote como juego y otros trabajos críticos*. Barcelona: Destino, pp. 254-263.

TRASTOY, Beatriz (2002): *Teatro autobiográfico. Los unipersonales de los 80 y 90 en la escena argentina*. Buenos Aires: Nueva Generación.

— (2006): «La escritura autobiográfica en el escenario y en la pantalla: una cuestión de estilos (Acerca de Notas de tango de Rafael Filippelli)», en <http://www.telondefondo.org> (11.06.09).

El poeta en el espejo: de la creación de un personaje poeta a la posible autoficción en la poesía

Ana Luengo

Al hablar sobre la posibilidad de la existencia de la autoficción en la lírica, el primer problema que aparece es intentar definir qué es la lírica y cómo es su forma de comunicación. El poeta granadino Luis García Montero opinaba, en sus *Confesiones poéticas*, que es «una convención, un juego donde el azar está radicalmente barajado por las manos de la historia [...]. Como cualquier convención, sólo necesita ser enunciada para existir» (García Montero 1993: 211).

Así, situaba la responsabilidad sobre todo en el hecho creativo. Por otra parte, Jaime Gil de Biedma inclinaba la balanza más bien hacia la percepción del lector, haciendo así énfasis en la importancia de la comunicación de la poesía: «La poesía es lo que hacen los lectores leyendo un poema» (citado en Maqueda Cuenca 2006: 12). Ya en estas afirmaciones de dos poetas contemporáneos españoles se puede observar que la cuestión estriba en el acto comunicativo lírico, marco en el cual se debe situar la discusión sobre la autoficción que nos ocupa en este libro. Pero para poder adentrarme en la reflexión de si existe —o bien puede existir— un tipo de autoficción en la lírica, en primer lugar es menester hacer hincapié brevemente en un punto clave: es decir, en la discusión sobre la ficcionalidad en el género, que arranca de Käte Hamburger en los años cincuenta y que, hasta ahora, ocupa a varios críticos.

Por lo tanto, me detendré en la cuestión de la enunciación lírica, comparándola con la enunciación en la narrativa, ya que las reflexiones sobre la autoficción se concentran sobre todo en el género épico. Schönert, Hühn y Stein ya han retomado esta cuestión en su tomo *Lyrik und Narratologie* de 2007. Ellos destacan así la medialidad del texto lírico, esto es, la voz y la focalización que comunican lo ocurrido en el nivel representado (2007: 11). Para entender, ahora de forma práctica, de qué forma se da esta medialidad, habrá que recorrer o, más bien, sobrevolar con algunas escalas, la evolución de la lírica hispánica desde el Barroco hasta finales del siglo XX. Y, en este recorrido, me propongo observar y analizar cómo el yo lírico —o el yo enunciador— se desdobla en un yo enunciado que protagoniza el texto. Este reflejo del poeta en el espejo, lo que le da título a este artículo, será la razón de mi hipótesis de que también en la lírica se da una forma de autoficción que no difiere tanto de la autoficción en la narrativa.

1. Sobre la ficcionalidad en la lírica

La discusión sobre el carácter ficcional en la lírica viene, tal como anteriormente mencioné, de la lectura que Käte Hamburger hiciera de la *Poética* aristotélica en *La lógica de la literatura* de 1957. En su estudio, Hamburger afirma que Aristóteles marginaba la lírica del sistema general de las artes y de la mímesis, es decir, que la lírica no compartiría el rasgo mimético como constante, sino que se centraría sobre todo en la *poiesis*, como función artística del lenguaje. Dos décadas más tarde, Genette apuntaba en su *Introduction à l'architexte* que «L'ode, l'élégie, le sonnet, etc. n'"imitent" aucune action puisqu'en principe ils ne font qu'énoncer, comme un discours ou une prière, les idées ou les sentiments, réels ou fictifs, de leur auteur» (Genette 2004/1979: 32).

Siguiendo a Wahṇón (1998), se podría contestar a ello que *La Poética* se escribió hace muchos siglos, en el IV antes de Cristo, cuando ni existían las lenguas romances, y que Aristóteles se refería a la lírica como composiciones que acompañaban a la lira, cuando ya había otras composiciones que se basaban en el lenguaje en ese momento, y ya no sólo como acompañamiento a la música. Estos textos, que consideraríamos hoy líricos, compartían tanto el gusto por la dicción como la creación mimética.

Genette intenta solucionar este problema en su libro *Fiction et diction*. Al demostrar Genette la relevancia de la mímesis, escribe que si hay un medio para la lengua de convertirse en obra de arte, es sin duda la ficción (2004/1979: 96). Por lo que dota a la lírica de una doble y parcial pertenencia literaria: por el contenido ficcional y por la forma poética. Pero, sin embargo, opta por colocar a la lírica en un lugar marginado —o privilegiado, según se mire— respecto a los otros géneros naturales, al destacar su régimen constitutivo de dicción. Por otra parte, reconoce que

> Dans la poésie lyrique, nous avons bien affaire à des énoncés de réalité, et donc à des actes de langage authentique, mais dont la source reste indéterminée, car le «*je* lyrique», par essence, ne peut être identifié avec certitude ni au poète en personne ni à un quelconque autre sujet déterminé. L'énonciateur putatif d'un texte littéraire n'est donc jamais une personne réelle, mais ou bien (en fiction) un personnage fictif, ou bien (en poésie lyrique) un *je* indéterminé — ce que constitue en quelque sorte une forme atténuée de fictivité (2004: 101).

Aunque obviamente la forma en la lírica es primordial, en esta ponencia me gustaría concentrarme más bien en ese yo lírico supuestamente indeterminado, al intentarlo centrar en el modelo de comunicación que se usa para los textos narrativos. No me interesa tanto concentrarme en la diferencia de la apropiación de la realidad que pueda haber entre la prosa y la lírica, que creo que se debe estudiar siempre según los casos particulares, sino las posibilidades determinadas que el yo lírico ofrece según la comunicación que se dé en el poema.

2. La enunciación del poema: ¿instancia literaria o voz del poeta?

Para discutir este punto, me gustaría comenzar con la aseveración que hiciera Hamburger en los años cincuenta: «La vivencia puede ser 'ficticia' en el sentido de inventada, pero al sujeto vivencial y, por tanto, al yo lírico, sólo cabe encontrarle como sujeto real, jamás como sujeto ficticio» (Hamburger 1995/1957: 187).

Al contrario de ella, Scarano dice que: «El hablante de las frases imaginarias del poema no es quien expresa sino aquél que es expresado por ellas. Los enunciantes son imanentes a él, son representaciones, discurso imaginario» (2000: 53). Es decir, que sólo a partir del poema y de su expresión existiría la voz que habla. No es voz real, es una instancia literaria. Es más, si se analizan algunos poemas de diferentes épocas, se puede ver, como señala acertadamente Schaeffer, que también en la lírica hay una serie de figuras de enunciación posibles (1989: 85). Entre ellos Schaeffer apunta la figura de la enunciación real, concepto que yo veo problemático, como expuse arriba, puesto que la voz enunciadora —en el género literario que sea— siempre es una construcción literaria, quizá cercana al autor empírico, pero nunca idéntica. Y, en este caso, como Pozuelo Yvancos apunta, el texto tiene unas características especiales:

> El texto lírico se halla por voluntad de género, y precisamente por su inespecificidad o falta de nitidez en la situación interna de enunciación por mucho menos estructurado y completo. Lejos de llenar los vacíos situacionales el lenguaje lírico tiende a crearlos (Pozuelo Yvancos 1998: 55).

Y añade a continuación algo que me parece primordial en esta discusión:

> la lírica se propondría [...] como una manera específica de trangredir un esquema discursivo preexistente, tanto por abolición de la linealidad del discuso y sus órdenes de coherencia, como por la reciente complejidad de los contextos discursivos, la fun-

ción reflexiva del yo, la concepción del discurso mismo como una función del sujeto de enunciación (Pozuelo Yvancos 1998: 58).

Scarano sigue esa línea y observa que «el sujeto es un principio de representación que cristaliza en el texto como el responsable del conjunto de operaciones puestas en marcha» (2000: 23). Tal como anteriormente anuncié, en este punto sería importante volver a revisar, en el modelo de los niveles comunicativos[1], dónde podríamos situar el yo lírico de un poema autoficcional.

(1) nivel extratextual: autor real

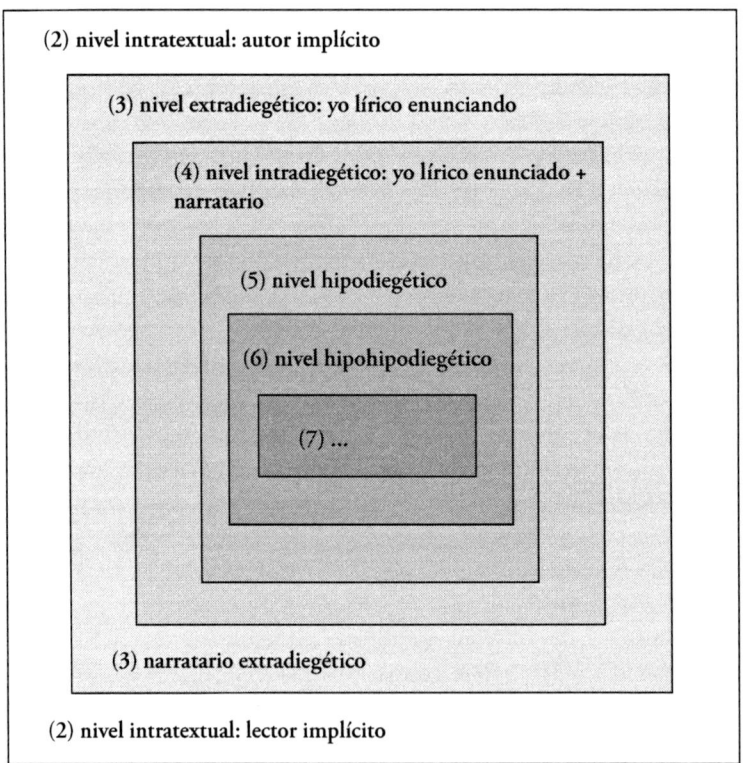

(1) nivel extratextual: lector real

---

[1] En la siguiente reproducción del modelo de Schlickers (2007: 42) se han borrado los elementos típicos de la literatura gauchesca y añadido los particulares de la poesía.

Es decir, que si partimos del esquema de comunicación literaria, el yo lírico sería generalmente la voz homo o autodiegética, que se podría situar tanto en el nivel extradiegético o intradiegético o hipodiegético, dependiendo de la historia que enuncie. En el caso de que cuente desde su presente inmediato, se trataría de un yo lírico intra-homodiegético, pero en el caso de que cuente retrospectivamente, se trataría de uno extra-homodiegético. En esta línea, Pozuelo Yvancos opina, y yo creo que con razón en la mayoría de los casos, que «si se tratara el yo lírico, en cuanto al yo de enunciación, no podría distinguirse para nada del yo narrativo homodiegético que formalmente, en cuanto enunciación, es idéntico» (1998: 61). Pero, como siempre, hay excepciones, porque también es posible que el yo lírico sea heterodiegético, como es el caso de los romances o del *Santos Vega* de la gauchesca rioplatense (Schlickers 2008: 43), donde el yo lírico narra historias ajenas a sí mismo en el mismo plano intradiegético, y sólo aparece como testigo.

En realidad, a mi parecer la enunciación lírica condensa toda la problematización en torno al sujeto que nos ocupa, y ello se da por dos razones especiales. En primer lugar, en cuanto al eje autorreferencial de la lírica, donde el sujeto se construye a sí mismo y construye el mundo (Scarano 1994: 13). Y, en segundo lugar, porque la enunciación lírica se manifiesta como vivencia presente (Pozuelo Yvancos 1998: 43), dándonos la sensación de atemporalidad y persistencia. Por otra parte, el carácter constitutivo diccional de la lírica, conlleva también una gran flexibilidad, que permite introducir elementos paradójicos, ya que no está sujeto a una expectativa de cumplir con la mímesis, como es el caso de la prosa.

Ambos principios siguen entroncando también con la categoría ficcional de la lírica, puesto que la misma comunicación, artificial y artificiosa que se crea, se marca por su propia indeterminación enunciativa, construyendo experiencias que no trascienden de lo empírico, sino de la imaginación, mítica en algunos casos. El yo lírico puede representar un personaje ficcional capaz de todo esto.

A continuación me gustaría, pues, fijarme de qué forma especular —o mejor dicho como *mise en abyme*— el poeta aparece en el poema como personaje, para analizar si se trata o no de una autoficción. Una vez aceptado que la lírica tiene o puede tener el mismo carácter ficcional que la narrativa, que el yo lírico no es el poeta de carne y hueso ni su voz, sino una instancia enunciadora literaria, un constructo literario con una función de medialidad, falta analizar si es cierta esa posibilidad que aquí esbozo: el poeta personaje frente al yo lírico como rasgo de autoficción en el poema.

3. De la representación del poeta y la reflexión sobre la duplicación de éste

Para seguir la evolución de la representación del poeta en la poesía desde el Barroco hasta nuestros días, he optado por releer unos poemas donde, a mi parecer, se pueden destacar algunos puntos que me permitan tender un hilo evolutivo. Pero no son los únicos poemas que podría haber usado, aunque creo que por su particularidad, cada uno de ellos resulta ejemplar para observar la evolución del yo lírico hasta la creación de un personaje autoficcional lírico. Escribía Tierno Galván en 1954, que hay épocas en

> que la cultura y la vida no están perfectamente diferenciadas como órdenes distintos y se entremezclan de tal modo que, considerándolo desde uno de los posibles puntos de vista, la vida es literatura y la literatura vida. La cultura barroca, el romanticismo y en ciertos aspectos nuestra cultura actual, son los momentos de máxima confusión entre los dos órdenes (Tierno Galván 1978: 29).

Esta reflexión me viene como anillo al dedo para destacar los tres momentos en los que quiero detenerme. Esto ocurre probablemente porque en estos tres momentos se da una ruptura del horizonte estético, en la que los movimientos literarios se mezclan también con «una moral, una erótica y una política» (Paz 1987: 91). Y hace posible que el pensamiento «se despliegue en dos direcciones que acaban por fundirse: la búsqueda de ese principio anterior que hace de la poesía el fundamento del lenguaje y, por tanto, de sociedad; y la unión de ese principio con la vida histórica» (Paz 1987: 91).

Esto permite que la presencia del poeta destaque en otros medios y, a la vez, que su ficcionalización en el propio texto sea más comprensible. Así, en primer lugar, destacaré la creación en el Barroco de la figura del poeta, con conciencia de estar creando un lenguaje y un mundo diferente, literario, unido irremediablemente a la realidad. Esa representación del poeta como poeta, como artista, dentro de la estética barroca, ya se destaca en el soneto «Desde la torre» de Francisco de Quevedo, que escribió en su torre de Juan Abad, al norte de Sierra Morena, y le envío a su amigo y editor Josef Antonio González de Salas en 1648:

El poeta en el espejo

«Desde la torre»

Retirado en la paz de estos desiertos,
con pocos, pero doctos libros juntos,
vivo en conversación con los difuntos
y escucho con mis ojos a los muertos.

Si no siempre entendidos, siempre abiertos,
o enmiendan, o fecundan mis asuntos;
y en músicos callados contrapuntos
al sueño de la vida hablan despiertos.

Las grandes almas que la muerte ausenta,
de injurias de los años, vengadora,
libra, ¡oh, gran don Iosef!, docta la imprenta.

En fuga irrevocable huye la hora;
pero aquélla el mejor cálculo cuenta
que en la lección y estudios nos mejora
             (Quevedo 2003/1648: 178).

El poema, en su relación a la realidad, se puede analizar, como mínimo, desde dos perspectivas. La primera, biográfica, es la más habitual, ya que trataría el exilio de Quevedo en sus tierras. La segunda resulta más interesante para mi enfoque: como una creación del personaje del poeta, voz y figura literarias, enunciador y enunciado. Es decir, y en palabras de Cabo Aseguinolaza, la enunciación como el «escenario de la problematización del sujeto y una fuente inagotable de significación» (1998: 13).

El yo lírico reconstruye así el escenario del estudio y la tarea del poeta inserto en su época: aislado en la torre, rodeado de libros. Y es también un posicionamiento estético del conceptismo contra el culteranismo o, como Egido apunta, «frente a los libros libres de erudición con los que Góngora pasa y se pasea» (2002: 245). Es decir, muestra la imagen del yo-lírico como poeta y sólo como poeta, como si su vida se redujera al estudio, como si el poeta que tiene que ser el creador de esos versos apareciera en una estampa o la imagen de un espejo, que el yo lírico observa pero no transgrede. Es decir, el yo lírico muestra al personaje en su momento de lectura y escritura, precisamente en su oficio de poeta. Esta estructura especular va más allá en el cuarto verso, en la lograda sinestesia: «y escucho con mis ojos a los muertos» (v. 4), jugando así con este último sustantivo como metonimia de los textos clásicos, que pasaran igualmente a formar parte de un debate con lectores futuros. Lo que en el fondo muestra conciencia de esa relación directa que se hace entre la voz lírica y la persona de los poetas, ahora ya muertos, pero salvadas sus palabras de la desaparición por la «docta» (v. 11) imprenta. Es decir, que, en concordancia con la estética barroca de la fugacidad de la vida, de la aproximación a los clásicos, la soledad de los desiertos —castellanos y también de soledad personal—, se ofrece el personaje del poeta como materia literaria. Pero ¿podemos hablar ya de una figura autoficcional? Probablemente no, pero la apropiación de la persona del poeta como tal se destaca gracias a los rasgos de la realidad fáctica, así como la ubicación en una torre que pertenecía al mismo Quevedo. De esta forma, una vez que el yo lírico enuncia a un personaje idéntico a sí mismo, pero no al autor implícito, se crea la imagen doble de ambos y la posibilidad de transgredirla, aunque en este caso no se lleve a cabo tal transgresión.

A continuación, me parece interesante observar la presencia del poeta como personaje en «Musa traviesa» de *Ismaelillo* (2001/1882: 59-65) de José Martí. Puede irritar en este punto que me refiera al Modernismo, habiendo escrito anteriormente que trataría un poema del Romanticismo, pero basta recordar, de nuevo, la reflexión que Octavio Paz hacía en *Los hijos del limo* (1987), en la cual se marca una relación entre el Romanticismo europeo como respuesta a la Ilustración y el Modernismo hispanoamericano como respuesta al Positivismo. Paz acaba concluyendo: «El modernismo fue nuestro verdadero romanticismo y, como en el caso del simbolismo francés, su versión no fue una repetición, sino una metáfora: otro *romanticismo*» (1987: 128). En este largo poema, la dicción acompañará al tema del poema, que, bajo la apariencia de narrar líricamente las travesuras de un niño pequeño, el hijo del poeta, es una toma de posición lírica en un momento fundacional de «Nuestra América». Fernández Retamar dijo de Martí:

> Martí fue el más penetrante creador de los modernistas, el único plenamente consciente de su amplia problemática: en que no cambió unas formas por otras, sino puso en tela de juicio la condición toda del escritor hispano-americano, su función, sus posibilidades reales (1983: 449).

Desde esa clave debe leerse, a mi parecer, el poema, en el que el yo lírico se muestra como poeta atónito ante el vendaval que la nueva americanidad lleva a cabo en su propia poética. La equiparación del niño con la musa se presenta desde los dos primeros versos: «¿Mi musa? Es un diablillo / con alas de ángel» (vv. 1-2).

En la primera parte se recrea la inspiración poética que antecede al acto de escribir. El poeta se presenta como personaje: «caballero / en sueños graves» (vv.

5-6), con una ironía que se desprende tanto de esa metáfora, que entronca con la tradición hispana del caballero, o del hidalgo, como del trabajo lírico que lleva a cabo entre la luz y la oscuridad, entre la sobriedad y la estética neoclásica de las «nubes rosadas» (v. 9). Un trabajo lírico que se va enlazando con la lucha «Rasgarse el bravo pecho / vaciar su sangre / y andar, andar heridos» (vv. 25-27), con motivos claramente prehispanos.

El yo lírico recobra la conciencia para escribir: «De mis sueños desciendo, / volando vanse, / y en el papel amarillo / cuento el viaje» (vv. 41-45). En esta segunda parte, se describe el acto de escribir, en el que el poeta como personaje siente la exaltación:

> Así al alba del alma
> Regocijándose,
> Mi espíritu encendido
> Me echa a raudales
> Por las mejillas secas
> Lágrimas suaves (vv. 59-64).

Para convertirse finalmente en sacerdote: «Me siento cual si en magno / templo oficiase» (vv. 65-66), y aun va más allá: en dios: «Cual si el sol en mi seno / la luz fraguase; / Y estallo, hiervo, vibro; / Alas me nacen» (vv. 71-74). Un dios con reminiscencias indígenas nuevamente, y un personaje poeta que se despega del yo lírico que se observa en la metamorfosis.

Pero en la tercera parte del poema, esta inspiración se rompe al abrirse la puerta del cuarto, dotándole de un sentido irónico al trance lírico anterior. Y en torno de lo que hasta entonces parece una experiencia sobrenatural, se convierte en un despacho de dimensiones cotidianas, donde un niño pequeño corre y todo desbarata. Aunque no se dé nombre ni al poeta ni al niño, gracias a la dedicatoria que abre el libro de *Ismaelillo*, se puede encontrar ese paralelismo: «Hijo: [...] Tal como aquí te pinto, tal te han visto mis ojos» (Martí 2001: 53).

El niño juega con los papeles de trabajo de su padre, «así vuelan las hojas / do cuento el trance» (vv. 91-92), para volar «alas de oro / por tierra y aire» (vv. 89-90). En el pequeño «ángel-demonio» se concentran los motivos genuinamente americanos —el carcax, las plumas, el sílex— frente al estudio del poeta: incunables, hojas amarillas, etc. Lo primero desordena lo segundo para darle un nuevo sentido. Un sentido necesario: «De águilas diminutas / puéblase el aire. / Son las ideas, que ascienden / rotas sus cárceles!» (vv. 5-8).

Tras el juego alborotador, se da paso a la tranquilidad, cuando el niño cede al cansancio y se abraza al personaje del poeta: «A mí súbito viénese / a que lo abrace. / de beso en beso escala / mi mesa frágil» (vv. 23-26). Como se ve, el anticlímax de la acción acelerada se marca con la breve interrupción de la rima asonante que se ha mantenido desde el principio. En ese punto, el poeta cede al juego de su hijo, para aceptar sus reglas.

> ¿Qué ha de saber que me guste
> Como mirarle
> De entre polvo de libros
> Surgir radiante,
> Y en vez de acero verle
> De pluma armarse
> Y buscar en mis brazos
> Tregua al combate?
> (vv. 129-136).

Para acabar animándole él mismo a que destroce el despacho: «la mesa asalte» (v. 138), los libros lance (v. 142), rompa el encaje (v. 146). Para que su hijo sea el que surja triunfante: «Hijo soy de mi hijo! / Él me rehace!» (vv. 169-170). Versos con lo que termina esta tercera parte del poema con la victoria de la joven generación, encarnada en el diablillo, que debe poner punto final a la tradición castiza y española. Recuerden que se escribe poco antes de la independencia cubana y puertorriqueña, cuando todos los otros países hispanoamericanos llevaban ya décadas siendo independientes.

En *Ismaelillo*, lejos de ser un poemario infantil, se concentran temas importantes tanto poéticos como también políticos, al tratarse de un momento de emancipación que, en gran parte, José Martí protagonizó. Pero lo que es interesante sobre todo para el tema de este libro es la apropiación que se hace del poeta-padre y de la musa-hijo en el poema. Como se ve, la primera y la cuarta parte reflejan al yo lírico en el acto de escribir, mientras que en la segunda y la tercera, con la irrupción del niño-musa, se cuenta la acción de esa lucha infantil que hace imposible la escritura, por lo que el personaje del poeta gana relieve, y es observado por el yo lírico, enunciador. En esas dos partes, entonces, es cuando sobre todo se ficcionaliza al poeta, atónito y divertido ante el juego infantil y travieso del diablillo. Se presenta una escena ficcional, cotidiana, de juego entre padre e hijo, en clave metafórica, por supuesto, y doblemente codificada. Porque, al tener presente la imagen de José Martí como poeta y padre de su hijo, a quien le dedica el libro, se desvía lo que el poema en sí también evoca. Hasta parte de la crítica lo ve así de simple: «La base histórica del libro es la evocación de su pequeño hijo José», dice en su estudio Morales (2001: 33). Es decir que, en una lectura así, se ve cómo a través del yo-lírico se construye la figura del poeta padre, que pasa por diferentes formas de creación: el sueño, la inspiración, la creación, la sorpresa, el arrebato. Y para ello se requiere la acción de su musa: *Ismaelillo*.

Pero también se puede llevar a cabo otra lectura más textual, siguiendo lo que señalara Valente al respecto:

> El acto creador aparece así como el conocimiento a través del poema de un material de experiencia que en su compleja síntesis o en su particular unicidad no puede ser conocido de otra manera. De ahí que se pudiese formular con respecto a la poesía lo que cabría llamar *ley de necesidad*: hay una cara de la experiencia, como elemento dado, que no puede ser conocida más que poéticamente. Este conocimiento se produce a través del poema (o de las estructuras equivalentes en otros aspectos de la creación artística) y reside en él. Por eso el tiro del crítico yerra cuando en vez de dirigirse al poema se dirige a la supuesta experiencia que lo ha motivado, buscando en ésta la explicación de aquél, porque tal experiencia, en cuanto susceptible de ser conocida, no existe más que en el poema y no fuera de él (Valente 1971: 8-9).

En «Musa traviesa» se trata de nuevo de recrear una imagen nueva del poeta, deudor aun del romanticismo, «donde —siguiendo las palabras de Pere Ballart— la división del yo es, efectivamente, el principio de toda ironía y el medio para que el sujeto creador, revelando sus limitaciones, las trascienda» (1994: 112). Se proyecta así al poeta personaje hacia el poeta real: padre, creador, luchador, que es quien aparece en el espejo lírico, en lucha contra ese diablillo de rubias guedejas. Pero esta vez se hace desde la ironía que le confiere la intromisión del hijo — del nuevo pensamiento — que le destruye los cimientos de su tradición literaria, para poder construir unos nuevos principios poéticos. Y eso precisamente es lo que da un nuevo valor a esa apropiación del yo. En *Ismaelillo* existe la conciencia de que esa construcción ficcional de uno mismo puede dar lugar a expresar, de forma cifrada, muchas otras cosas. En este caso lo que José Martí escribiera en su ensayo *Nuestra América* de 1891: «Por eso el libro importado ha sido vencido en América por el hombre natural. Los hombres naturales han vencido a los letrados artificiales». Es decir, Ismaelillo poniendo un despacho patas arriba.

Finalmente, el caso más concreto de una ficcionalización del poeta lo encontramos en un poema de la segunda mitad del siglo XX, escrito por el catalán Jaime Gil de Biedma, y llamado, precisamente, «Contra Jaime Gil de Biedma», en su libro *Poemas Póstumos*, de 1968. En la poesía de Quevedo habíamos podido observar la figura del poeta como poeta, y en la poesía de Martí presenciábamos el desdoblamiento entre el yo lírico en su tarea de poeta y el poeta personaje en su tarea de padre como dato autobiográfico. Ahora, en la poesía de Gil de Biedma, aparecen el yo lírico y el mismo poeta simultáneamente, y el segundo, personaje homónimo del poeta, como el tú lírico:

> ¿De qué sirve, quisiera yo saber, cambiar de piso,
> dejar atrás un sótano más negro
> que mi reputación —y ya es decir—,
> poner visillos blancos
> y tomar criada,
> renunciar a la vida de bohemio,
> si vienes luego tú, pelmazo,
> embarazoso huésped, memo vestido con mis trajes,
> zángano de colmena, inútil, cacaseno,
> con tus manos lavadas,
> a comer en mi plato y a ensuciar la casa? (vv. 1-11).

Desde el principio se marca así esa dualidad entre la apariencia del yo lírico, como hombre respetable y burgués, y la amenaza del otro, «embarazoso huésped», que avergüenza al hablante, pero del que no puede escapar. El vocabulario es jocoso, los insultos, ingeniosos:

> Te acompañan las barras de los bares
> últimos de la noche, los chulos, las floristas,
> las calles muertas de la madrugada
> y los ascensores de luz amarilla
> cuando llegas, borracho,
> y te paras a verte en el espejo
> la cara destruida,
> con ojos todavía violentos
> que no quieres cerrar. Y si te increpo,
> te ríes, me recuerdas el pasado
> y dices que envejezco (vv. 12-22).

A partir de ese verso, el discurso del yo lírico se vuelve más violento al hacerse irreal, como muestra el condicional que usa:

> Podría recordarte que ya no tienes gracia.
> Que tu estilo casual y que tu desenfado
> resultan truculentos
> cuando se tienen más de treinta años,
> y que tu encantadora
> sonrisa de muchacho soñoliento
> —seguro de gustar— es un resto penoso,
> un intento patético (vv. 23-30).

Y frente a esas palabras que en la escena no se pronuncian, aunque sí que aparezcan en el poema que estamos leyendo, el otro yo, el Jaime Gil de Biedma del poema, triste personaje, le mira desde el espejo y llora: «Mientras que tú me miras con tus ojos / de verdadero huérfano, / y me lloras y me prometes ya no hacerlo» (vv. 31-33).

El tono de la poesía se agudiza en la siguiente estrofa, cuando el yo lírico exclama: «¡Si no fueses tan puta!» (v. 34). Para dar paso a una serie de abruptos comentarios sobre sus regresos regulares y temidos, que hacen sufrir al yo lírico «la humillación imperdonable / de la excesiva intimidad» (vv. 43-44). El final del poema deja el sarcasmo y la agresividad de las estrofas anteriores, para construir una escena cotidiana, triste y patética de viejo matrimonio: «A duras penas te llevaré a la cama, / como quien va al infierno / para dormir contigo» (vv. 45-47). Y si el diálogo podía comprenderse como un monólogo posible, estos versos, en los que el poeta y el yo lírico se desdoblan en dos cuerpos, comportan una situación paradójica. Atraviesan así el pasillo a oscuras, golpeándose con los muebles en la oscuridad, como un viejo matrimonio alcoholizado, abrazado, sollozando a la par, ya no dos personajes confrontados, sino encontrados, irremediablemente. Y esa última estrofa acabará con las palabras: «¡Oh, innoble servidumbre de amar seres humanos, / Y la más innoble / Que es amarse a sí mismo!» (vv. 53-55).

Curiosamente en este último verso es cuando se descodifica toda la escena y la comunicación entre ambos personajes, porque si no tuviéramos el título, podría tratarse perfectamente de una pareja malavenida. Pero conocemos el título, y eso hace que toda la actitud del receptor cambie desde el principio. Nos pone alerta el hecho de que esté dedicado (o contradedicado) al mismo autor. Y creo que lo hace para que la imagen del espejo, primera pista textual, cobre relevancia, porque en esa comunicación con uno mismo, lugar común si se quiere de la sorpresa de madurar, reside el terrible dolor que el poema aúna.

Y a nivel discursivo, porque en esa imagen del espejo se presencia algo nuevo que hasta ahora no he tratado. Scarano decía en cuanto a la ficción autobiográfica en su libro *La voz diseminada*:

> Se trata de la creación de una figura textual análoga al productor empírico del mensaje poético, verificable en el uso del nombre propio, de las circunstancias biográficas y de la situación de escritura, una estrategia discursiva por la cual quedan homologados hablante y autor real (Scarano 2004: 19).

Pero en este poema, y gracias también al título, vemos que el autor implícito coincide por el nombre, no forzosamente con el yo lírico, sino con el «embarazoso huésped». Ese salto lo relacionaría, por lo tanto, con la materia que nos ocupa en este libro: la autoficción. Y para llevar a cabo esa comunicación imposible entre un yo lírico con su propio creador —el poeta—, sólo se puede recurrir a una relación literaria paradójica, es decir: romper ese espejo a través de una metalepsis.

El mismo Gil de Biedma, en un ensayo, reflexiona sobre la voz lírica, en la línea de lo dicho hasta ahora:

> el inconveniente de toda concepción de la poesía como transmisión reside en olvidar que la voz que habla en un poema no es casi nunca la voz de nadie real en particular, puesto que el poeta trabaja la mayoría de las veces sobre experiencias y emociones posibles, y las suyas propias sólo entran en el poema —tras un proceso de abstracción más o menos acabado— en tanto que contempladas, no en tanto que vividas (Gil de Biedma 1994: 25).

Esta última reflexión bien puede servir para cerrar esta reflexión. Porque en la lírica, como manifestación literaria basada en su propia expresión, la ficción también existe. Y en la lírica también se da la autorreflexión, ya no sólo del poeta como personaje, sino también en el acto discursivo, es decir marcado como el yo lírico (cfr. Hühn en Schönert *et al.* 2007: 327). En los tres poemas aquí tratados, la voz del yo lírico se podría situar en el nivel cuatro de comunicación, esto es en el intradiegético, siendo también homodiegética.

> 1. «En la torre» de Quevedo
> Autor implícito → yo lírico (nivel intradiegético) = personaje del poeta
>
> 2. «Ismaelillo» de José Martí
> Autor implícito = yo lírico (nivel intradiegético) = personaje del poeta
> = yo lírico (nivel intradiegético) ~ personaje del poeta
> (metamorfosis)
>
> 3. «Contra Jaime Gil de Biedma», de Jaime Gil de Biedma
> Autor implícito ~ yo lírico (nivel intradiegético) ?
> = tú lírico, personaje del poeta

Lo importante para determinar si se da la autoficción es ver si el autor aparece como personaje en el mismo espacio en que está la voz del yo lírico, de forma ficcional y marcado nominalmente. La autonomía lírica da lugar a juegos transgresores, aunque reconozco que el camino del de la autoficción no es fácil. No es fácil, pero no por la naturaleza del poema en sí, sino por los poderes sobrenaturales y la calidad de sagrado con que la crítica y los mismos poetas lo han catalogado (véase Maqueda Cuenca 2006: 25). Como vemos, sea desde la construcción del yo lírico-poeta como personaje-poeta en pleno Barroco, sea desde la ironía de romper esa estampa perfecta con los nuevos aires de las musas en momento de guerra de independencia decimonónica, la imagen del poeta en el poema no es sólo posible sino también muy habitual. Ahora bien, romper el espejo donde observa el yo lírico a su creador, con la sorna y el desgarrador sarcasmo del último poema que he tratado, creando, ahora sí, un poema autoficcional... ¿Eso?... es otro cantar...

BIBLIOGRAFÍA

1. *Textos*

GARCÍA MONTERO, Luis (1993): *Confesiones poéticas*. Granada: Diputación de Granada.
GIL DE BIEDMA, Jaime (1994): *El pie de la letra. Ensayos completos*. Barcelona: Crítica.
— (2000): *Antología poética*. Madrid: Alianza Editorial.
MARTÍ, José (1891): «Nuestra América», en *La Revista Ilustrada de Nueva York*, 10 de enero de 1891. *El Partido Liberal*, México, 30 de enero de 1891. Accesible en <http://www.analitica.com/BITBLIO/jmarti/nuestra_america.asp> (01.06.2009).
— (2001): *Poesía completa*. Edición de Carlos Javier Morales. Madrid: Alianza Editorial.
QUEVEDO, Francisco de (2003): *Poesía varia* (ed. James O. Crosby). Madrid: Cátedra.

2. *Estudios*

BALLART, Pere (1998): *Eironeia. La figura irónica en el discurso moderno*. Barcelona: Sirmio.
CABO ASEGUINOLAZA, Fernando/GULLÓN, Germán (eds.) (1998): *Teoría del poema: la enunciación lírica*. Amsterdam: Rodopi.
CABO ASEGUINOLAZA, Fernando (1998): «Entre Narciso y Filomena: Enunciación y lenguaje poético», en Cabo Aseguinolaza, Fernando/Gullón, Germán (eds.), *Teoría del poema: la enunciación lírica*. Amsterdam: Rodopi, pp. 11-40.
EGIDO, Aurora (2002): «La escritura viva en la poesía de Quevedo», en Roncero, Victoriano/Duarte, J. Enrique (eds.), *Quevedo y la crítica a finales del siglo XX (1975-2000), Volumen 1: General y poesía*. Pamplona: EUNSA, pp. 241-252.
FERNÁNDEZ RETAMAR (Roberto) (1983): *Perfil histórico de las letras cubanas desde los orígenes hasta 1898*. La Habana: Instituto de Literatura y Lingüística.
GENETTE, Gérard (1979/2004): *Fiction et diction, précédé de «Introduction à l'architexte»*. Paris: Seuil.
HAMBURGER, Käte (1957/1995): *La lógica de la literatura*. Madrid: Visor.
LUJÁN ATIENZA, Ángel Luis (2005): *Pragmática del discurso lírico*. Madrid: Arco/Libros.
MAQUEDA CUENCA, Eugenio (2006): «Introducción», en Gil de Biedman, Jaime, *Leer poesía, escribir poesía*. Madrid: Visor, pp. 12-29.
MORALES, Carlos Javier (2001): «Introducción», en Martí, José (2001), *Poesía completa*. Edición de Carlos Javier Morales. Madrid: Alianza Editorial, pp. 7-45.
PAZ, Octavio (1987): *Los hijos del limo*. Barcelona: Seix Barral.
POZUELO YVANCOS, José María (1979): *El lenguaje poético de la lírica amorosa de Quevedo*. Murcia: Universidad de Murcia.
— (1998): «¿Enunciación lírica?», en Cabo Aseguinolaza, Fernando/Gullón, Germán (eds.), *Teoría del poema: la enunciación lírica*. Amsterdam: Rodopi.

Scarano, Laura (1994): *La voz diseminada. Hacia una teoría del sujeto en la poesía española*. Mar del Plata: Biblos.
— (1996): *Marcar la piel del agua. La autorreferencia en la poesía española contemporánea*. Mar del Plata: Beatriz Viterbo.
— (2000): *Los lugares de la voz. Protocolos de la enunciación literaria*. Mar del Plata: Melusina editorial.
Schaeffer, Jean-Marie (1989): *Qu'est-ce qu'un genre littéraire?* Paris: Seuil.
Schlickers, Sabine (2007): *«Que yo también soy pueta». La literatura gauchesca rioplatense y brasileña (siglos XIX-XX)*. Madrid/Frankfurt: Iberoamericana/Vervuert.
Schönert, Jörg/Hühn, Peter/Stein, Malte (2007): *Lyrik und Narratologie. Text-Analysen zu deutschsprachigen Gedichten vom 16. bis zum 20. Jahrhundert*. Berlin/New York: De Gruyter.
Tierno Galván, Enrique (1978 [1954]): «Quevedo», en Sobejano, Gonzalo (ed.), *Francisco de Quevedo*. Madrid: Taurus, pp. 29-33.
Valente, José Ángel (1971): *Las palabras de la tribu*. Madrid: Siglo XXI.
Wahnón, Sultana (1998): «Ficción y dicción en el poema», en Cabo Aseguinolaza, Fernando/Gullón, Germán (eds.), *Teoría del poema: la enunciación lírica*. Amsterdam: Rodopi, pp. 77-110.

Manèges / *La casa de los conejos*, o la elección de una postura híbrida

Laura Alcoba

Antes que nada, quisiera evocar la dificultad que constituye para mí el hecho de comentar un texto propio en un marco universitario. Es más, debo confesar una evidente molestia.

Me he implicado en esto de escribir ficción desde hace poco tiempo. Si bien en el caso de *Manèges*, la noción de ficción, precisamente, resulta problemática, sea cual fuere la calificación genérica apropiada (¿ficción, relato autobiográfico, autoficción?), lo cierto es que hace tan sólo unos años que me he decidido a publicar textos de creación literaria. *Manèges* es mi primer libro y el único que ha sido publicado al día de hoy. Por lo que no deja de parecerme extraño y un tanto presuntuoso, en verdad, pretender reflexionar en este artículo sobre una producción y una experiencia tan escasas.

Hasta la edición de *Manèges* a principios de 2007, sólo había publicado artículos de investigación. Creo que es a la vez por ser universitaria por un lado y por haber escrito *Manèges* por el otro, por lo que Sabine Schlickers, Vera Toro y Ana Luengo me han invitado a Bremen en ocasión de este coloquio. Evidentemente, a pesar de dedicarme ahora a la escritura, sigo siendo y seguiré siendo profesora universitaria e investigadora. Ahora bien, como tal, siempre he hablado de *otros*. Por lo que la idea de realizar en adelante un auto-análisis o un auto-comentario me incomoda aún más. Es verdad que esta turbación mía podría encontrar en este marco un lugar de experimentación idóneo. Ya que estamos aquí para indagar acerca de diferentes formas de reflexividad en la escritura, acerca de las diferentes formas que puede tomar lo «auto», ¿por qué no añadir la «auto-ponencia»? Fue en cierto momento lo que llegué a pensar. Pero esta propuesta no termina de satisfacerme ni de atenuar mis escrúpulos.

Por todos estos motivos, mi intervención no va a ser sino una modesta presentación de la especificidad de *Manèges* en cuanto al tema que nos reúne. Dicho en otras palabras, voy a tratar de exponer no tanto desde el análisis literario, sino desde la experiencia que fue la mía con este texto, con esta historia personal que quise poner en relato, el problema de la definición genérica. Aunque tal vez cabría hablar en este caso de no-definición. Trataré de formular algunas de las preguntas que surgieron en el proceso de escritura y, posteriormente, a la hora de publicar *Manèges*. Procuraré asimismo explicar por qué fue importante para mí —y lo sigue siendo— mantenerme en la línea de frontera entre autobiografía y ficción. Si tomo la palabra hoy, no lo hago por lo tanto como especialista de la autoficción (que de hecho, no soy) sino como modesta artesana. Además, insisto, una artesana con muy poca experiencia aún.

Otro punto importante que me toca aclarar en este estudio sobre *La auto(r)ficción en la literatura española y latinoamericana* es que voy a hablar de un libro que, en su versión original, fue escrito en francés y publicado en París. Por lo que el lector de este trabajo podría con razón preguntarse qué viene a hacer en el presente volumen...

Tengo conciencia de que la pertenencia de *Manèges* al campo de la literatura francesa no es nada evidente. De hecho, la mayor parte de la gente que lo ha leído, incluso muchos de quienes sólo lo conocen en su lengua de origen, el francés, lo perciben como un libro argentino. En el verano de 2007, me invitaron al festival de literatura latinoamericana que se celebra cada año en Francia, el festival Belles Latinas. Lo mismo había ocurrido unos meses antes en el Salon du Livre d'Amérique Latine de París: en ambas ocasiones, se me invitaba como autora «argentina». Y en ambas ocasiones se evocó el hecho de que hubiese escrito *Manèges* en francés como una forma de accidente de la vida.

Lo mismo ocurrió fuera de Francia a la hora de publicar el texto en traducción. En el mes de abril pasado, la editorial Edhasa Argentina publicó el libro en castellano; una versión que no es mía, sino el trabajo de un escritor argentino, Leopoldo Brizuela. Aunque se trata de una traducción, se integró el libro en la colección de narrativa hispánica, la «colección azul». De hecho, en esta colección, *La casa de los conejos* —título castellano de *Manèges*— es el único libro en traducción. No obstante, para Fernando Fagnani, mi editor en Edhasa Argentina, era una evidencia que ése era el lugar de *La casa de los conejos*. La misma opción fue la de Edhasa España, que publicó posteriormente, hace apenas unos meses, la traducción de Leopoldo Brizuela. Esta vez, evoqué sin rodeos mi sorpresa ante mi editor español, Daniel Fernández: «¿se puede decir que éste es un libro de *narrativa hispánica*?», le pregunté. Mi pregunta no se debía a que quisiese cambiar de colección; en el fondo, no estaba muy segura de que la «colección granate», la que reúne los títulos de literatura extranjera en Edhasa, fuese más indicada... Pensaba no obstante que era algo extraño que se publicara como narrativa hispánica un libro traducido del francés. Daniel Fernández me contestó que para él no había duda alguna al respecto: «Éste es un libro argentino», dijo. Y punto. En cuanto a la editorial alemana Suhrkamp, que me propuso publicar la novela dentro de un año, me han anunciado que para ellos es un libro que entra en su catálogo de «autores latinoamericanos». Ahora bien, la versión de origen del libro no sólo fue publicada en francés, sino que encontró un lugar en la llamada «Collection blanche» de Gallimard. Que es precisamente la colección de literatura francesa de dicha editorial.

Si bien creo que mi lengua de escritura literaria es y seguirá siendo el francés, en el caso de *Manèges* esta elección cobra una importancia particular. La elección de este idioma, que no sólo no es mi idioma materno sino que no es el idioma en que tuvieron lugar los hechos que constituyen la materia prima del libro, tiene mucho que ver con el proyecto, precisamente. El cambio entre la lengua en que tengo grabada algo así como la banda sonora mental de mis recuerdos infantiles y la lengua del libro en el que he trabajado parte de esa misma banda sonora tiene un papel fundamental a la hora de tratar de explicar la hibridez genérica que a mi modo de ver caracteriza *Manèges*. Pero creo también que ese fenómeno extraño, a saber, que el libro pueda percibirse a la vez como perteneciendo a la narrativa hispánica y a la narrativa francesa es, bien mirado, el resultado de su no-definición genérica.

***

Antes de continuar, quisiera decir algo del contenido de este libro que la mayoría de los lectores, supongo, no ha leído.

En el umbral del libro se encuentra una carta dirigida a una tal Diana, que el lector identifica con Diana Teruggi, a quien el libro está dedicado. En esta carta, a la vez breve y evidentemente elíptica, una voz adulta, la voz de una mujer que se define como madre, expresa el deseo de evocar cierto episodio de su infancia argentina. No tanto por recordar sino para olvidar un poco: «pas tant pour me souvenir que pour voir, après, si j'arrive à oublier un peu» (Alcoba 2007: 12). Después de ese brevísimo preámbulo, empieza el relato, compuesto de 18 capítulos.

La historia se desarrolla en torno al golpe de Estado del 24 de marzo de 1976. Quien la cuenta es una niña que tiene entre siete y ocho años (excepto en el sexto capítulo). La niña habla desde el 75 y 76, contando las cosas, de hecho, en presente. Esa niña soy yo. Aunque no tenga mucho sentido decirlo así. No sólo porque ya estoy ahora bastante grandecita, sino porque en el libro que escribí, la niña —la «nena», como se diría en Argentina— se expresa en francés. De hecho, no aparece allí ninguna niña ni nena, sino «une petite fille». Lo que es suficiente para crear la distancia necesaria —la distancia que yo en todo caso necesitaba— para escribir esa historia. Y para separar clara y definitivamente la niña que habla en ese libro de la «nena» que fui.

La acción transcurre en la ciudad de La Plata, al sur de Buenos Aires.

Los padres de la niña son miembros de un movimiento de extrema izquierda argentino, Montoneros. Algo de eso ella entiende o cree entender: en todo caso lo sabe. Sabe que sus padres han entrado en una forma de guerra que tiene que ver con el comunismo y con Perón, aunque todo esto permanezca bastante confuso para ella. Sabe que están en peligro y que han de esconderse de las A.A.A., la Alianza Anticomunista Argentina. El peligro es tal que los padres, como la mayor parte de los militantes del grupo Montoneros, entran en la clandestinidad: la niña aprende esta palabra al mismo tiempo que descubre en su vida cotidiana lo que implica.

Luego evocará la detención de su padre. Antes de pasar al centro del relato, que se desarrolla en «la casa de los conejos», casa que ha dado título tanto a la versión castellana como a la versión inglesa de *Manèges*, *The Rabbit House*.

En esta parte (el corazón del libro) la niña y su madre viven en una especie de clandestinidad mayor o agravada, situación que se entiende como la consecuencia inmediata de la detención del padre, después de la cual la policía busca a la madre. Activamente. Su foto ha sido publicada en los periódicos. Por lo tanto, la madre ha de esconderse aún más: se sabe en un peligro mayor que en el momento en que había entrado en la clandestinidad. Madre e hija van a ser escondidas en la casa en que vive una pareja: Daniel (alias Cacho) y Diana. Diana está embarazada. Ambos son militantes de la organización Montoneros. La niña y su madre se instalan con ellos.

Muy pronto, en la casa, también va a instalarse una imprenta clandestina. La niña cuenta cómo al fondo de la casa se construye un cuarto secreto que los militantes designan con una palabra extraña, una palabra que no está en los diccionarios, una palabra que no existe para la gente de afuera: un *embute*. Palabra que aparece en «castellano» en la versión de origen del libro, siendo la evocación del *embute* uno de los momentos en que la lengua del pasado (en este caso, la jerga militante) aflora en el texto francés. Momentos que tienen, creo, una gran importancia; pero volveré posteriormente sobre este punto. Allí, detrás de una pared que se desliza gracias a un dispositivo muy sofisticado, está el *embute*, donde se va a instalar la imprenta secreta.

Para justificar las idas y venidas sospechosas que supone la imprenta, los dirigentes del grupo tienen la idea de utilizar como tapadera un criadero de conejos. Hay en la casa una camioneta que entra y sale constantemente, llevando a la casa, en principio, alimentos y conejos; sacando de allí, supuestamente, conservas de carne de conejo. Pero lo que entra en realidad es tinta y papel, y lo que sale son periódicos —a veces, es verdad, entre algún que otro conejito blanco—. Vivo o envasado.

La niña cuenta la vida dentro de la casa. También habla de las estrategias, de los métodos que aplica el grupo para protegerse y proteger ante todo el secreto de ese lugar.

Acerca de la mejor manera de preservar ese secreto, el grupo desarrolla una teoría basada en un cuento de E. A. Poe, cuento que muchos militantes habían leído (muchos de ellos eran o habían sido estudiantes de literatura): «The Purloined Letter» («La carta robada»). De ese cuento habían aprendido que la mejor manera de esconder tal vez fuese mostrar un poco. Eso es algo que también descubre la niña en la casa de los conejos.

También habla la niña de la situación de la Argentina en ese momento. Del golpe de Estado, de las muertes, de las desapariciones que se evocan dentro del grupo. Todo eso tal como lo percibe, o sea, desde una gran incomprensión. La niña habla a nivel de las cosas, de los objetos. Habla de detalles. Describe sensaciones. Habla de la militancia con la que se identifica. Al menos de lo que entiende de ella. También habla de sus juegos. De la escuela a la que de repente deja de ir. De una vecina muy bonita que colecciona zapatos. De su aburrimiento. Y de los conejos, claro. No intelectualiza la situación porque no puede. También cuenta las visitas a su padre en la cárcel, el itinerario complicado que le permite llegar hasta él alguna que otra vez durante ese período. Finalmente, cómo ella y su madre se van de la casa de los conejos.

Aquí hay una ruptura temporal en el libro. De repente, vuelve a tomar la palabra la voz adulta, que identificamos con la del preámbulo epistolar. Y cuenta cómo, después de que ella se fuera con su madre de la casa de los conejos, ésta fue atacada por los militares. De manera violentísima. El ataque a la casa de los conejos fue, de hecho, uno de los episodios más sangrientos de la represión militar en la ciudad de La Plata. Ciudad que fue una de las más afectadas durante la dictadura, donde hubo un gran número de muertos y de desaparecidos.

Se trata aquí del «desenlace» trágico del relato que acabamos de leer. Al final del libro, la voz adulta evoca las muertes de las personas con quienes su madre y ella habían vivido treinta años atrás: la muerte de Diana, posteriormente la de Daniel-Cacho. Sin olvidar las muertes de otros militantes presentes en la casa en el momento del ataque. Y la desaparición del bebé de Diana que había nacido poco después de que se fueran de la casa: Clara Anahí. Hoy, Clara Anahí forma parte de esos niños robados que las Abuelas de Plaza de Mayo siguen buscando. «Niña» que, al día de hoy, si vive, tendría 32 años. La voz adulta vincula este desenlace al cuento de Poe —hay allí una extraña coincidencia, una coincidencia perturbadora que se evoca al final del libro y que tal vez tendría que ver con el método que aplicaron los militares para identificar la casa clandestina—.

***

Volveré sobre todo esto. Pero antes de hacerlo, trataré de contestar o tal vez simplemente de formular dos preguntas.

La primera de estas preguntas atañe a la definición genérica. Dicho en otras palabras: ¿qué es *Manèges*? ¿Novela, relato de infancia, relato autobiográfico? Me resulta imposible definir el género en el que se inscribe este libro. Pero es más que eso: tengo la certeza de que si este texto existe, si pude terminarlo y finalmente soltarlo proponiéndolo a una editorial, fue gracias al hecho de haber querido mantenerme a conciencia en la frontera entre realidad y ficción. A no haber querido elegir.

De hecho, fue una de las primeras preguntas que me hicieron en la editorial Gallimard después de la aceptación de mi manuscrito; no sólo para saber cómo la editorial tenía que presentar el libro ante la prensa, sino, antes que nada, porque en la «Collection blanche» en que me proponían publicarlo, se acostumbra precisar el género en el que cada libro se inscribe en la portada, abajo del título.

Evidentemente, el editor había percibido la dificultad de la definición genérica, ya que ésta no se le imponía como una evidencia. Roger Grenier y Jean-Marie Laclavetine, mis editores franceses, después de haber hablado conmigo del texto, después de que le diera su forma final gracias a sus consejos y comentarios, ya en los últimos días de reflexión que me quedaban antes de que se pasara a la fabricación del libro, antes de fijar las cosas en imprenta, como difiriendo hasta el último momento una evidente dificultad, me preguntaron: «Bueno, y ¿qué es este libro? ¿Cómo lo quieres llamar? *Roman, essai ou récit?*». Novela, ensayo o relato: ésas fueron las tres opciones que me propusieron.

A lo que yo contesté: nada de eso. Pero insistieron: el título no podía ir desnudo. Algo había que decir y que asumir. Por lo que propuse finalmente que se pusiera en la portada, debajo del título *Manèges*, un subtítulo: *petite histoire argentine*. Subtítulo que aceptaron que se substituyese a la definición genérica.

Además de que *Petite histoire argentine* haya sido uno de los títulos en que había pensado antes de dar con *Manèges*, ese subtítulo que propuse para rellenar el espacio reservado a la explicitación del género mantenía una ambigüedad que sentía necesaria. Efectivamente, me permitía no zanjar la cuestión entre ficción y realidad, ya que la formulación *petite histoire* puede leerse desde ambos lugares: presentado de ese modo, *Manèges* anuncia *une histoire*, un relato y aún más una especie de cuento. Me interesaba particularmente aquí el eco infantil que tiene en francés la formulación. Pero este subtítulo, si bien por un lado puede contribuir a inscribir el libro en el campo de la ficción, al mismo tiempo evoca inevitablemente ese pedazo de *mon histoire*, e incluso de *l'Histoire argentine* que *Manèges* también aborda. Ahora bien, todo esto se sitúa en el terreno del juego de palabras. Mi *petite histoire argentine* no pretende fundar un nuevo género, una nueva extrañeza literaria. Este subtítulo no es sino una manera de descartar la cuestión genérica. Claramente, una manera de zafarme. De decir, con una pirueta o un guiño de ojo: a lo del género, no contesto.

La segunda pregunta que quisiera formular, es: ¿qué hay aquí de mi historia? En *Manèges*, en el corazón del libro en todo caso, trabajo a partir de un momento de mi infancia que es la materia prima del libro —un poco menos de nueve meses, el tiempo de una gestación—. Evidentemente, este tiempo tiene que ver con el embarazo de Diana. Pero, además de la maternidad de Diana, hay allí muchas otras cosas que se están gestando. En la casa de los conejos, vida y muerte van de la mano. A medida que Diana avanza en su embarazo, la ronda de la muerte se acentúa. Terrorífica gestación. Sin perder de vista la dimensión iniciática de ese tiempo gestante. ¿Acaso no se está gestando la salida definitiva de la infancia de la niña narradora, la muerte simbólica de la niñez?

La expresión «materia prima» tiene aquí su sentido pleno, ya que la base del libro, lo que eché en el primer borrador, fue algo así como una serie de instantáneas fotográficas escritas después de un viaje a la Argentina que realicé en 2003, viaje en que volví por primera vez a la casa de los conejos después de aquel día de 1976 en que mi madre y yo nos fuimos de la casa.

Utilizo la palabra «instantáneas» porque se trataba efectivamente de un primer estrato de escritura constituido por una serie de fragmentos en que intenté fijar por escrito ciertas imágenes mentales que el retorno a la casa de los conejos había hecho resurgir. Cabe precisar que en la casa de los conejos, por razones de seguridad, no se podían sacar fotos —es algo, de hecho, que se evoca en el libro—. Por lo que realicé ese primer trabajo con la clara intención de constituir una especie de álbum fotográfico por escrito. El álbum ausente de esos meses que habían sido tan importantes. Aunque no supiera muy bien en ese momento qué iba a hacer finalmente de esos como apuntes visuales.

Después de habernos ido mi madre y yo, regresé a la casa de los conejos, por primera vez, al cabo de veintisiete años. Creo que me ocurrió algo semejante a lo que evoca Jorge Luis Borges en un brevísimo cuento, «El cautivo»[1]. En «El cautivo», se cuenta la historia de aquel chico desaparecido después de un malón y que los indios se llevan. El chico vive con los indios durante años, hasta que los padres, después de mucho buscar, terminan por dar con él. El niño cautivo ya es adulto, o casi. Ya es indio, evidentemente. «Ya no sabía oír las palabras de la lengua natal»[2], dice el narrador. Pero el indio de ojos azules se deja conducir hasta la casa paterna. Al principio, su incomprensión es total. Parece haberlo olvidado todo. «Miró la puerta, como sin entenderla», escribe Borges. Ya ni siquiera sabe cómo se vive en una casa con puerta. Pero, de repente, la casa surte su efecto. No se trata de la puesta en marcha de la memoria. De manera sumamente concisa, entendemos al leer esa breve historia de Borges que lo que pasa no tiene nada que ver con *recordar*, con el dominio del tiempo que el recuerdo supone. Al volver a la casa paterna, el cautivo vuelve plenamente al pasado. A no ser que el pasado penetre el presente sin pedir permiso ni avisar siquiera. «De pronto», escribe Borges, «bajó la cabeza, gritó, atravesó corriendo el zaguán y los dos largos patios y se metió en la cocina. Sin vacilar, hundió el brazo en la ennegrecida campana y sacó el cuchillito de mango de asta que había escondido ahí, cuando chico»[3].

Algo similar, creo, me ocurrió al volver después de tanto tiempo a *La casa de los conejos*. En cada rincón de la casa en ruinas, me iba encontrando con un cuchillito de mango de asta… Veintisiete años después, afloraron una avalancha de imágenes que tardé en procesar. Imágenes que surgían con increíble vigor. Cuando traté de fijarlas por escrito, en París, se me impuso el tiempo presente: para mí tampoco se trataba exactamente de recordar desde hoy, ni desde este lado del Atlántico, sino de fijar por escrito algo de eso que afloró cuando volví a la casa de los conejos. Ese alud de cuchillitos de asta.

Vuelvo al texto de Borges. Dice acerca del indio cautivo: «Yo querría saber qué sintió en aquel instante de vértigo en que el pasado y el presente se confundieron». La pregunta permanece sin respuesta. «El cautivo» se cierra sobre ese misterio. Como el «cuchillito de asta», ese vértigo que evoca Borges me habla.

---

[1] Gracias a Héctor Pavón por haberme sugerido, en un intercambio epistolar, este paralelismo.
[2] Borges (1977 [1960]: 788).
[3] Borges (1977 [1960]: 788).

En la casa de los conejos, encontré espontáneamente los gestos de entonces. Fui hacia el fondo de la casa y me agaché para entrar al embute por la puerta de siempre, a pesar de que todo estaba, desde años, destruido alrededor. A pesar de que no había techo ya. De que bien se podía entrar por los costados, ya que parte de la pared del fondo estaba derribada. Lo que provocó la sorpresa de la gente que se ocupa hoy de la casa. Nadie entraba al *embute* de ese modo. Nadie siquiera lo llamaba así.

Curiosamente, y eso fue en verdad una gran sorpresa, las imágenes que afloraron no eran todas difíciles, dolorosas, negras. Entre las imágenes que me vinieron a la mente, estaban la estrecha entrada al *embute*, las armas, todo aquello que decía el miedo y la violencia. Pero también el pan con dulce de leche de la merienda o aquella vecina tan seductora que tenía una impresionante colección de zapatos. Algo allí había de infancia, a pesar de todo. También intenté rescatarlo.

No fui capaz de fijar esas instantáneas inmediatamente. Volver a la casa de los conejos me las había devuelto, las tenía en mente. Tan sólo las puse por escrito al volver de ese viaje, en París. Apenas había bajado del avión o casi. Pero lo hice en francés.

***

El otro idioma es —estoy cada vez más convencida de ello— el ingrediente esencial del libro. En esas instantáneas que escribí en un primer momento y que veo como la materia prima del libro, en esa masa de origen, ya había, de hecho, un gran proceso de fabricación y de deformación. Una construcción. A pesar de que haya tratado de rescatar las imágenes que afloraron en tiempo presente, tratando de dejar constancia de todos aquellos cuchillitos de asta que encontré en la casa de los conejos, esa *petite fille* que yo no fui, esos militantes cuya voz e imagen traté de rescatar desde el francés, no son aquellos que fueron, sino, forzosamente, un trasunto. Sin contar con que esas imágenes en bruto, esas instantáneas, terminé por ordenarlas alrededor del cuento de Poe, «La carta robada». Si bien todo es en principio «real», ¿qué hay allí, al fin y al cabo, de mi infancia en la casa de los conejos?

El papel de «La carta robada» en *Manèges* es fundamental. En el relato, como ya dije, se evoca la teoría que los militantes de la casa de los conejos habían desarrollado acerca de la mejor manera de esconder, de la mejor manera de proteger la clandestinidad, teoría inspirada en ese cuento de Poe.

Esta anécdota es real. Recuerdo haber oído hablar de ese cuento en la casa de los conejos y de la lección que se podía sacar de él. Como recuerdo haber oído hablar de muchos otros cuentos de Poe en aquel tiempo. Como recuerdo haber oído hablar de muchos otros autores, en verdad. Es que allí se hablaba mucho de literatura. Hay muchos autores que en mi recuerdo se encuentran asociados a ese episodio de mi infancia, pero que no obstante no evoqué en el libro porque no encajaban en la construcción que es *Manèges*, porque recordar esos otros textos no venía al caso.

¿Por qué haber elegido ese cuento precisamente y haberle dado ese lugar en el relato? En «La carta robada» de Poe, el detective Auguste Dupin desarrolla la teoría de la excesiva evidencia, explicando cómo lo demasiado evidente tiene tal vez más posibilidades de pasar desapercibido que aquello que se ha querido ocultar del todo. De allí que para los militantes de la casa, la mejor manera de ocultar pudiese a veces consistir en mostrar un poco. Esta teoría que se presenta como una sutil paradoja se manifiesta constantemente en la casa: es la que explica el disfraz parcial del *embute*, ya que de su puerta oculta salen unos cables groseros; es la teoría que sugiere a los militantes la idea de sacar los periódicos prohibidos de la casa envueltos en enormes paquetes de regalo. La clandestinidad se declina en una serie de variaciones sobre el cuento de Poe.

Por otro lado, «La carta robada» se presenta como la posible clave del final trágico de *Manèges*. Final, no obstante, insoportablemente real. En las últimas páginas del libro, se evoca una hipótesis: que el método que aplicaron los militares para identificar la casa desde el cielo esté también en relación con ese mismo cuento de Poe. Más precisamente, con un juego que se evoca en «La carta robada» como otra variación sobre la teoría de la excesiva evidencia[4]. Esto no es sino una hipótesis mía en cuanto a lo que fue la realidad histórica. Pero una hipótesis esencial en la perspectiva del libro.

---

[4] «'There is a game of puzzles', he resumed, 'which is played upon a map. One party playing requires another to find a given word —the name of town, river, state or empire— any word, in short, upon the motley and perplexed surface of the chart. A novice in the game generally seeks to embarrass his opponents by giving them the most minutely lettered names; but the adept selects such words as stretch, in large characters, from one end of the chart to the other. These, like the over-largely lettered signs and placards of the street, escape observation by dint of being excessively obvious; and here the physical oversight is precisely analogous with the moral inapprehension by which the intellect suffers to pass unnoticed those considerations which are too obtrusively and too palpably self-evident'» (Poe 1912 [1845]: 467-468).

En torno a Poe, el libro encuentra una forma de desenlace y un hilo conductor diferente; paralelamente a la niña y a sus vivencias, «La carta robada» inscribe en el centro del libro una frontera borrosa entre realidad y ficción que me importaba esbozar. Y mantener. ¿Y si el sangriento final de la casa de los conejos ya hubiese estado previamente escrito en un cuento de Poe? No hay nada más real, nada más insoportablemente real, que los cuerpos entre los escombros que no cesaba de imaginar cuando volví por primera vez a la casa de los conejos, el cuerpo de Diana particularmente. En el manojo contradictorio de preguntas que se esbozan en torno al cuento de Poe, tuve la intuición de que había algo que podía ayudarme a transformar la pesadilla en libro.

Al fin y al cabo, si «La carta robada» terminó por ocupar el lugar que ocupa en el relato, es porque mientras escribía tomé en cierto momento conciencia de que esa curiosa teoría basada en la pareja antinómica esconder/mostrar también decía algo sobre el libro que estaba escribiendo: yo también estaba tratando de escribir algo que funcionaba de un modo análogo, algo en que parte de lo esencial, tal vez, no podía sino permanecer oculto. Por indecible.

De más está decir por qué, a pesar de que el castellano sea mi lengua materna, no quise traducir yo misma *Manèges*. Hubiese desaparecido el filtro lingüístico que era tan esencial para mí. Ese filtro que tuvo un papel en el proceso de enajenación, de desprendimiento de esa parte de mi historia personal para transformarla en *petite histoire*. Una vez que el proceso estuvo acabado, volver a la lengua de origen era demasiado peligroso. Tal vez hubiese significado escribir otro libro, perder la parte de ficción que me confirió de manera inmediata el cambio de idioma, la extrañeza de aquella experiencia argentina vista desde la lengua francesa, la extrañeza de aquellos diálogos. Tal vez hubiese significado perderme en el vértigo del que habla Borges en «El cautivo». Si bien creo que ese vértigo muestra la boca en las palabras que en *Manèges* no pude sino escribir en castellano.

Afortunadamente, los elementos ficticios —y entre ellos, el más evidente, a saber el cambio de idioma— me permitieron, creo, conjurar la trampa vertiginosa que hubiese podido ser para mí volver plenamente por la escritura a la casa de los conejos. Al fin y al cabo, la parte de ficción es lo que me permitió aferrarme y asirme a *la petite histoire* para escapar al dolor de esa historia. O al menos intentarlo.

BIBLIOGRAFÍA

ALCOBA, Laura (2007): *Manèges, petite histoire argentine*. Paris: Gallimard.
— (2008a): *La casa de los conejos*. Traducción de Leopoldo Brizuela. Buenos Aires *et al.*: Edhasa.
— (2008b): *The Rabbit House*. Traducción de Polly Mc Lean. London: Portobello Books.
BORGES, Jorge Luis (1977 [1960]): «El Cautivo», en *El Hacedor, Obras Completas*. Buenos Aires: Emecé, p. 788.
POE, Edgar Allan (1912 [1845]): «The Purloined Letter», en *Tales of Mystery and Imagination*. London: J. M. Dent & Sons, pp. 454-471.

Notas biobibliográficas

MANUEL ALBERCA es profesor de la Universidad de Málaga y profesor invitado de las de Toulouse-Le Mirail, Passau, Tours, París XIII y Libre de Bruselas. Investigador de la Unidad de Estudios Biográficos de la Universidad de Barcelona. Ha publicado *La escritura invisible. Testimonios sobre el diario íntimo*. Prólogo de Philippe Lejeune (2000), *Valle-Inclán, la fiebre del estilo* (Espasa/Biografías, 2002) y *El pacto ambiguo. De la novela autobiográfica a la autoficción* (Biblioteca Nueva, 2007).

LAURA ALCOBA es Maître de Conférences en la Universidad de París X-Nanterre. Especialista del Siglo de Oro, realizó su tesis doctoral sobre el *Viaje de Turquía*. Traductora y escritora, publicó en Ediciones Gallimard *Manèges, petite histoire argentine* (2007), traducida al día de hoy en castellano e inglés, próximamente en alemán e italiano. En 2009, Ediciones Gallimard publicó su nueva novela, *Jardin blanc*.

ANA CASAS es profesora de literatura en la Universidad Pompeu Fabra (Barcelona). Especialista en el estudio de la narrativa española contemporánea, ha dedicado diversos trabajos a esta materia, entre ellos el libro *El cuento español en la posguerra* (Marenostrum, 2007) y la antología de relatos fantásticos del siglo XX *La realidad oculta* (Menoscuarto, 2008), realizada en colaboración con David Roas.

CÉCILE CHANTRAINE, nacida en 1978, se doctoró en Literatura Latinoamericana (con una tesis sobre la obra del poeta, narrador y dramaturgo uruguayo Carlos Denis Molina, 2007) y trabaja actualmente en la Universidad de Valenciennes (Francia). Se dedica a investigar sobre teatro hispanoamericano y trabaja en un proyecto de rehabilitación y valorización de la obra de Carlos Denis Molina en colaboración con la Universidad de Lille-Nord de France.

MATEI CHIHAIA estudió Literatura Comparada en las universidades de Munich y Oxford. Se doctoró en 2000 en Munich con un trabajo sobre los ritos y ceremonias en la tragedia clásica en Francia (*Institution und Transgression. Inszenierte Opfer bei Corneille und Racine*, Tübingen: Narr 2002). Obtuvo la *venia legendi* en Filologías Románicas en 2006 con una tesis sobre la ficción, el cine y la metalepsis en los cuentos de Julio Cortázar. Desde el año 2007 trabaja como docente e investigador en la Facultad de Filología Románica de la Universidad de Colonia, con una beca Heisenberg, concedida por la sociedad de investigación científica alemana (DFG).

JAIME COVARSÍ CARBONERO (Barcelona, 1975) se licenció en Filología Hispánica por la Universidad de Sevilla, lugar en el que realiza su actividad docente y donde cursó también sus estudios de doctorado, cuya tesis, «*Flamenca*: estudio y traducción de un tratado amoroso occitano», consiguió el Premio Extraordinario de Tesis Doctoral de la misma universidad (año 2005). Su labor investigadora dentro del ámbito de la literatura española tiene como focos principales los géneros narrativos medievales y la novela renacentista, donde destaca la aproximación a la novela amorosa cortesana y al género picaresco.

HERMINIA GIL GUERRERO nació en Murcia, España. Cursó sus estudios de Filología Hispánica en la Universidad de Murcia y se doctoró sobre la poética narrativa de Jorge Luis Borges en la Universidad de Hamburgo. Actualmente es docente de literatura española y latinoamericana en Alemania. En 2008 publicó *Poética narrativa de Jorge Luis Borges* en Iberoamericana/Vervuert.

UTE HERMANNS nació en 1957 en Detmold (Renania del Norte) en Alemania. Estudió Latinoamericanística, Romanística e Historia del Arte en el Instituto de Estudios Latinoamericanos de la Freie Universität Berlin, en la Justus-Liebig Universität Gießen y en la Universidade Federal do Rio de Janeiro. Escribió su tesis doctoral sobre las adaptaciones literarias al cine brasileño. Durante varios años colaboró en el intercambio cultural organizando exposiciones, talleres y simposios en la Haus der Kulturen der Welt en Berlín y en el Goethe-Institut de Río de Janeiro. Es docente, traductora e intérprete de conferencias. Vive y trabaja en Berlín.

ANNICK LOUIS, Universidad de Reims, CRAL (Centre de Recherches sur les Arts et le Langage) es especialista en literatura argentina y hispanoamericana, y en teoría literaria. Actualmente sus trabajos se centran en particular en las relaciones entre ficción, conocimiento e historia. Fue Visiting Assistant Professor de la Universidad de Yale en 1999-2000 y becaria de la Fundación Alexander von Humboldt (RFA) entre los años 2000 y 2002. Entre sus principales publicaciones se cuentan: *Borges ante el fascismo* (2007), *Jorge Luis Borges: œuvre et manœuvres* (1997) y *Enrique Pezzoni, lector de Borges* (1999).

ANA LUENGO (Manresa, España 1975) es profesora desde el año 2003 en la Universidad de Bremen, donde está escribiendo actualmente su trabajo de habilitación sobre la novela criminal hispanoamericana. Estudió Filología Hispánica en la Universidad de Barcelona y en la de París X-Nanterre. En el año 2003 se doctoró en la Universidad de Hamburgo con su tesis *La encrucijada de la memoria. La memoria colectiva de la Guerra Civil en la novela contemporánea española*. También fue la editora del libro *Entre la violencia y la reparación. Estudios interdisciplinarios sobre procesos de democratización en Iberoamérica* (2008). Además ha publicado diversos artículos sobre literatura española e hispanoamericana.

PATRICIO PRON (Rosario, Argentina, 1975) es licenciado en Comunicación Social por la Universidad Nacional de Rosario y doctor en Filología Románica por la «Georg-August-Universität» de Göttingen (Alemania). Es autor de los volúmenes de cuentos *Hombres infames* (1999) y *El vuelo magnífico de la noche* (2002) y de las novelas *Formas de morir* (1998), *Nadadores muertos* (2001), *Una puta mierda* (2007) y *El comienzo de la primavera* (2008). Su trabajo ha sido premiado en numerosas ocasiones, entre otros ha conseguido el Premio Juan Rulfo de Relato 2004 y el Premio Jaén de Novela 2008, y antologado en Argentina, España, Alemania, Estados Unidos y Cuba. Su tesis doctoral acerca de los procedimientos transgresivos en la narrativa de Copi ha sido publicada de forma electrónica. Su última novela, *El comienzo de la primavera* fue distinguida por la Fundación José Manuel Lara como una de las cinco mejores publicadas en España en 2008.

SABINE SCHLICKERS, catedrática de Literaturas Iberorrománicas en la Universidad de Bremen (Alemania), es autora de estudios sobre adaptaciones cinematográficas (*Verfilmtes Erzählen: Narratologisch-komparative Untersuchung zu "El beso de la mujer araña [Manuel Puig/Héctor Babenco] und «Crónica de una muerte anunciada» [Gabriel*

García Márquez/Francesco Rosi] [1997]), la novela naturalista hispanoamericana (*El lado oscuro de la modernización. Estudios sobre la novela naturalista hispanoamericana* [2003]), la literatura gauchesca («*Que yo también soy pueta». La literatura gauchesca rioplatense y brasileña [siglos XIX-XX]* [2007]) y, junto con K. Meyer-Minnemann, sobre *La novela picaresca: concepto genérico y evolución del género* (2008). Publicó además numerosos artículos sobre literatura hispanoamericana y española (véase <http://www.fb10.uni-bremen.de/lehrpersonal/schlickers.aspx>).

VERA TORO trabaja como docente de literatura hispánica en la Universidad de Bremen (Alemania) desde 2007, donde en la actualidad está investigando para su tesis doctoral sobre la autoficción en la literatura española e hispanoamericana. Se licenció en Romanística con una tesis de grado sobre la autoficción en novelas de Fernando Vallejo.

VICTORIA TORRES es licenciada en Letras por la Universidad de La Plata, Argentina. Actualmente es docente en la Universidad de Colonia, Alemania, y autora de varios artículos sobre literatura hispanoamericana y en especial rioplatense.

Otros títulos de la colección

Ediciones de Iberoamericana, Serie A: Historia y Crítica de la Literatura

Schlickers, Sabine:
"Que yo también soy pueta". La literatura gauchesca rioplatense y brasileña (siglos XIX-XX). 2007, 268 p. ISBN 9788484893271

Arnscheidt, Gero:
Schreiben für den Markt. Der Erfolgsautor Antonio Muñoz Molina im spanischen Kulturbetrieb. 2005, 472 S. ISBN 9783865271969

Cervera Salinas, Vicente:
El síndrome de Beatriz en la literatura hispanoamericana. 2006, 388 p. ISBN 9788484892649

Grabe, Nina; Lang, Sabine; Meyer-Minnemann, Klaus (eds.):
La narración paradójica. "Normas narrativas" y el principio de la "transgresión". 2006, 240 p. ISBN 9788484892854

Sarabia, Rosa:
La poética visual de Vicente Huidobro. 2007, 216 p. ISBN 9788484893110

Gil Guerrero, Herminia:
Poética narrativa de Jorge Luis Borges. 2008, 192 p. ISBN 9788484893981

Mattalia, Sonia:
La ley y el crimen. Usos del relato policial en la narrativa argentina (1880-2000). 2008, 240 p. ISBN 9788484894155

Rodiek, Christoph:
Del cuento al relato híbrido. En torno a la narrativa breve de Camilo José Cela. 2008, 172 p. ISBN 9788484894209

González Boixo, José Carlos (ed.):
Tendencias de la narrativa mexicana actual. 2009, 278 p. ISBN 9788484894513

Kulawik, Krzysztof:
Travestismo lingüístico. El enmascaramiento de la identidad sexual en la narrativa latinoamericana neobarroca. 2009, 324 p. ISBN 9788484894636

Ceballos Viro, Álvaro:
Ediciones alemanas en español (1850-1900). 2009, 416 p. ISBN 9788484894827